史料纂集既刊書目一覧表

古文書編

配本回数	書名	巻数
①	熊野那智大社文書	1
②	言継卿記紙背文書	1
③	熊野那智大社文書	2
④	西福寺文書	全
⑤	熊野那智大社文書	3
⑥	青方文書	1
⑦	五条家文書	全
⑧	熊野那智大社文書	4
⑨	青方文書	2
⑩	熊野那智大社文書	5
⑪	気多神社文書	1
⑫	朽木文書	1
⑬	相馬文書	全
⑭	気多神社文書	2
⑮	朽木文書	2
⑯	大樹寺文書	全
⑰	飯野八幡宮文書	全
⑱	気多神社文書	3
⑲	光明寺文書	1
⑳	入江文書	全
㉑	光明寺文書	2
㉒	賀茂別雷神社文書	1
㉓	沢氏古文書	1
㉔	熊野那智大社文書索引	
㉕	歴代古案	1
㉖	歴代古案	2
㉗	長楽寺文書	全
㉘	北野神社文書	全
㉙	歴代古案	3
㉚	石清水八幡宮文書外	全
㉛	大仙院文書	全
㉜	近江大原観音寺文書	1
㉝	歴代古案	4
㉞	歴代古案	5
㉟	言継卿記紙背文書	2

史料纂集既刊書目一覧表

古記録編

配本回数	書名	巻数
①	山科家礼記	1
②	師守記	1
③	公衡公記	1
④	山科家礼記	2
⑤	師守記	2
⑥	隆光僧正日記	1
⑦	公衡公記	2
⑧	言国卿記	1
⑨	師守記	3
⑩	教言卿記	1
⑪	隆光僧正日記	2
⑫	舜旧記	1
⑬	隆光僧正日記	3
⑭	山科家礼記	3
⑮	師守記	4
⑯	葉黄記	1
⑰	経覚私要鈔	1
⑱	明月記	1
⑲	兼見卿記	1
⑳	教言卿記	2
㉑	師守記	5
㉒	山科家礼記	4
㉓	北野社家日記	1
㉔	北野社家日記	2
㉕	師守記	6
㉖	十輪院内府記	全
㉗	北野社家日記	3
㉘	経覚私要鈔	2
㉙	兼宣公記	1
㉚	元長卿記	全
㉛	北野社家日記	4
㉜	舜旧記	2
㉝	北野社家日記	5
㉞	園太暦	5
㉟	山科家礼記	5
㊱	北野社家日記	6
㊲	師守記	7
㊳	教言卿記	3
㊴	吏部王記	全
㊵	師守記	8
㊶	公衡公記	3
㊷	経覚私要鈔	3
㊸	言国卿記	2
㊹	師守記	9
㊺	三藐院記	全
㊻	言国卿記	3
㊼	兼見卿記	2
㊽	義演准后日記	1
㊾	師守記	10
㊿	本源自性院記	全
(51)	舜旧記	3
(52)	台記	1
(53)	言国卿記	4
(54)	経覚私要鈔	4
(55)	言国卿記	5
(56)	言国卿記	6
(57)	権記	1
(58)	公衡公記	4
(59)	舜旧記	4
(60)	慶長日件録	1
(61)	三箇院家抄	1
(62)	花園天皇宸記	1
(63)	師守記	11
(64)	舜旧記	5
(65)	義演准后日記	2
(66)	花園天皇宸記	2
(67)	三箇院家抄	2
(68)	妙法院日次記	1
(69)	言国卿記	7
(70)	師郷記	1
(71)	義演准后日記	3
(72)	経覚私要鈔	5
(73)	師郷記	2
(74)	妙法院日次記	2
(75)	園太暦	6
(76)	園太暦	7

史料纂集既刊書目一覧表

(77)	師郷記	3
(78)	妙法院日次記	3
(79)	田村藍水西湖公用日記	全
(80)	花園天皇宸記	3
(81)	師郷記	4
(82)	権記	2
(83)	妙法院日次記	4
(84)	師郷記	5
(85)	通誠公記	1
(86)	妙法院日次記	5
(87)	政覚大僧正記	1
(88)	妙法院日次記	6
(89)	通誠公記	2
(90)	妙法院日次記	7
(91)	通兄公記	1
(92)	妙法院日次記	8
(93)	通兄公記	2
(94)	妙法院日次記	9
(95)	泰重卿記	1
(96)	通兄公記	3
(97)	妙法院日次記	10
(98)	舜旧記	6
(99)	妙法院日次記	11
(100)	言国卿記	8
(101)	香取大禰宜家日記	1
(102)	政覚大僧正記	2
(103)	妙法院日次記	12
(104)	通兄公記	4
(105)	舜旧記	7
(106)	権記	3
(107)	慶長日件録	2
(108)	鹿苑院公文帳	全
(109)	妙法院日次記	13
(110)	国史館日録	1
(111)	通兄公記	5
(112)	妙法院日次記	14
(113)	泰重卿記	2
(114)	国史館日録	2
(115)	長興宿禰記	全
(116)	国史館日録	3
(117)	国史館日録	4
(118)	通兄公記	6
(119)	妙法院日次記	15
(120)	舜旧記	8
(121)	妙法院日次記	16
(122)	親長卿記	1
(123)	慈性日記	1
(124)	通兄公記	7
(125)	妙法院日次記	17
(126)	師郷記	6
(127)	北野社家日記	7
(128)	慈性日記	2
(129)	妙法院日次記	18
(130)	山科家礼記	6
(131)	通兄公記	8
(132)	親長卿記	2
(133)	經覺私要鈔	6
(134)	妙法院日次記	19
(135)	長楽寺永禄日記	全
(136)	通兄公記	9
(137)	香取大禰宜家日記	2
(138)	泰重卿記	3
(139)	妙法院日次記	20
(140)	太梁公日記	1

時代別書目一覧

〈古　　代〉

古文書演習	¥2100
八幡宮寺成立史の研究	¥12600
皇居行幸年表	¥5250
呪術世界と考古学	¥8664
古代史論叢	¥8400
院政時代史論集	¥9990
院近臣の研究	¥8400
平安時代の国家と祭祀	¥8971
平安時代の信仰と宗教儀礼	¥16800
吏部王記	¥10500
権　　記２・３	¥16800
天神縁起の基礎的研究	¥13650
大中臣祭主藤波家の研究	¥12600
大中臣祭主藤波家の歴史	¥8400
歴代天皇の記録	¥1835
年中行事御障子文注解	¥10500
校本江談抄とその研究上･中･下	¥40950

〈中　　世〉

戦国時代の宮廷生活	¥6300
中世久我家と久我家領荘園	¥11550
中世熱田社の構造と展開	¥15750
紹巴富士見道記の世界	¥16800
前田本『玉燭宝典』紙背文書とその研究	¥8400
中世伊勢神道の研究	¥8400
梅花無尽蔵注釈１～５	¥131250
梅花無尽蔵注釈別巻	¥14700
五山文学用語辞典	¥12600
明月記研究４～８	¥15750
明　月　記１	¥9450
葉　黄　記１	¥5040
公衡公記２・３	¥10710
花園天皇宸記２・３	¥13755
和訳花園天皇宸記１～３	¥26250
園　太　暦１～７	¥65100
師　守　記１～８	¥47145
教言卿記１	¥5040
山科家礼記１～３・５・６	¥39585
経覚私要鈔１～４・６	¥36120
師　郷　記１～６	¥39900
北野社家日記１～７	¥51240
長興宿禰記	¥9450
親長卿記１・２	¥19950
言国卿記１・７・８	¥17850
実隆公記１～20	¥192150
言継卿記１～６	¥68250
言継卿記紙背文書１・２	¥18900
十輪院内府記	¥8400
政覚大僧正記１・２	¥17430
鹿苑院公文帳	¥10500
満済准后日記上・下	¥10500
看聞御記上・下	¥10500
お湯殿上の日記１～11	¥52500
鹿苑日録１～７	¥73500
近江大原観音寺文書１	¥9450
長楽寺文書	¥11550
鹿島神宮文書	¥15750
北野神社文書	¥9450
石清水八幡宮文書外	¥8400
飯野八幡宮文書	¥6300
光明寺文書１・２	¥13230
熊野那智大社文書１～６	¥50400
入江文書	¥8085

朽木文書２	￥5460
沢氏古文書１	￥6524
気多神社文書２・３	￥13545
大仙院文書	￥11550
歴代古案１～５	￥47250
賀茂別雷神社文書１	￥7770
松浦党関係史料集１～３	￥28350
久我家文書１～４・解説	￥76650
石清水八幡宮史料叢書1~5	￥78750
続石清水八幡宮史料叢書1~3	￥25200
石清水八幡宮史１～９	￥148050
保元物語注解	￥12600
平治物語注解	￥12600
曽我物語注解	￥18900
平家物語証注上・中・下・索引	￥81900
神皇正統記注解上・下・索引	￥61950
鶴岡八幡宮年表	￥12600

〈近　世〉

太梁公日記１	￥12600
相馬藩世紀１・２	￥23100
近世武家官位の研究	￥8400
長楽寺永禄日記	￥14700
兼見卿記２	￥6300
舜　旧　記１・５～８	￥42630
義演准后日記１・３	￥14280
慶長日件録１・２	￥12810
慈性日記１・２	￥24150
泰重卿記１～３	￥27300
国史館日録１～４	￥39900
通誠公記１・２	￥16800
隆光僧正日記２・３	￥8295
妙法院日次記１～20	￥239400
香取大禰宜家日記１・２	￥31500
通兄公記１～９	￥90300
田村藍水・西湖公用日記	￥7770
当代記・駿府記	￥5250
泰平年表	￥8155
続泰平年表１	￥5460
新稿一橋徳川家記	￥9240
三峯神社史料集１～７	￥53550
三峯神社日鑑１～６	￥44100
香取群書集成３～７	￥78750
賀茂真淵とその門流	￥12600

〈近　代〉

物集高世評伝	￥9450
折田年秀日記１・２	￥25200
井上毅研究	￥9450
シーボルトと日本の開国近代化	￥7350

〔補　任〕

検非違使補任１・２	￥16800
官史補任	￥10500
衛門府補任	￥10500
歴名土代	￥15750
新摂関家伝１	￥9450
弁官補任２・３	￥10920
国司補任１～４・索引	￥47250
蔵人補任	￥10500
近衛府補任１・２	￥18900

〔系図・家紋〕

尾張群書系図部集上・下	￥10500
家紋でたどるあなたの家系	￥6300
続家紋でたどるあなたの家系	￥6300
群書系図部集１～７	￥20050
寛永諸家系図伝1~7・11~17	￥74970
寛政重修諸家譜１～26	￥136500
徳川諸家系譜１～４	￥25200
断　家　譜１～３	￥18900
公卿諸家系図	￥3996

永井晋編

官史補任

全一冊

A5判上製　一〇、五〇〇円

正暦元年(九九〇)より建武三年(一三三六)までの太政官弁官局の史の補任次第書である。諸記録にあたり、出典をあげて現任の位階・氏名・任日・兼官のみならず、前官・史巡・叙爵も載せ、新編集刊行するものである。巻末に各人の履歴を表す官史考証、詳細な人名索引と解説、官史系図を付して刊行する。

宮崎康充編

検非違使補任

全三冊

A5判上製　第一　七、三五〇円　第二　九、四五〇円

弘仁七年(八一六)より元弘三年(一三三三)までの検非違使を数多の史料より抽出し、姓名・本官・位階・任免・兼官・加階を年ごとに掲出し、出典を明確にする。「蔵人補任」「衛門府補任」と合わせみることにより、利用価値は一層増す。第一巻　弘仁七年〜貞応二年　第二巻　元仁元年〜元弘三年、系図・索引付。

湯川敏治編

歴名土代

全一冊

A5判上製　一五、七五〇円

本書は山科言継・言経父子自筆の四・五位の叙位記録で、貞治六年(一三六七)〜慶長十一年(一六〇六)までを収める。今回、東京大学史料編纂所の自筆本を底本として翻刻する。また、『公卿補任』の体裁にならい配列しなおした編年索引を作成し、人名索引を付した。四位・五位の人々の経歴を知るための好史料。

米田雄介・荒川玲子・詫間直樹編

新摂関家伝

全二冊

A5判上製　既刊第一　九、四五〇円

藤原氏流で摂政または関白となった人物の官歴を「諸家伝」「摂関家伝」をもとに、諸記録にあたり新たに編集した。鎌足より藤原北家の当主を掲出し、五摂家分立以前は補任順に、五摂家分立以後は、近衛・鷹司・九条・二条・一条の家毎に掲出する。第一には鎌足より戦国・安土桃山、第二に江戸時代を収める。

詫間直樹編

皇居行幸年表

全一冊

A5判並製　五、二五〇円

古代・中世の政治史や制度史を研究する上で、天皇の居住地や行幸先を確定することは、つねに重要である。本書は、桓武天皇の天応元年(七八一)から後醍醐天皇の延元四年・暦応二年(一三三九)に至る間の皇居および行幸先を記録・史籍等より博索した年表である。付編として「里内裏別天皇所在表」を加える。

宮崎康充編

国司補任　全六冊

A5判上製

第一　七、三五〇円
第二　九、四五〇円
第三　八、四〇〇円
第四　九、四五〇円
第五　品切
索引　一二、六〇〇円

本書は、大宝元年（七〇一）以降の国・島・大宰府・鎮守府（摂津職・河内職・和泉監を含む）について、その四等官と史生および前司等を諸史料より索捜し、可能なかぎり掲出しようとするものである。掲出方法は国別編年とし、各年ごとに所見のあった四等官等をまとめた。国の配列は概ね延喜式の記載に従った。利用の便をはかり、出典を明らかにして新編集・刊行するものである。第一巻　大宝元年（七〇一）～延暦十年（七九一）　第二巻　延暦十一年（七九二）～仁和四年（八八八）　第三巻　寛平元年（八八九）～寛和二年（九八六）　第四巻　永延元年（九八七）～延久五年（一〇七三）　第五巻　承保元年（一〇七四）～平治元年（一一五九）　第六巻　遠山久也編　人名索引

市川久編

蔵人補任　全一冊

A5判上製　一〇、五〇〇円

本書は、蔵人所の頭・五位・六位蔵人を年ごとに列挙し、各人の下に任日・兼官・叙任の記事を注した補任次第書である。弘仁元年（八一〇）より建久九年（一一九八）を諸記録にあたり新たに編集刊行する。蔵人所別当補任・蔵人補任系図を加え、さらに詳細な人名索引を付し、利用の便宜をはかった。

市川久編

近衛府補任　全二冊

A5判上製

第一　九、四五〇円
第二　九、四五〇円

大同二年（八〇七）より建久九年（一一九八）までの近衛府の大将・中将・少将の任免並に兼任等を年ごとに列挙した補任次第書である。諸記録にあたり新たに編集刊行するものである。第一巻　大同二年～延久四年　第二巻　延久五年～建久九年　第二巻巻末に詳細な人名索引と近衛府補任系図を加える。

市川久編

衛門府補任　全一冊

A5判上製　一〇、五〇〇円

弘仁二年（八一一）左右衛士府が左右衛門府に改編されてより建久九年（一一九八）までの左右衛門の任免ならびに兼任等を、数多くの史料を駆使して編集する。『蔵人補任』『近衛府補任』に続く編者の労作。出典の明確なことでは定評がある。衛門府補任系図と詳細な人名索引を付して刊行する。

外記補任

編者　井《いの》上《うえ》幸《こう》治《じ》

編者略歴

昭和46年４月　京都市に生まれる
平成６年３月　立命館大学文学部卒業
平成12年３月　立命館大学大学院文学研究科博士課程後期課程単位取得退学
博士（文学）
現　在　京都市歴史資料館嘱託職員
立命館大学非常勤講師
京都造形芸術大学非常勤講師

主要論文

「平安時代前中期における文簿保管策の展開」（『古文書研究』50　1999）
「私有官文書群の形成」（『古代文化』52-5　2000）
「官司請負制の内実」（『立命館史学』21　2000）
「延宝五年の『兵範記』分与について」（『立命館文学』585　2004）

平成十六年十一月五日　印刷
平成十六年十一月十日　発行

発行者　太田史

製版所　続群書類従完成会製版部

印刷所　株式会社平文社
東京都豊島区南大塚二丁目三五番七号

発行所　株式会社 続群書類従完成会
東京都豊島区北大塚一丁目一四番六号
電話　〇三（三九一五）五六二一
振替　〇〇一二〇-三-六二六〇七

本体価格　一〇、〇〇〇円

ISBN4-7971-0723-5

人　名　索　引

1、本索引は、本書のうち補任表・外記考証・外記系図の頁数を示している。
「表」に続けて補任表での頁数を、「証」に続けて外記考証での頁数を、「系」に続けて外記系図での頁数を示した。
2、外記の名前を五十音順に配し、名前の後には姓・在職年を（　）内に示した。

ア

愛成（善淵、貞観４～16）　表29～33，証371
安近（伊福部、承平７～天慶５）　表52～54，証283
安国（賀茂、天慶８～天暦２）　表55～56，証293
安守（大春日、貞観11～16）　表32～33，証289
安俊（中原、康治１～２）　表125～126，証330
安常（御室、貞観２～８）　表28～30，証364
安親（物部、康保１～４）　表62～63，証369
安成（名草・滋野、承和５～11・嘉祥３～天安１・天安２～貞観６）　表22～23，25～30，証321
安直（安倍、寛平２～６）　表38～39，証281
安人（秋篠、延暦１～10）　表８～10，証280
安人（広宗、天安１～貞観６）　表27～30，証362
安名（大春日、元慶１～５）　表34～35，証289
安雄（秦、天安１～貞観２）　表27～28，証361

イ

以孝（大江、保元１～３）　表132～133，証284
以通（大江、元永２）　表116，証284，系389
以平（大江、大治１）　表119，証284
以隆（大江、仁平２～久寿２）　表130～131，証284
伊行（姓未詳、長元４）　表87，証371
為経（惟宗、長元７）　表88，証316
為経（中原、承安２～３）　表142，証330
為景（三善、永久４～元永１）　表115～116，証365
為継（三善、大治４～５）　表120～121，証365
為賢（惟宗、建久６～８）　表153～154，証316

為行（三善、久安１～４）　表127～128，証365
為康（三善、保安１）　表117，証365，系390
為国（伴、長和３～４）　表81～82，証329
為時（三善、万寿１～長元１）　表85～86，証365，系390
為重（中原、嘉応１）　表140，証331
為重（三善、建久２～７）　表151～153，証365
為俊（三善、建仁１～３）　表156～157，証365
為尚（清原、延応１）　表170，証296，系386
為象（上道、正暦２）　表72，証293
為真（中原、仁治３～宝治２）　表171～173，証331
為成（宗岡、長徳３～長保２）　表74～75，証369
為政（慶滋、長徳４～長保５）　表75～76，証370，系378
為清（大江、寛弘８）　表80，証285，系389
為清（三善、仁安３）　表139，証365
為清（中原、承安４）　表143，証331
為節（三園、正暦２～４）　表72～73，証363
為長（文室、長和２～３）　表81，証362
為長（三善、治暦３～延久３）　表94～96，証365，系390
為任（三善、保元３～平治１）　表133～134，証365
為豊（佐伯、正中１～元弘１）　表204～208，証319
為右（佐伯、暦応３～貞和５）　表214～218，証319
為頼（紀、未詳）　証294，系379
為利（伴、長保５～寛弘２）　表77，証329
為倫（三善、長治２～嘉承２）　表110～111，証365
惟経（菅原、治安２～万寿１）　表85，証325
惟景（大江、治承２～４）　表145～146，証285
惟国（中原、永万１～仁安１）　表137～138，証331
惟資（姓未詳、康元１～文永１）　表175～178，証372
惟実（立野、貞元１～天元４）　表66～68，証328
惟肖（菅野、元慶１～４）　表34～35，証323
惟上（嶋田、元慶７～仁和１）　表36，証322
惟長（中原、保安４）　表118，証331
惟直（内蔵、承平４～天慶１）　表51～52，証315
尹光（中原、建久９～正治１）　表154～155，証331

ウ

宇太麻呂（壬生、天平６）　表３，証363

エ

永河（坂田・南淵、大同１～４）　表14～15，証363
永丘（大枝、延暦17～22）　表12～13，証284
英隆（中原、応永９～22）　表240～245，証331，系392
穎人（上毛野、大同２～弘仁８）　表15～17，証293
穎雄（大春日、弘仁２～５）　表16，証289
益麻呂（伊吉、天平宝字７）　表５，証283
延年（紀、延喜４～８）　表42～43，証294
遠兼（大江、天徳１～４）　表59～60，証285

カ

禾守（池原、天平宝字５～７・神護景雲１～３・宝亀８）　表５～７，証283
家久（中原、嘉吉１～文安３）　表255～257，証331
家俊（中原、正治２～建仁２）　表156，証331
家成（息長、延暦11～12）　表11，証291
賀茂麻呂（内蔵、延暦２～９・延暦16）　表８～10，12，証315
雅重（国、寛和２～永祚１）　表70～71，証315
雅章（国、天元１～永観２）　表67～69，証315
雅親（桜嶋、寛弘３～７）　表78～80，証321
雅清（多治、正暦５～長徳３）　表73～74，証327
雅仲（三善、寛治１～２）　表101，証366，系390
雅定（紀、永保３～応徳３）　表99～100，証294
雅輔（多治、寛和２～正暦１）　表70～71，証327
懐之（阿保、応和３～康保３）　表61～62，証282

キ

季教（清原、嘉慶１）　表234，証297
季兼（清原、弘安６）　表185，証297
季広（大江、康治１～２）　表125～126，証285
季孝（惟宗、久寿２以前）　表132，証316
季高（惟宗、仁安２～３・仁安３～嘉応１）　表139～140，証316
季俊（紀、延久４）　表96，証294
季俊（清原、未詳）　証297，系386
季尚（清原、弘安１～５）　表183～185，証297，系387
季信（三善、承暦４～永保３）　表98～99，証366
季親（中原、元久１）　表158，証331
季宣（清原）　→　仲季（清原）

季通（姓未詳、長元３） 表87，証372
基言（惟宗、承徳２～康和３） 表106～108，証316，系391
基親（惟宗、寛治４～５） 表102～103，証316
基忠（惟宗、未詳） 証316，系391
熙隆（清原、貞和２～３） 表217，証297，系387
義経（中原、長承１～保延１） 表122～123，証331
義顕（中原） → 義経（中原）
義資（佐伯、嘉承１～２） 表110～111，証320
義忠（伴、貞元２～天元５） 表67～68，証329
義定（惟宗、延久１） 表95，証316
義範（大宅、寛治６～嘉保２） 表104～105，証291
吉成（小野、寛弘８） 表80，証291
久永（伴、延喜12～15・延喜16～承平３） 表44～51，証330
久秀（大江、延慶３～応長１） 表197～198，証285
久重（佐伯、安元２） 表144，証320
巨都雄（津） → 善雄（中科）
挙孝（姓未詳、承徳１～康和１） 表106～107，証372
魚水（春澄、貞観10～15） 表31～33，証361
御薗（清内、承和２～８） 表21～23，証296
共信（姓未詳、長和５～寛仁３） 表82～83，証372
教元（清原、正応４・正和５～文保２） 表189，200～201，証297，系387
教氏（清原、嘉暦１～２） 表206，証297，系387
教秀（清原、延慶２） 表196，証297，系387
教俊（清原、正応１） 表187，証297，系387
教宣（清原、弘安５～６） 表185，証298，系387
教宗（清原、正応４・正中２～元徳１） 表189，205～207，証298，系387
教澄（清原、康永２～貞和１） 表215～216，証298，系387
教隆（清原、安貞１～寛喜１・文永２） 表166，178，証298，系387
興世（南淵、貞観10～13） 表31～32，証363
興門（伴、貞観４～９） 表29～31，証330
業兼（清原、未詳） 証298，系386
業綱（清原、文治５） 表150，証298，系386
業俊（中原、久寿２以前） 表132，証332
業俊（中原、長寛２～永万１） 表137，証332
業尚（清原、弘安８～正応１） 表186～187，証299，系386
業盛（清原、応永５～10） 表238～240，証299，系386

業忠（清原、正長１～宝徳１） 表250～259, 証299, 系388
業長（中原、保元３～応保１） 表133～135, 証332, 系380
業定（清原、寿永１～元暦１） 表147～148, 証299, 系386
業任（姓未詳、万寿２～長元１） 表86, 証372
近業（清原、仁安３） 表139, 証299, 系386

ク

君平（菅野、延喜８～11） 表43～44, 証323

ケ

経弘（惟宗、久寿１～保元１） 表131～132, 証316
経時（中原、治承４～養和１） 表146, 証332
経成（中原、建永１～承元１） 表159, 証332
経則（宗岡、延喜５～７） 表42～43, 証369
経明（中原、安元１～治承１） 表143～144, 証332
景兼（大江、大治２～４） 表119～120, 証285
景兼（清原、康治１～天養１） 表125～126, 証299
景賢（中原、元暦１～文治３） 表148～149, 証332
景孝（中原、正治２） 表156, 証332
景康（大江、寛喜１以前） 表166, 証285
景佐（大江、保延１～４） 表123～124, 証285
景資（中原、建仁１～２） 表156, 証332
景俊（中原、保安４） 表118, 証332
景盛（中原、永暦１～応保１） 表135, 証332
景仲（大江、承元３～４） 表160, 証285
景忠（大江、長寛１～２） 表136～137, 証285
景長（中原、承安１～２） 表141～142, 証332
景通（惟宗、長寛２） 表137, 証317
景頼（大江、寛喜３） 表167, 証286
景隆（清原、大治５～長承１） 表121～122, 証299, 系386
景良（中原、仁平１～久寿１） 表130～131, 証332
景良（大江、仁安２） 表139, 証285
継門（菅野、承和２～９・斉衡１～天安２） 表21～23, 26～27, 証323
潔門（高丘、弘仁８～10） 表17, 証325
兼業（中原、養和１・建久２～６・建仁３～建永１） 表146, 151～153, 157～158, 証332
兼経（中原） → 兼茂（中原）
兼弘（卜部、嘉承２～天仁１） 表111, 証284

兼孝（菅野、承暦３～永保２）　表98～99，証324
兼氏（紀、正応３～４）　表189，証295
兼職（惟宗、天永２～永久１）　表113～114，証317
兼直（紀、正応１～３）　表187～188，証295
兼輔（紀、寛弘６～８）　表79～80，証295，系379
兼茂（中原、安元２～治承１）　表144，証333
賢秀（清原、文明13）　表269，証299
賢親（清原、寛正２～応仁１・文明４～14）　表263～265，266～270，証299
顕俊（清原、未詳）　証300，系385
元幹（高橋、延長３～７）　表48～49，証326
元規（源、長和４～５）　表82，証363
元尚（清原、文保１）　表201，証300，系386
元宣（清原、応長１～正和３）　表198～199，証300，系387
元貞（中原、建久５～９）　表153～154，証333
元隆（清原、延慶２）　表196，証300，系387
言政（姓未詳、天治１～大治２）　表118～119，証372

コ

古嗣（山田、天長６～承和13）　表20～24，証370
五常（高丘、元慶６～仁和２）　表36～37，証325
五百河（秋篠、承和１～５）　表21～22，証280
五倫（小野、長保３～寛弘１）　表76～77，証291
公鑒（嶋田、延長８～承平４）　表50～51，証322
公行（佐伯、天延２～貞元２）　表66～67，証320
公資（大江、長和１～３）　表81，証286，系389
公真（国、天暦10～天徳３）　表59～60，証315
公足（白鳥・永世、弘仁13）　表18，証360
公忠（三統、承平６～天暦３）　表52～56，証364
公望（矢田部、延長７～承平３）　表50～51，証369
広安（中原、元永１～保安１）　表116～117，証333，系383
広安（姓未詳、天承１～長承２）　表121～122，証372
広家（中原、保元２～３）　表133，証333
広季（中原、長承３～保延３）　表123～124，証333，系383
広兼（中原、元永１～２）　表116，証333
広賢（中原、天承１～長承３）　表121～123，証333
広元（中原・大江、嘉応２～承安３）　表141～142，証333，系383
広実（清原、寛治３～５）　表102～103，証300，系385

広俊（清原、永保３～応徳２）	表99～100，証300，系385
広俊（中原、康和２～５）	表107～109，証334
広信（惟宗、寛治５～嘉保１）	表103～104，証317
広成（白猪・葛井、養老３）	表２，証323
広宗（中原、延久１）	表95，証334，系383
広忠（中原、嘉保１～承徳１）	表105～106，証334，系383
広澄（海・清原、寛和１～永延２）	表70～71，証282，系385
広田麻呂（桑原・都、弘仁12～天長６）	表18～20，証364
広人（堅部・豊宗、延暦19～弘仁７）	表13～17，証330
広能（中原、保元３～平治１）	表133～134，証334，系383
弘基（滋野、貞観13～18）	表32～33，証322
弘高（清原、正治２）	表155，証300
弘康（三善、養和１～寿永１）	表146～147，証366
弘貞（坂田・南淵、大同１～弘仁１）	表14～16，証363
弘方（御船、仁和４～寛平１）	表37～38，証364
弘隆（清原）　→　熈隆（清原）	
光輔（賀茂、永観２～永延１）	表69～70，証293，系378
行永（中原、建久９～建仁１）	表155～156，証334
行兼（中原、文治５～建久３）	表150～151，証335
行康（三善、保延３）	表124，証366，系390
行衡（三善、永暦１）	表134，証366，系390
行明（三善、承元１～２）	表159，証366，系390
行秀（清原、未詳）	証300
行俊（清原、文治３～５）	表149～150，証300，系385
行職（姓未詳、承暦１）	表97，証372
行頼（姓未詳、治安１）	表84，証372
行利（宗岳・惟宗、寛弘１～４）	表77～78，証317
孝親（橘、長和３～５）	表81～82，証328，系389
孝仲（姓未詳、天永１～２）	表112～113，証372
孝道（我孫、寛弘７～８）	表80，証281
孝友（斎部、承安３～４）	表142，証284
恒蔭（滋野、貞観６～10）	表30～31，証322
恒蔭（坂上、延喜21～延長３）	表47～48，証320
高季（中原、延久５）	表96，証335
高行（大蔵、永延１～正暦２）	表70～72，証289
高行（大江、大治１～３）	表119～120，証286
高晴（坂上、承平７～天慶４）	表52～53，証320
高望（惟良、寛平２～６）	表38～39，証319

康基（清原、元徳２～正慶１・正慶２～建武２） 表208～209，210～211，証301
康業（清原、延応１） 表170，証301
康継（中原） → 康純（中原）
康顕（中原、永享12～長享２） 表255～271，証335，系392
康弘（惟宗、久寿２～保元２） 表132～133，証317
康光（三善、久安３） 表128，証366，系390
康綱（中原、正和５～暦応２） 表200～213，証335，系392
康俊（清原、明応１） 表273，証301
康純（中原、文安４～長享１） 表258～271，証335，系392
康宗（中原、嘉応２～承安１） 表140～141，証335
康直（中原、嘉応２） 表141，証335
康貞（大江、保安１） 表117，証286
康貞（三善、元亨２～嘉暦１） 表203～205，証366
康貞（中原、明応４～永正６以後） 表274，証335，系392
康冬（三善、貞治５～永和１） 表225～229，証367
康富（中原、応永16～19・応永23～長禄１） 表242～244，245～262，証335，系392
康友（中原、長享２～明応９以後） 表272～275，証335，系392
康隆（中原、貞和２～至徳１） 表217～233，証335，系392
国儀（高橋、寛仁１～４） 表83～84，証326
国業（大江、文治３～５） 表149～150，証286
国兼（大江、大治５以前） 表121，証286
国憲（惟宗、保安４） 表118，証317
国重（大宅、寛治５以前） 表103，証291
国通（大江、大治５以前） 表121，証286
国定（多米、正暦１～５） 表72～73，証328
国任（宗岳、長元５） 表88，証368
今継（坂上、弘仁12～13・天長１～４） 表18～19，証320
今嗣（御使、延暦15～22） 表11～13，証363
今人（大江、寛平１） 表38，証286

サ

佐光（清原、仁安３～嘉応２） 表139～140，証301，系386
佐国（大江、未詳） 証287，系389
佐盛（中原、仁治１） 表170，証336
佐能（中原、建治１～弘安４） 表182～184，証336
佐平（大江、久安６～仁平２） 表129～130，証287

佐利（中原、永仁４～嘉元２・嘉元３～徳治１）　表191～195，証336
沙婆（林、延暦６～８）　表９～10，証361
在俊（中原、久安５～仁平１）　表129～130，証336
三行（朝原、延長６～承平２）　表49～50，証280

シ

子人（伊吉、和銅４）　表２，証283
之盛（小野、応和２～康保２）　表61～62，証291
氏益（山代、承和８～10）　表23，証370
氏隆（清原、正和５）　表200，証301，系387
師安（中原、長治２～天仁１・保延５～久安４）　表110～111，125～128，証336，系380
師為（中原、寛喜１）　表166，証336，系384
師為（中原、元弘１・正慶２～建武２）　表209，210～211，証336
師胤（中原、承元４～建暦２）　表160～162，証336
師胤（中原、応安４～永和２・至徳１・明徳１～応永３・応永13～28）　表227～229, 233, 235～236, 241～247，証336，系382
師員（中原、建久８～９・寛喜３）　表154, 167, 証337, 系383
師蔭（中原、弘安７～８）　表186，証337，系382
師栄（中原、文保２～元応１・元応２～元亨３）　表202～204, 証337, 系381
師益（中原、正元１）　表176，証337，系384
師益（中原）　→　師孝（中原）
師遠（中原、寛治２～４・康和３～大治５）　表102，108～121，証337，系380
師音（中原、嘉元２～３）　表194，証338，系382
師家（中原）　→　師綱（中原）
師夏（中原、正応２～永仁２）　表188～190, 証338, 系381
師夏（中原、永和２～４・応永２・応永５～９）　表229～230，236，237～239，証338，系384
師貫（中原、延慶２）　表196，証338，系381
師鑒（中原、弘安５～６）　表185，証338，系383
師季（大江、元永２以前）　表116，証287，系389
師季（中原、文治３～建久１・建保６～寛喜３）　表149～150，163～167，証338，系382
師躬（中原、暦応１～貞和２）　表213～216, 証338, 系384
師郷（中原、文保１～元応２）　表201～202, 証339, 系381
師郷（中原、未詳）　証339，系381
師郷（中原、応永７～10・応永28～文安３）　表239～240，247～257，

証339，系382
師業（中原、長承１～保延１・久安４～永暦１）　表122～123，128～134，証339，系380
師景（中原、嘉応２）　表140，証339，系380
師景（中原、嘉禄２）　表165，証339，系381
師継（中原、永暦１～応保２）　表135～136，証340
師兼（中原、承元４・寛喜３～建長５）　表160，167～174，証339，系384
師顕（中原、文永２～延慶２）　表178～196，証340，系384
師元（中原、保安２～天治２・永暦１～仁安１）　表117～119，134～138，証340，系380，382
師元（中原）　→　師方（中原）
師言（姓未詳、寛治４）　表103，証372
師言（中原、元亨２～正中１・貞和５～文和１）　表203～204，218～219，証340，系384
師彦（中原、嘉元２）　表194，証340，系384
師古（中原、弘安４～５・延慶３～正和５）　表184～185，197～200，証341，系384
師公（中原、建久１～４）　表151～152，証341，系383
師弘（中原、貞応１・建長５～弘長２）　表164，174～177，証341，系381
師光（中原、未詳）　証341，系380
師光（中原、建保６～承久１・寛元１～文応１・弘長２～文永２）　表163，171～176，177～178，証341，系382
師行（中原、文治５～建久２）　表150～151，証341，系382
師孝（中原、文治４～建久１）　表150，証342，系382
師孝（中原、文保１～２）　表201，証342，系384
師孝（中原、文安２）　表257，証342，系384
師幸（中原、暦応２～貞和２）　表213～216，証342，系382
師幸（中原、宝徳１）　表259，証342，系382
師香（中原、正慶１～２・建武３～暦応２・応安１～嘉慶２）　表209～210，212～213，225～234，証342，系382
師高（中原、仁安１～３）　表138～139，証342，系380
師綱（中原、長寛１～仁安１）　表136～138，証343，系382
師興（中原、貞和５～康暦１）　表218～231，証343，系384
師興（中原、康和５以前）　表256，証343
師国（中原、寿永１～２）　表147，証343，系383
師国（中原、建治１）　表182，証343，系381

師枝（中原、正応４～５・正中２～嘉暦３）　表189, 205～206, 証343, 系384
師治（中原、元応２～元亨３・元弘１・正慶２～建武１）　表202～204, 208, 210, 証343, 系381
師時（姓未詳）　→　師言（姓未詳）
師守（中原、貞応１）　表164, 証343, 系383
師守（中原、建武２～暦応１）　表211～213, 証343, 系384
師種（中原、仁治３）　表171, 証344, 系381
師秀（中原、長寛２～仁安１）　表137～138, 証344, 系382
師秀（中原、文和２～延文１）　表220～221, 証344, 系384
師重（中原、寿永１・建久９～承久３）　表147, 154～164, 証344, 系382, 384
師俊（中原、文保１）　表201, 証344, 系381
師春（中原、正和５～文保１）　表200～201, 証344, 系384
師淳（中原、延慶２～３）　表196～197, 証345, 系381
師緒（中原、弘安６・文保２～正中１）　表185, 201～204, 証345, 系381
師尚（中原、仁平１～久寿２・仁安１～建久１）　表130～131, 138～150, 証345, 系382
師勝（中原、応永14～25・応永26～正長１・永享６～12）　表241～246, 246～250, 252～254, 証345, 系384
師親（中原、寿永１～２）　表147, 証345, 系381
師親（中原、明応６～文亀２）　表274～275, 証345, 系384
師世（中原、承久３）　表164, 証346, 系380
師世（中原、正応５～永仁１）　表190, 証346, 系381
師世（中原、応永１～６・応永25～永享６・永享12～嘉吉２）　表236～238, 246～252, 254～255, 証346, 系381
師清（中原、天永１～３）　表112～113, 証346, 系380, 381
師盛（中原、未詳）　証346, 系381
師盛（中原、正和３～５）　表199～200, 証346, 系380
師千（中原、元徳１～２）　表207～208, 証346, 系382
師宗（中原、宝治２～建長１・弘安10～正和５）　表173～174, 187～199, 証346, 系382
師村（中原、寛元３）　表172, 証347, 系384
師仲（中原、貞和２）　表217, 証347, 系381
師仲（中原、永徳１～至徳１）　表232～233, 証347, 系384
師長（中原）　→　師業（中原）

師朝（中原、建仁２～元久２・仁治１～３）　表157～158，170～171，証347，系381
師澄（中原、仁安１～３）　表138～139，証347，系381
師直（中原、久安５～仁平１・建久１～９）　表129～130，150～154，証347，系381
師冬（中原、正応２～３）　表188，証348，系381
師藤（中原、康正２～応仁１）　表262～265，証348，系384
師任（中原、治安１～万寿１・長久２～永承３）　表84～85，90～91，証348，系380
師範（中原、寛喜１～２）　表166～167，証348，系382
師富（中原、長禄３・文明３～永正２）　表263，266～275，証348，系382
師文（中原、未詳）　証348，系383
師平（中原、永承５・康平２～治暦２・延久３～承暦２・応徳３～寛治５）　表91，93～94，96～97，100～103，証348，系380
師方（中原、嘉応２～承安２・承元４～建暦２・貞応１～寛喜３）　表141～142，160～162，164～167，証349，系381
師邦（中原、応永２～14）　表236～241，証349，系381
師豊（中原、建武３）　表212，証349，系381
師豊（中原、応安３～永和２・明徳１～応永３）　表226～229，234～236，証349，系384
師名（中原、建久９～正治２）　表155，証349，系383
師名（中原、未詳）　証349，系384
師名（中原、正応１～２・正和５～文保２）　表187～188，200～201，証350，系381
師茂（中原、保元２～平治１）　表133～134，証350，系383
師茂（中原、文保１・貞和１～永和４）　表201，216～230，証350，系384
師野（中原、明徳１～永享１）　表235～250，証350，系384
師右（中原、応長１～正和２・元徳１～正慶２・建武１～貞和１）　表198，207～216，証350，系384
師有（中原、延文２～４）　表221～222，証350，系384
師有（中原、応仁１）　表265，証351，系381
師雄（中原、未詳）　証351，系383
師利（中原、元応１～２・嘉暦３～元弘１・正慶２～貞和５）　表202，206～208，210～218，証351，系381
師良（中原、建仁２～３）　表156～157，証351，系384
師梁（中原、元亨２～嘉暦１）　表203～205，証351，系382

師倫（中原、承安１）　表141，証351
師隣（中原）　→　師孝（中原）
師列（中原、建久５～８）　表153～154，証351，系382
師連（中原、嘉禎２～３）　表169，証352，系383
師連（中原、文和３～応安１・嘉慶１～明徳１）　表220～225，234，証352，系381
師廉（中原、建武１～暦応１）　表211～213，証352，系381
斯頼（秦、天暦10～天徳１）　表59，証361
資経（中原、未詳）　証352，系380
資弘（中原、安元１）　表143，証352
資国（姓未詳、正元１～文永２）　表176～178，証372
資忠（嶋田、安和２～天延２）　表64～65，証322
資忠（安倍、文治１～３）　表148～149，証281
資忠（中原、永仁６～嘉元２・嘉元２～延慶２）　表192～196，証352
資茂（中原、治承１）　表144，証352
時基（中原、承保１）　表97，証352
時遇（小野、安和１～天延１）　表63～65，証291
時景（内蔵、承平２～６）　表51～52，証315
時資（姓未詳、長元４）　表87，証372
時重（惟宗、寛治１～２）　表101～102，証317，系391
時宗（山田、元慶５～７）　表35～36，証370
時棟（大江、寛弘１～５）　表77～78，証287，系389
時能（三善、康永２～貞和４）　表215～217，証367，系390
時範（春江、延喜21）　表47，証361
滋並（佐伯、延長３～８）　表48～50，証320
実弘（中原、保元２～３）　表133，証352
実国（菅野、寛弘８～長和１）　表80～81，証324
実相（多治、承平３～７・天暦４～10）　表51～52，57～59，証327
実政（伊岐、長元９～長暦１）　表89，証283
守成（能登、長徳２～長保１）　表74～75，証360
守輔（紀、長久１）　表90，証295
種兼（姓未詳、建長１）　表174，証372
種宣（清原、正和５～文保１）　表200～201，証301，系387
秀綱（三善、正和５～文保２）　表200～201，証367
秀嗣（内蔵、天長10）　表21，証315
秀隆（清原、文永２）　表178，証301，系387
周俊（清原、建久４）　表152，証301，系385
周清（門真、応安４～康暦２）　表227～232，証293

衆与（安倍、天暦７～天徳１）　表58～59，証281
重業（清原、未詳）　証301，系386
重経（中原、未詳）　証352，系380
重継（三善、承久３）　表164，証367
重継（姓未詳、正元１～文永１）　表176～178，証372
重憲（清原、康治２～久安１）　表126～127，証301，系385
重行（三善、貞和４～文和２）　表218～220，証367
重綱（大江、康平３）　表93，証287
重国（清原、未詳）　証302，系385
重実（惟宗、大治４）　表120，証317
重俊（紀、延久４）　表96，証295
重尚（清原、弘安６～10）　表185～187，証302，系386
重尚（中原、元応２～元亨２・元亨３～建武２）　表202～211，証352
重忠（菅野、長徳４～長保３）　表75～76，証324
重通（伴、長元１）　表87，証330
重貞（中原、明徳１～応永９）　表235～239，証353，系392
重範（清原）　→　重憲（清原）
春城（山田、承和13～仁寿２）　表24～26，証370
春正（阿刀、延喜６～16）　表42～45，証281
春宗（十市、未詳）　証329，系380
俊安（清原、未詳）　証302，系385
俊景（中原、養和１～寿永１）　表146～147，証353
俊兼（中原、久安６～仁平３）　表129～131，証353
俊弘（惟宗、大治５）　表121，証317
俊光（中原、康平３）　表93，証353，系380
俊光（中原、永暦１～応保１）　表134～135，証353
俊康（中原、承安２～３）　表142，証353
俊国（中原、承安３～安元１）　表142～143，証353
俊資（清原、大治４）　表120，証302，系385
俊時（大江、治暦３～４）　表94～95，証287
俊職（高橋、文明13）　表269，証326
俊清（中原、治承３～４）　表145～146，証353
俊宣（中原、元暦１～文治１）　表148，証353
俊宣（清原、建治３～弘安１）　表183，証302，系387
俊平（中原、元仁１～仁治３）　表165～171，証353
俊隆（清原、正嘉１）　証302，系387
順孝（惟宗、寛仁２～治安１）　表83～84，証317
諸嗣（上毛野、延暦15～22）　表11～13，証293

諸成（韓室、天長９）	表20，証294
諸梶（池原、延暦８～12）	表10～11，証283
如時（尾張・滋野、長保５～寛弘３）	表77，証322
助道（菅野、貞観８～10）	表30～31，証324
助道（三善、養和１～寿永１）	表146～147，証367
舒節（巨勢、天延３～天元３）	表66～68，証315
尚顕（清原、永和１～２）	表229，証302，系387
尚明（中原、建仁３～元久２）	表157～158，証353
章貞（中原、承暦１）	表97，証353，系380
章貞（姓未詳、承暦４）	表98，証372
浄門（高丘）　→　潔門（高丘）	
岑雄（賀茂、天安１～貞観４）	表27～29，証294，系378
信安（清原、寿永２～元暦１）	表147～148，証302，系385
信憲（清原、長承３～保延３）	表123～124，証303，系385
信顕（高橋、永暦１以前）	表135，証326
信弘（高橋、永暦１）	表135，証327
信秀（清原、寛喜３）	表167，証303，系385
信重（清原、建久８～９）	表154，証303，系385
信俊（清原、承徳１～康和２・大治５～康治１）	表106～107，121～125，証303，系385
信俊（磯部、仁治３～寛元２）	表171～172，証283
信親（姓未詳、万寿３）	表86，証372
信成（三善、保元１～２）	表132～133，証367
信盛（中原、保元１～２）	表132～133，証354
信仲（三善、元永１～２）	表116，証367
信直（清原、未詳）	証303，系385
信貞（三善、永長１～康和１）	表106～107，証367
信任（姓未詳、長元１～２）	表87，証372
真能（安倍、天慶６～９）	表54～55，証281
真明（大蔵、延喜13～16）	表45，証289
親業（清原）　→　近業（清原）	
親憲（中原、久安１～３）	表127～128，証354，系383
親資（佐伯、治暦４）	表95，98，100，証320
親種（清原、応永22～文安３）	表245～257，証303
親脩（安威、文和２）	表220，証280
親信（三善、嘉暦３～元弘２・元弘２～建武１）	表207～211，証367，系390
親盛（惟宗、応保２）	表136，証317，系391
親盛（中原）　→　忠順（中原）	

親平（中原、康和５以前）　表109，証354，系380
親輔（中原、永久３～４）　表114～115，証354，系380
親亮（姓未詳、寛治５）　表103，証372

ス

水守（大倭、天平９）　表３，証370

セ

是行（忠宗、貞観16～元慶２）　表33～34，証328
是則（多治、延喜３～６）　表42，証327
是明（大蔵、延喜２～６）　表41～42，証290
是連（雀部、天慶９～天暦５）　表56～57，証321
正綱（清原、天永１～永久１）　表112～114，証303，系385
正澄（海、天徳３～応和３）　表60～61，証283，系385
正統（菅野、天暦１～６・康保４～天禄２）　表56～57，63～64，証324
正隆（清原、寛治５～嘉保１）　表103～104，証304，系385
成允（菅野、建保４）　表163，証324
成家（中原、貞永１）　表168，証354
成経（姓未詳、長元４～５）　表88，証372
成兼（惟宗、天養１）　表126，証317
成資（中原、建仁２～３）　表157，証354
成重（三善、久安２～５・永暦１）　表127～129，134，証367
成親（惟宗、寛弘５～６）　表78～79，証317
成政（清原、暦応１～３）　表213～214，証304，系387
成宣（清原、元徳１）　表207，証304，系387
成宗（姓未詳）　→　成知（姓未詳）
成知（姓未詳、嘉保２～承徳１）　表105～106，証373
成長（玉祖、長寛２）　表137，証328，系379
成直（大江、承久３）　表164，証287
政義（中原、未詳）　証354
政景（大江、永久４）　表115，証287
政賢（大江、康治１）　表125，証287
政国（大江、天永３）　表113，証288
政職（大江、承安３～４）　表142～143，証288
政泰（中原、応保１）　表135，証354
政輔（佐伯、治暦４以前）　表95，証320
政有（中原、正安１～徳治１）　表192～195，証354
済光（三善、元暦１）　表148，証368

清遠（清原、承安４～安元１）　表143，証304
清貫（小野、延喜１～４）　表41～42，証291
清言（弓削・大江、長保３～寛弘１）　表76～77，証288，系389
清光（惟宗、建久１～５）　表151～152，証318
清国（紀、永万１～仁安１）　表137～138，証295
清佐（大江、永久２～４）　表114～115，証288
清重（清原、天永３～永久２）　表113～114，証304，系385
清俊（清原）　→　清遠（清原）
清俊（中原、治承４～養和１）　表146，証355
清真（惟宗、寛治４～７）　表102～104，証318
清忠（文室、寛弘２～６）　表77～78，証362
清忠（惟宗、承安１）　表141，証318
清田（嶋田、天長１～承和２）　表19～21，証322，系377
清方（菅野、承平４～天慶２）　表51～53，証324
清明（葛井、延喜17～20）　表46～47，証362
盛遠（安倍、長享２～明応６）　表272～274，証281
盛季（中原、嘉応１～２）　表140，証355
盛業（清原、元暦１）　表148，証304
盛兼（中原、長承１以前）　表122，証355
盛賢（姓未詳、天治２）　表119，証373
盛孝（中原、承元４～建暦１）　表160～161，証355
盛俊（中原、嘉禎１）　表169，証355
盛俊（安倍、文明10～明応６）　表268～274，証281
盛信（中原、大治４以前）　表120，証355
盛清（惟宗、承元１～４）　表159～160，証318
盛方（姓未詳、大治２）　表119，証373
千桂（三園、天慶７～天暦１）　表55～56，証363
宣業（清原、建暦１～２）　表161～162，証304，系386
宣光（惟宗、元久１～承元３）　表158～160，証318，系391
宣俊（惟宗、未詳）　証318，系391
宣政（賀陽、長保２～３）　表75～76，証294
宣輔（紀、承暦４～永保１）　表98，証295，系379
宣方（清原、文保２～元応１）　表202，証304，系387
船長（秋篠、延暦22）　表14，証280
全成（内蔵、宝亀３～５）　表７，証315
善行（大蔵、元慶６～寛平８・寛平９～延喜２）　表36～41，証290
善言（小槻・滋野、永祚１～正暦４・長徳４～寛弘７）　表71～80，証322
善長（嶋田、貞観２～４）　表28～29，証322

善定（清原、未詳） 証304，系385
善雄（中科、延暦７～19） 表9～13，証330

ソ

宗家（中原、未詳） 証355
宗岳（菅原、仁和１～４） 表37，証325，系377
宗季（清原、暦応２～康永１・応安１～永徳１） 表213～215，225～232，証304，系388
宗業（清原、応永12～26） 表241～246，証305，系388
宗景（中原、久寿２） 表132，証355
宗賢（玉祖、康和４） 表109，証328，系379
宗賢（中原、長承２～３） 表122～123，証355
宗賢（清原、宝徳１～康正２） 表259～261，証305，系388
宗元（清原、嘉暦２～３） 表206～207，証305，系387
宗言（物部、仁安２） 表139，証369
宗光（中原、正応１～正和１） 表187～198，証355
宗康（三善、安元１～２） 表143～144，証368
宗枝（清原） → 宗季（清原）
宗資（中原、康和３～長治１） 表108～109，証355
宗主（忠宗、承和10～13） 表23～24，証328
宗種（清原、応永７～嘉吉３） 表239～255，証305，系388
宗尚（紀、仁安３） 表139，証295
宗尚（清原、正応２・正和５・文保２～正中２） 表188，200，201～205，証305，系388
宗親（中原、保延３～４） 表124，証355
宗世（和気、寛平４～８） 表38～39，証371
宗政（中原、寛治２） 表101，証355
宗政（紀、嘉承２以前） 表111，証295，系379
宗村（中原、正中２～嘉暦２・正慶１～２） 表205～206，209～210，証356
宗忠（中原、未詳） 証356
宗長（紀、保安１） 表117，証295，系379
宗貞（大江、康平３） 表93，証288，系379
宗範（多治、寛平６～９） 表39～40，証327
宗平（中原、建仁３～元久１） 表157，証356
宗房（中原、天永２～３） 表113，証356
宗頼（中原、仁安３～嘉応１） 表139～140，証356
相永（文屋、保延４～５） 表124～125，証362

相賢（文室、保安４）　表118，証362
相如（高丘、天元４～寛和１）　表68～69，証326
相親（文室、長元３～４）　表87，証362
相範（姓未詳、治暦４）　表95，証373
相門（林・紀、長徳１～４）　表74～75，証295
湊守（船、弘仁３～10・天長４～６）　表16～17，19～20，証362
則基（中原、久寿１以前）　表131，証356
則正（姓未詳、治安３～万寿２）　表85～86，証373
則成（中原、天永３）　表113，証356
村継（宮原、弘仁10～天長１）　表17～18，証365

タ

大川（上毛野、天応１・延暦５）　表８～９，証293
大立（田口、天平宝字５）　表５，証327
沢田（上毛野、貞観６～８）　表30～31，証293

チ

知政（大江、康治２～久安１）　表126～127，証288
治道（笠、延喜22～延長４）　表47～48，証292
致貴（三国、正暦５～長徳４）　表73～74，証363
致時（中原、天元３～永観２・永祚１～長徳４）　表68～69，71～74，証356，系380
致範（姓未詳、長元９）　表89，証373
致右（中原、元弘２～正慶２）　表209～210，証356，系384
致隆（清原、永保３～応徳２）　表99～100，証305，系385
中貫（大蔵、延長８～承平２）　表50～51，証290
仲季（清原、応安５～至徳１）　表227～233，証306，系387
仲基（清原、建久７～９）　表153～154，証306，系386
仲業（清原、文永２）　表178，証306，系386
仲氏（清原、観応１～２）　表218～219，証306
仲重（中原、治承１～３）　表145，証357
仲俊（大江、康和１～４）　表107～108，証288
仲尚（清原、弘長１～２）　表177，証306，系387
仲信（惟宗、寛治１～２）　表101，証318
仲信（中原、平治１～永暦１）　表134～135，証357
仲信（清原、承久３）　表164，証306，系385
仲宣（弓削・大江、天禄元～天延２）　表64～65，証370，系389
仲宣（清原、承元１～建暦１）　表159～161，証306，系387

仲平（嶋田）　→　仲方（嶋田）
仲方（嶋田、延喜７～10）　表43～44，証322
仲方（清原、永仁４～５）　表191，証306，系387
仲明（大春日、永延２～正暦４）　表71～73，証289
仲隆（清原、安元２～治承２）　表144～145，証306，系386，387
忠義（惟宗、未詳）　証318，系391
忠業（惟宗、康治１～久安１）　表125～126，証318
忠業（清原、元暦１～文治４）　表148～149，証307，系386
忠兼（惟宗、未詳）　証318，系391
忠弘（惟宗、天養１～久安２）　表126～127，証318，系391
忠弘（中原、承安４～安元２）　表143～144，証357
忠光（惟宗、久安１）　表127，証318，系391
忠行（姓未詳、保元１以前）　証373
忠種（清原、永享２～長禄２）　表251～262，証307，系388
忠順（中原、大治２）　表119，証357，系383
忠臣（嶋田、貞観８～11）　表31～32，証323，系377
忠信（桜嶋、康保２～安和１）　表62～63，証321，系389
忠親（姓未詳、久寿２以前）　表132，証373
忠政（中原、天仁１～天永２）　表112，証357
忠輔（菅野、天延３～天元１・天元３～寛和２）　表66～70，証324
忠良（中原、延久２）　表96，証357，系380
忠亮（大原、天延１～貞元１）　表65～66，証290
忠亮（令宗、永保１～応徳１）　表98～99，証371
長基（惟宗、久安３）　表128，証318，系391
長谷雄（紀、仁和２～４）　表37，証296，系379
長国（中原、寛仁１～４・永承２～５）　表83～84，91，証357
長言（惟宗、久安４～５）　表128～129，証319，系391
長衡（三善、寿永２～元暦１）　表147～148，証368，系390
長資（姓未詳、康平３～５）　表93，証373
長俊（中原、久安３～５）　表128～129，証358
長俊（惟宗、長寛１）　表136，証319，系391
長尚（清原、文永３）　表179，証307，系388
長盛（中原、応保１～長寛１）　表135～136，証358
長茂（中原、仁安１）　表138，証358
朝望（笠、天徳４～康保１）　表60～62，証292
朝明（中臣・大中臣、天元５～永祚１）　表68～71，証290
直業（中原、建保３）　表162，証358

直尚（清原、康永１〜２）　表215，証307，系387
直方（清原、元徳２）　表208，証307，系387
直隆（清原、未詳）　証307，系387
陳経（菅原、未詳）　証325，系377，378

ツ

通景（大江、嘉保１〜承徳１）　表105〜106,証288,系389
通清（大江、元永２）　表116，証289，系389
通貞（安倍、延久１）　表95，証281

テ

弟益（多米、天安２〜貞観２）　表27〜28，証329
弟峯（賀茂、承和９〜嘉祥２）　表23〜25，証294，系378
定安（清原、天治１〜２）　表118〜119,証307,系385
定安（清原、保延２〜４）　表124，証307
定兼（清原、未詳）　証308，系385
定兼（中原、承久３〜貞応１）　表164，証358
定康（清原、延久４）　表96，証308，系385，386
定資（清原、天永３）　表113，証308，系385
定滋（清原、未詳）　証308，系385
定重（中原、康和４〜嘉承１）　表109〜110，証358
定重（紀、建久１）　表151，証296
定俊（清原、承暦２〜応徳３・寛治５〜康和３）　表97〜100，103〜108，証308，系385
定信（伴、応徳１〜３）　表100，証330
定信（清原、大治４〜長承１）　表120〜122，証308
定政（清原、寛治７〜永長１）　表104〜105,証308,系386
定政（姓未詳、天治１）　表118，証373
定友（清原、未詳）　証308，系385
定雄（清原、応保１〜長寛１）　表135〜136,証309,系385
定隆（清原、未詳）　証309，系385
貞義（姓未詳、長元８）　表89，証373
貞吉（御室、嘉祥２）　表25，証364
貞恒（尾張、延喜22〜延長６）　表47〜49，証292
貞助（紀、延喜11〜14）　表44〜45，証296
貞親（中原、長元５・永承５〜康平２）　表88，91〜93，証358，系380，383
貞親（中原、治承３〜４）　表145〜146，証358

貞成（姓未詳、天仁１） 表112，証373
貞清（中原、長和２） 表81，証358，系380
貞宗（姓未詳、養和１以前） 表146，証373
貞町（興世、貞観16～元慶１） 表33～34，証291
貞任（姓未詳、長暦１） 表89，証373
貞用（物部、天慶１～６） 表53～54，証369
田使（高村、延暦10～14・延暦16～17・大同１～３） 表10～12，14～15，証327

ト

冬隆（清原、元徳１） 表207，証309，系387
董永（安倍、永観２～寛和２） 表69～70，証282
道永（朝原、延暦１～４） 表８～９，証280
道利（姓未詳、長元７） 表88，証373
徳如（尾張・中原、寛弘７～長和１） 表80～81，証358
敦光（秦、応和１～３） 表61，証361
敦国（大江、寛治１） 表101，証289，系389
敦宣（清原、正応４） 表189，証309，系387
敦頼（菅野、正暦４～長徳２・寛弘７～長和４） 表73～74，80～82，証325

ニ

入鹿（多、延暦12～15） 表11，証284
人主（堅部、宝亀３～８） 表７，証292

ノ

能行（三善、承元４） 表160，証368
能国（惟宗、仁治３～寛元４） 表171～173，証319
能文（坂上、仁寿２～天安１） 表26～27，証321

ハ

範季（惟宗、承暦３） 表98，証319
範基（中原、仁治３～康元１） 表171～175，証358
範業（清原、元久２～建永１） 表158，証309，系388
範兼（大江、康和５～嘉承２） 表109～111，証289
範兼（中原、大治３～５） 表120～121，証359
繁隆（清原、延慶２） 表196，証309，系387

ヒ

比良麻呂（高丘、天平宝字４・天平宝字８～神護景雲２） 表５～６，証326

美実（小野、延喜14～18）　表45～46，証291
弼邦（大蔵、康保３～安和２・天禄２～天元３）　表63～68，証290
敏久（物部、大同３～４）　表15，証369

フ

傅説（御船、天暦６～康保４）　表58～63，証364
傅説（小野、天徳２～応和２）　表60～61，証291，系377
武人（高村、天長８）　表20，証327
武並（文、天暦５～10）　表57～59，証362
文義（小野、寛弘４～７・長和４～治安２・長元２～７）　表78～80，82～84，87～88，証291，系377
文正（多治、天慶４～８）　表54～55，証327
文宗（巨勢、元慶４～仁和１）　表35～36，証316
文道（姓未詳、永承７）　表92，証373
文任（巨勢、長和５～寛仁１）　表82～83，証316

ホ

保衡（小野、昌泰１～延喜３）　表40～41，証292，系377
保重（清科、長保１～５）　表75～76，証296
保章（賀茂・慶滋、天禄３～天延３）　表65～66，証371，系378
輔兼（惟宗、康和４～長治２）　表108～110，証319
方賢（姓未詳、長暦１）　表89，証373
邦時（中原、承保３）　表97，証359
奉仲（姓未詳、天治１）　表118，証373
峯守（小野、延暦22～大同１）　表14，証292，系377
豊道（山口、承和14～斉衡１）　表24～26，証370
豊門（安野、嘉祥２～天安１）　表25～27，証369
房年（嶋田、寛平８～昌泰２）　表40，証323
望城（坂上、康保４～天禄１）　表63～64，証321

マ

末忠（姓未詳、永久１以前）　表114，証373

メ

明俊（姓未詳、康平７）　表94，証373

モ

茂景（南淵、延喜２～５）　表41～42，証363

茂智麻呂（白鳥・長峯、天長７～10）　表20～21，証360
茂平（姓未詳、天承１）　表122，証373

ユ

友兼（中原、建久４～５）　表152～153，証359
友直（中原）　→　友兼（中原）
有基（惟宗、弘長１）　表177，証319
有業（当麻、延喜19～22）　表46～47，証325
有憲（宮道、寛平１～４）　表38，証364
有康（中原、承元２～３）　表159～160，証359
有之（惟良、延喜６～９）　表43，証319
有時（出雲、天慶９～天暦４）　表56～57，証283
有時（中原、久安１～５）　表127～129，証359
有実（姓未詳、嘉保１以前）　表105，証373
有守（淡海、元慶２～６）　表34～36，証284
有春（安倍、天慶２～７）　表53～55，証282
有尚（大江、正和５～嘉暦１）　表200～205，証289
有象（十市・十市部、天慶５～９）　表54～55，証329，系380
有親（安倍、正暦４～長徳１）　表73，証282
有世（紀、仁和１～寛平２）　表37～38，証296
有世（御船、延喜17～21）　表46～47，証364
有清（中原、康和１～４）　表107～108，証359
有総（紀、元慶２～３）　表34～35，証296
有忠（姓未詳、寛治６以前）　表104，証373
有貞（中原、応徳２～寛治１）　表100～101，証359
有貞（紀、大治４～天承１）　表120～121，証296
有風（菅野）　→　惟肖（菅野）
有保（大江、文永３～正応２）　表179～188，証289
有方（春道、天暦４～９）　表57～58，証361
有方（雀部、康保１～４）　表62～63，証321
有友（多治、寛平６～昌泰１）　表39～40，証328
有頼（立野、天延２～３）　表66，証328
有隣（小野、永久４）　表115，証292，系377
祐安（中原・清原、仁平３～久寿２）　表131～132，証309，系386
祐基（姓未詳）　→　祐頼（安倍）
祐業（清原、天福１）　表168，証310，系386
祐職（清原、嘉応１～２）　表140，証310
祐通（惟宗、建久９～建仁２）　表155～156，証319

祐頼（安倍、寛仁４～治安３）　表84～85，証282
祐隆（清原、嘉承２～天仁１）　表111～112，証310，系386

ヨ

翼（羽栗、宝亀７）　表７，証361

ラ

頼安（清原、久寿２～保元１）　表132，証310，系385
頼季（清原、建治２～弘安３）　表182～184，証310，系388
頼季（清原、永和２・応永２～12）　表229，236～241，証310，系388
頼業（清原、康治１・仁安１～文治５）　表125，138～150，証310，系386
頼経（惟宗、承保３）　表97，証319
頼兼（清原、永和３～永徳１）　表230～232，証311，系388
頼元（清原、徳治１～応長１・正中２～元弘１・元弘１～建武２）　表195～197，205～211，証311，系388
頼言（高丘、万寿３～長元１）　表86～87，証326
頼弘（清原、仁安１～２）　表138，証311
頼行（三善、仁安３）　表139，証368
頼資（姓未詳、長久１）　表90，証373
頼治（清原、貞治６）　表225，証311，系388
頼秀（清原、弘安６～９）　表185～186，証311
頼尚（清原、元久２～承元１・寛喜３～延応１・文応１～弘長１）　表158～159，167～170，176～177，証311，系388
頼成（中原、未詳）　証359，系380
頼清（清原、正慶１～２・建武２）　表209～210，211，証311，系388
頼直（清原、未詳）　証312，系387
頼定（清原、未詳）　証312，系386
頼方（清原、未詳）　証312，系386
頼隆（清原、長和４～５・治安２～長元２・長元７～長久２）　表82，84～87，88～90，証312，系385

リ

利蔭（菅原、延喜９～12）　表43～44，証325
利延（中原、延慶２～正和５）　表196～200，証359
利義（中原、弘安10～正応１・正応２～永仁４）　表187～191，証359

利見（安倍、天暦９～天徳２）　表59～60，証282
利顕（中原、元弘１～正慶２・建武３～延文２）　表209～210，212～221，証359
利康（中原、徳治１～正和５）　表195～200，証360
利重（中原、文永11～延慶２・正和１～５・正和５）　表181～196，198～200，証360
利親（和、延喜15～19）　表45～46，証371
利世（中臣、延喜13～17）　表45～46，証330
利雄（中原、正中１）　表204，証360
理綱（紀、天暦２～７）　表56～58，証296，系379
理徳（中原、天喜４）　表92，証360
理平（三統、寛平８～延喜１）　表40～41，証364
隆業（清原）　→　仲隆（清原）
隆重（清原、未詳）　証312，系387
隆尚（清原、嘉禎１）　表169，証312，系387
隆信（清原、応保２～長寛２）　表136～137，証312，系385
隆宣（清原、康元１）　表175，証313，系387
良英（清原、未詳）　証313，系386
良季（清原、弘長１～建治１・建治１～弘安10）　表177～187，証313，系388
良規（春淵、延長４～８）　表49～50，証361
良業（中原、永久２）　表114，証360
良業（清原、治承１～３・建久４～承元４）　表144～145，152～160，証313，系386，388
良兼（清原、正和３～５）　表199～200，証313，系388
良賢（清原、文和２～延文１・永徳２～至徳３）　表220～221，233～234，証314，系388
良元（清原、貞応１）　表164，証314，系388
良広（清原）　→　良元（清原）
良弘（中原、応保２～永万１）　表136～137，証360
良行（嶋田、延喜20～延長２）　表47～48，証323
良綱（清原、文永11～建治３）　表181～183，証314，系386
良氏（清原、嘉暦２～元徳１）　表206～207，証314，系388
良枝（清原、嘉元３～正和５・正和５～文保２）　表194～201，証314，系388
良実（大蔵、延喜10～13）　表44，証290
良種（清原、延文１～応安５）　表221～227，証314，系388
良尚（清原）　→　良季（清原）
良臣（嶋田、貞観15～元慶６）　表33～36，証323，系377
良盛（大江、正治１～建仁１）　表155～156，証289

良宣（清原）　→　業忠（清原）
良忠（十市、未詳）　証329，系380
良道（朝原、承和11～嘉祥３）　表24～25，証280
良任（清原、文永３～11）　表179～181,証315,系388
良明（安倍、天徳１～応和１）　表59～61，証282
良隆（清原）　→　頼尚（清原）
良連（粟田、治承４～養和１）　表146，証283
倫義（三善、文和３～応安３）　表220～226，証368
倫重（三善、承元３～建暦１）　表160～161,証368,系390
倫長（三善、嘉禎３～延応１）　表169～170,証368,系390

レ

連岳（中原、昌泰２～延喜２）　表40～41，証360
連量（鴨・賀茂、康保４～天禄３）　表63～65，証294

名未詳

某（紀、康平４以前）　表93，証296
某（佐伯、治暦４）　表95，証320
某（文室、治暦４）　表95，証362
某（中原、寛治年中以前）　表104，証360
某（雑賀、応安６）　表228，証319
某（中原、文明14）　表270，証360，系392

外記補任

凡例

一、本表は、太政官少納言局（外記局）の職員である外記の補任表であり、大宝元年（七〇一）から明応九年（一五〇〇）までの間を収めた。

一、現在、外記の補任に関するまとまった刊本史料は、次のものが知られている。

1「外記補任」（『続群書類従』第四輯上所収、原本は尊経閣文庫所蔵）

記載期間……天応元年〜寛弘六年、建治元年〜康暦二年

2「外記補任」（『続群書類従』第四輯下所収、原本は宮内庁書陵部所蔵）

記載期間……平治元年〜建暦元年

本書では、この二種類の「外記補任」が遺存する期間は、原則としてこれを典拠として作成し、それ以外の期間は、古記録をはじめとする諸史料から新たに作成した。そのため、本書に収録される期間は次のような七期に分けられる。

第一期　宝亀十一年まで（「外記補任」なし）

第二期　天応元年より寛弘六年まで（「外記補任」〈尊経閣本〉あり）

第三期　寛弘七年より保元三年まで（「外記補任」なし）
第四期　平治元年より建暦元年まで（「外記補任」〈書陵部本〉あり）
第五期　建暦二年より文永十一年まで（「外記補任」なし）
第六期　建治元年より康暦元年まで（「外記補任」〈尊経閣本〉あり）
第七期　康暦二年より明応九年まで（「外記補任」なし）

なお「外記補任」（続群書類従版）を原本（写真版）によって訂正し、他に根拠となる史料が見あたらない場合、訂正箇所に傍点を付してその旨を示した。

一、各年に在職した人物を官職ごとに記し、位階・姓名・記事内容を付した。

一、各年次内における在職者の配列は、原則として次のようにした。

1、局務（もしくはそれに相当する大夫外記）を各年次の筆頭に置いた。

2、局務以下は、大外記・権大外記・少外記・権少外記の順とした。

3、在職は確認できても、正確な官職を確定できない人物については「外記」とし、他の在職者と比べて、適当な﨟次となるような位置に配した。

4、在職は確認できても、在職した年次を確認できない場合は「外記大夫」とし、その旨を確認できた年の最終に配した。

一、各人物の位階は、原則として五位以上の場合に記した。
一、各人物の出自・主要経歴などは「外記考証」で示した。
一、表中では次のような記号を用い、在職期間の目安とした。

1、在職期間を示す月日が明確な場合

◎某月某日任　某月某日に他官から外記に就任したことを示す
△某月某日転　某月某日に下級の外記から上級の外記へ昇進したことを示す
×某月某日遷　某月某日に外記から他官へ遷任したことを示す
×某月某日没　某月某日にその人物が死歿したことを示す

2、在職期間を示す月日が未詳の場合

○某月某日　某月某日に初見することを示す（この日付以前に就任）
●某月某日　某月某日が終見であることを示す（この日付以後に遷任）
◇某月某日　某月某日にのみ外記として見えることを示す

一、前記のほか、在職中の諸記事では、次のような略記を用いた。

叙　→　叙位・叙爵　　兼・兼補　→　兼任・兼補

一、典拠史料として表中に示した史料は以下の通り。表中では、〈　〉内のように略記した。なお掲

出にあたっては、利便性を考慮して活字になっているものを優先した。ただし、「外記補任」が遺存している第二・四・六期の典拠史料は、特に明示しない限り、原則として「外記補任」である（適宜、原本・写真版により補訂している）。

•大日本史料（東京大学出版会）
『大日本古文書』編年篇〈「大日本」編〉
『大日本史料』〈「大日本」〉

•国史大系（吉川弘文館）
『続日本紀』〈「続紀」〉　『日本後紀』〈「後紀」〉　『続日本後紀』〈「続後紀」〉　『日本文徳天皇実録』〈「文実」〉
『日本三代実録』〈「三実」〉　『日本紀略』〈「紀略」〉　『類聚国史』〈「類聚」〉　『本朝世紀』〈「本」〉　『百練抄』
『吾妻鏡』　『後鑑』　『続史愚抄』〈「続史」〉　『公卿補任』〈「公卿」〉　『令集解』　『類聚符宣抄』〈「符宣」〉
『続左丞抄』〈「続左丞」〉　『朝野群載』〈「朝」〉　『本朝文粋』〈「本」〉

•大日本古記録（岩波書店）
『御堂関白記』〈「堂」〉　『小右記』〈「小」〉　『後二条師通記』〈「後」〉　『中右記』〈「中」〉　『殿暦』〈「殿」〉
『民経記』〈「民」〉　『猪隈関白記』〈「猪隈」〉　『岡屋関白記』〈「岡」〉　『実冬公記』〈「実冬」〉　『薩戒記』〈「薩」〉

•史料大成、続史料大成（臨川書店）
『権記』〈「権」〉　『左経記』〈「左」〉　『春記』〈「春」〉　『水左記』〈「水」〉　『帥記』〈「帥」〉　『土右記』〈「土」〉
『江記』〈「江記」〉　『永昌記』〈「永」〉　『長秋記』〈「長」〉　『中右記』〈「中」〉　『台記』〈「台」〉　『兵範記』〈「兵」〉

『山槐記』〈「槐」〉　『吉記』〈「吉」〉　『三長記』〈「三」〉　『平戸記』〈「平戸」〉　『勘仲記』〈「勘」〉
『妙槐記』〈「妙槐」〉　『愚管記』〈「愚管」〉　『康富記』〈「康富」〉　『親長卿記』〈「親長」〉　『宣胤卿記』〈「宣胤」〉
『後法興院政家記』〈「政家」〉

・史料纂集（続群書類従完成会）
『権記』〈「権」〉　『台記』〈「台」〉　『葉黄記』〈「葉黄」〉　『公衡公記』〈「公衡」〉　『師守記』〈「守」〉
『師郷記』〈「師郷」〉　『教言公記』〈「教言」〉　『長興記』〈「長興」〉　『兼宣公記』　『五条家文書』

・群書類従（続群書類従完成会）
「外記補任」（前述のように、原則として記載せず。記載する場合は「外記」とした）　「上卿故実」　「康平記」
「寛治二年記」　「年中行事秘抄」　「検非違使補任」　「関東評定衆伝」〈「関東」〉　「花営三代記」〈「花営」〉
「明応凶事記」

・続々群書類従（続群書類従完成会）
「新抄」　「新撰座主伝」

・陽明叢書（思文閣出版）
「行親記」〈「行」〉　「大記」〈「大」〉　「知信記」

・歴代残闕日記（臨川書店）
「大外記中原師元朝臣記」〈「師元」〉　「法性寺関白藤忠通公記」〈「忠通公記」〉　「時信記」　「定長卿記」
「清原良賢真人記」〈「良賢」〉

・図書寮叢刊（明治書院）

『壬生家文書』〈「壬生」〉　『九条家本　玉葉』〈「葉」〉　『経俊卿記』〈「経俊」〉　『砂巌』　『晴富宿禰記』〈「晴富」〉

・その他

「新撰姓氏録」〔佐伯有清『新撰姓氏録の研究』吉川弘文館〕
「魚魯愚抄」〔『史料拾遺　魚魯愚抄』臨川書店〕〈「魚」〉
「二中歴」〔『尊経閣影印叢書　二中歴』〕〈「二」〉
「江家次第」〔『故実叢書　江家次第』臨川書店〕〈「江家」〉
「大間成文抄」〔『大間成文抄』吉川弘文館〕〈「間」〉
「外記宣旨」（内閣文庫）〔清水潔「『外記宣旨』の紹介」（『芸林』三二巻四号・一九八三年）〕〈「外」〉
「大記」〔『史聚』一〇号・一九七九年〕〈「大」〉
「大記」〔『妙法院史料』五巻、吉川弘文館・一九五五年〕〈「大」〉
「玉葉」〔『玉葉』国書刊行会〕〈「葉」〉
「自暦記」〔平田俊春『平家物語の批判的研究』下、国書刊行会・一九九〇年〕
「明月記」〔『明月記』国書刊行会〕〈「明」〉
「玉蘂」〔今川文雄編『玉蘂』思文閣出版〕〈「蘂」〉
「兼仲卿暦記」〔『国立歴史民俗博物館研究報告』第七〇集・一九九七年〕
「園太暦」〔『園太暦』続群書類従完成会〕〈「園」〉
「管見記」（内閣文庫）〈「管見」〉
「看聞日記」〔『看聞御記』続群書類従完成会〕〈「看聞」〉

「実隆公記」〔『実隆公記』続群書類従完成会〕〈「実隆」〉
「歴名土代」〔湯川敏治編『歴名土代』続群書類従完成会・一九九六年〕〈「土代」〉
「押小路家文書」〔内閣文庫〕〈「押」〉
「壬生文書」〔京都大学〕〈「京大壬生」〉〔東京大学史料編纂所架蔵影写本による〕
「下請符集」〔宮内庁書陵部〕〔東京大学史料編纂所架蔵写真帳による〕
「外記平田家文書」〔早稲田大学附属図書館〕〈「平田」〉
「小西家所蔵文書」〔『小西家所蔵文書』私家版・一九九五年〕
「東寺百合文書」〈「百合」〉
「権少外記清原重憲記」〔宮内庁書陵部〕〔平田俊春『私撰国史の批判的研究』〕〈「重」〉
正宗敦夫編『地下家伝』〔時事通信社〕〈「伝」〉
竹内理三編『平安遺文』〔東京堂出版〕
『国司補任』〔続群書類従完成会〕

一、他書において「外記」として扱われている人物でも、原史料の誤記・誤写が明白な場合は、その旨を明記していない。

一、本補任表を成すにあたって参考・利用させていただいた主要な先行研究をあげておく。

特に八〜九世紀の分においては、笠井純一氏・中野高行氏の研究に負うところが大きい。併せ参照されたい。

〈研究〉

中野高行「尊経閣文庫所蔵『外記補任』の補訂―八・九世紀分について―」(Ⅰ)～(Ⅳ)(『史学』55巻4号、56巻1号、56巻2号、56巻3号)

笠井純一「校注・外記補任―仁和三年以前―」(一)・(二)(『金沢大学教養部論集人文科学篇』26巻2号、28巻1号)

松薗　斉『日記の家』(吉川弘文館・一九九七年)

〈索引など〉

竹内理三・山田英雄・平野邦雄編『日本古代人名辞典』1～7(吉川弘文館・一九五八～七七年)

佐々木令信編『中右記人名索引』上・下(臨川書店・一九九三年)

兵範記輪読会編『兵範記人名索引』Ⅰ～Ⅲ(立命館大学人文学会・一九八七年、一九九一年、一九九九年)

多賀宗隼『玉葉索引　藤原兼実の研究』(吉川弘文館・一九七四年)

今川文雄『新訂明月記人名索引』(河出書房新社・一九八五年)

御家人制研究会編『吾妻鏡人名索引』(吉川弘文館・一九七一年)

一、史料の閲覧等にあたって、次の諸機関の便宜をえた。記して謝意に代えたい。

宮内庁書陵部　国立公文書館内閣文庫　東京大学史料編纂所　早稲田大学附属図書館

前田育徳会尊経閣文庫

目次

〔第一期　宝亀十一年まで〕

文武天皇
大宝元年　一
大宝二年　一
大宝三年　一
慶雲元年　一
慶雲二年　一
慶雲三年　一
元明天皇
慶雲四年　一
和銅元年　一
和銅二年　一
和銅三年　一
和銅四年　二
和銅五年　二
和銅六年　二
和銅七年　二
元正天皇
霊亀元年　二
霊亀二年　二
養老元年　二
養老二年　二
養老三年　二
養老四年　二
養老五年　二
養老六年　二
養老七年　二
聖武天皇
神亀元年　二

目次

神亀二年　二
神亀三年　三
神亀四年　三
神亀五年　三
天平元年　三
天平二年　三
天平三年　三
天平四年　三
天平五年　三
天平六年　三
天平七年　三
天平八年　三
天平九年　三
天平十年　三
天平十一年　三
天平十二年　四
天平十三年　四
天平十四年　四
天平十五年　四
天平十六年　四
天平十七年　四
天平十八年　四
天平十九年　四
天平廿年　四

孝謙天皇

天平感宝元年（天平勝宝元年）　四
天平勝宝二年　四
天平勝宝三年　四
天平勝宝四年　四
天平勝宝五年　四
天平勝宝六年　四
天平勝宝七年　四
天平勝宝八年　四
天平宝字元年　五

淳仁天皇

天平宝字二年　五
天平宝字三年　五
天平宝字四年　五
天平宝字五年　五
天平宝字六年　五

天平宝字七年　五

称徳天皇

天平宝字八年　五
天平神護元年　六
天平神護二年　六
神護景雲元年　六
神護景雲二年　六
神護景雲三年　六

光仁天皇

宝亀元年　六
宝亀二年　六
宝亀三年　六
宝亀四年　七
宝亀五年　七
宝亀六年　七
宝亀七年　七
宝亀八年　七
宝亀九年　七
宝亀十年　七
宝亀十一年　七

〔第二期　天応元年～寛弘六年〕

桓武天皇

天応元年　八
延暦元年　八
延暦二年　八
延暦三年　八
延暦四年　九
延暦五年　九
延暦六年　九
延暦七年　九
延暦八年　九
延暦九年　一〇
延暦十年　一〇
延暦十一年　一〇

延暦十二年　一一
延暦十三年　一一
延暦十四年　一一
延暦十五年　一一
延暦十六年　一二
延暦十七年　一二
延暦十八年　一二
延暦十九年　一三
延暦廿年　一三
延暦廿一年　一三
延暦廿二年　一三
延暦廿三年　一四
延暦廿四年　一四

平城天皇

大同元年　一四
大同二年　一四
大同三年　一五

嵯峨天皇

大同四年　一五
弘仁元年　一五
弘仁二年　一六
弘仁三年　一六
弘仁四年　一六
弘仁五年　一六
弘仁六年　一七
弘仁七年　一七
弘仁八年　一七
弘仁九年　一七
弘仁十年　一七
弘仁十一年　一八
弘仁十二年　一八
弘仁十三年　一八

淳和天皇

弘仁十四年　一八
天長元年　一八
天長二年　一九
天長三年　一九
天長四年　一九
天長五年　一九

天長六年 一九
天長七年 二〇
天長八年 二〇
天長九年 二〇

仁明天皇

天長十年 二〇
承和元年 二一
承和二年 二一
承和三年 二一
承和四年 二一
承和五年 二二
承和六年 二二
承和七年 二二
承和八年 二二
承和九年 二三
承和十年 二三
承和十一年 二三
承和十二年 二四
承和十三年 二四
承和十四年 二四
嘉祥元年 二四
嘉祥二年 二五

文徳天皇

嘉祥三年 二五
仁寿元年 二五
仁寿二年 二六
仁寿三年 二六
斉衡元年 二六
斉衡二年 二六
斉衡三年 二七
天安元年 二七

清和天皇

天安二年 二七
貞観元年 二八
貞観二年 二八
貞観三年 二八
貞観四年 二九
貞観五年 二九
貞観六年 三〇

貞観七年 三〇
貞観八年 三〇
貞観九年 三一
貞観十年 三一
貞観十一年 三一
貞観十二年 三二
貞観十三年 三二
貞観十四年 三二
貞観十五年 三三
貞観十六年 三三
貞観十七年 三三

陽成天皇

貞観十八年 三三
元慶元年 三四
元慶二年 三四
元慶三年 三五
元慶四年 三五
元慶五年 三五
元慶六年 三六
元慶七年 三六

光孝天皇

元慶八年 三六
仁和元年 三六
仁和二年 三七

宇多天皇

仁和三年 三七
仁和四年 三七
寛平元年 三七
寛平二年 三八
寛平三年 三八
寛平四年 三八
寛平五年 三九
寛平六年 三九
寛平七年 三九
寛平八年 三九

醍醐天皇

寛平九年 四〇
昌泰元年 四〇

昌泰二年　四〇
昌泰三年　四一
延喜元年　四一
延喜二年　四一
延喜三年　四一
延喜四年　四二
延喜五年　四二
延喜六年　四二
延喜七年　四三
延喜八年　四三
延喜九年　四三
延喜十年　四三
延喜十一年　四四
延喜十二年　四四
延喜十三年　四四
延喜十四年　四五
延喜十五年　四五
延喜十六年　四五
延喜十七年　四六
延喜十八年　四六
延喜十九年　四六
延喜廿年　四七
延喜廿一年　四七
延喜廿二年　四七
延長元年　四七
延長二年　四八
延長三年　四八
延長四年　四八
延長五年　四九
延長六年　四九
延長七年　四九

朱雀天皇

延長八年　五〇
承平元年　五〇
承平二年　五〇
承平三年　五一
承平四年　五一
承平五年　五一
承平六年　五二
承平七年　五二
天慶元年　五二

天慶二年　五三
天慶三年　五三
天慶四年　五三
天慶五年　五四
天慶六年　五四
天慶七年　五四
天慶八年　五五

村上天皇

天慶九年　五五
天暦元年　五六
天暦二年　五六
天暦三年　五六
天暦四年　五七
天暦五年　五七
天暦六年　五七
天暦七年　五八
天暦八年　五八
天暦九年　五八
天暦十年　五九
天徳元年　五九
天徳二年　五九
天徳三年　六〇
天徳四年　六〇
応和元年　六〇
応和二年　六一
応和三年　六一
康保元年　六二
康保二年　六二
康保三年　六二

冷泉天皇

康保四年　六三
安和元年　六三

円融天皇

安和二年　六三
天禄元年　六四
天禄二年　六四
天禄三年　六五
天延元年　六五
天延二年　六五

天延三年 六六
貞元元年 六六
貞元二年 六六
天元元年 六七
天元二年 六七
天元三年 六七
天元四年 六八
天元五年 六八
永観元年 六九

花山天皇

永観二年 六九
寛和元年 六九

一条天皇

寛和二年 七〇
永延元年 七〇
永延二年 七一
永祚元年 七一
正暦元年 七一
正暦二年 七二
正暦三年 七二
正暦四年 七二
正暦五年 七三
長徳元年 七三
長徳二年 七四
長徳三年 七四
長徳四年 七四
長保元年 七五
長保二年 七五
長保三年 七五
長保四年 七六
長保五年 七六
寛弘元年 七七
寛弘二年 七七
寛弘三年 七七
寛弘四年 七八
寛弘五年 七八
寛弘六年 七八

〔第三期　寛弘七年～保元三年〕

寛弘七年　八〇
三条天皇
寛弘八年　八〇
長和元年　八一
長和二年　八一
長和三年　八一
長和四年　八二
後一条天皇
長和五年　八二
寛仁元年　八二
寛仁二年　八三
寛仁三年　八三
寛仁四年　八三
治安元年　八四
治安二年　八四
治安三年　八五
万寿元年　八五
万寿二年　八五
万寿三年　八六
万寿四年　八六
長元元年　八六
長元二年　八七
長元三年　八七
長元四年　八七
長元五年　八八
長元六年　八八
長元七年　八八
長元八年　八九
後朱雀天皇
長元九年　八九
長暦元年　八九
長暦二年　八九
長暦三年　八九
長久元年　九〇
長久二年　九〇

長久三年　九〇
長久四年　九〇
寛徳元年　九〇

後冷泉天皇

寛徳二年　九〇
永承元年　九一
永承二年　九一
永承三年　九一
永承四年　九一
永承五年　九一
永承六年　九一
永承七年　九一
天喜元年　九二
天喜二年　九二
天喜三年　九二
天喜四年　九二
天喜五年　九二
康平元年　九二
康平二年　九二
康平三年　九三
康平四年　九三
康平五年　九三
康平六年　九三
康平七年　九四
治暦元年　九四
治暦二年　九四
治暦三年　九四

後三条天皇

治暦四年　九四
延久元年　九五
延久二年　九六
延久三年　九六

白河天皇

延久四年　九六
延久五年　九六
承保元年　九六
承保二年　九七
承保三年　九七
承暦元年　九七

承暦二年 九七
承暦三年 九八
承暦四年 九八
永保元年 九八
永保二年 九九
永保三年 九九
応徳元年 九九
応徳二年 一〇〇

堀河天皇

応徳三年 一〇〇
寛治元年 一〇一
寛治二年 一〇一
寛治三年 一〇二
寛治四年 一〇二
寛治五年 一〇三
寛治六年 一〇三
寛治七年 一〇四
嘉保元年 一〇四
嘉保二年 一〇五
永長元年 一〇五
承徳元年 一〇六
承徳二年 一〇六
康和元年 一〇七
康和二年 一〇七
康和三年 一〇八
康和四年 一〇八
康和五年 一〇九
長治元年 一〇九
長治二年 一一〇
嘉承元年 一一〇

鳥羽天皇

嘉承二年 一一一
天仁元年 一一一
天仁二年 一一二
天永元年 一一二
天永二年 一一二
天永三年 一一三
永久元年 一一四
永久二年 一一四
永久三年 一一四

永久四年　一一五
永久五年　一一五
元永元年　一一五
元永二年　一一六
保安元年　一一六
保安二年　一一七
保安三年　一一七

崇徳天皇

保安四年　一一八
天治元年　一一八
天治二年　一一八
大治元年　一一九
大治二年　一一九
大治三年　一二〇
大治四年　一二〇
大治五年　一二一
天承元年　一二一
長承元年　一二二
長承二年　一二二
長承三年　一二二

保延元年　一二三
保延二年　一二三
保延三年　一二四
保延四年　一二四
保延五年　一二四
保延六年　一二五

近衛天皇

永治元年　一二五
康治元年　一二五
康治二年　一二六
天養元年　一二六
久安元年　一二六
久安二年　一二七
久安三年　一二七
久安四年　一二八
久安五年　一二八
久安六年　一二九
仁平元年　一二九
仁平二年　一三〇
仁平三年　一三〇

久寿元年 一三一

後白河天皇

久寿二年 一三一
保元元年 一三二

〔第四期 平治元年～建暦元年〕

平治元年 一三四
永暦元年 一三四
応保元年 一三五
応保二年 一三五
長寛元年 一三六
長寛二年 一三六

六条天皇

永万元年 一三七
仁安元年 一三八
仁安二年 一三八
保元二年 一三二

二条天皇

保元三年 一三三

高倉天皇

仁安三年 一三九
嘉応元年 一四〇
嘉応二年 一四〇
承安元年 一四一
承安二年 一四一
承安三年 一四二
承安四年 一四二
安元元年 一四三
安元二年 一四三
治承元年 一四四
治承二年 一四五

治承三年　一四五

安徳天皇

治承四年　一四五
養和元年　一四六
寿永元年　一四七

後鳥羽天皇

寿永二年　一四七
元暦元年（寿永三年）　一四八
文治元年（寿永四年）　一四八
文治二年　一四九
文治三年　一四九
文治四年　一四九
文治五年　一五〇
建久元年　一五〇
建久二年　一五一
建久三年　一五一
建久四年　一五二
建久五年　一五二
建久六年　一五三
建久七年　一五三
建久八年　一五四

土御門天皇

建久九年　一五四
正治元年　一五五
正治二年　一五五
建仁元年　一五六
建仁二年　一五六
建仁三年　一五七
元久元年　一五七
元久二年　一五八
建永元年　一五八
承元元年　一五九
承元二年　一五九
承元三年　一五九

順徳天皇

承元四年　一六〇
建暦元年　一六〇

〔第五期　建暦二年〜文永十一年〕

建暦二年　一六二
建保元年　一六二
建保二年　一六二
建保三年　一六二
建保四年　一六二
建保五年　一六三
建保六年　一六三
承久元年　一六三
承久二年　一六三

仲恭天皇

後堀河天皇

承久三年　一六四
貞応元年　一六四
貞応二年　一六五
元仁元年　一六五
嘉禄元年　一六五
嘉禄二年　一六五
安貞元年　一六六
安貞二年　一六六
寛喜元年　一六六
寛喜二年　一六七
寛喜三年　一六七

四条天皇

貞永元年　一六八
天福元年　一六八
文暦元年　一六八
嘉禎元年　一六八
嘉禎二年　一六九
嘉禎三年　一六九
暦仁元年　一六九
延応元年　一七〇
仁治元年　一七〇
仁治二年　一七〇

後嵯峨天皇
仁治三年 一七〇
寛元元年 一七一
寛元二年 一七一
寛元三年 一七二
後深草天皇
寛元四年 一七二
宝治元年 一七三
宝治二年 一七三
建長元年 一七三
建長二年 一七四
建長三年 一七四
建長四年 一七四
建長五年 一七四
建長六年 一七五
建長七年 一七五
康元元年 一七五
正嘉元年 一七五
正嘉二年 一七六
亀山天皇
正元元年 一七六
文応元年 一七六
弘長元年 一七七
弘長二年 一七七
弘長三年 一七七
文永元年 一七八
文永二年 一七八
文永三年 一七八
文永四年 一七九
文永五年 一七九
文永六年 一七九
文永七年 一八〇
文永八年 一八〇
文永九年 一八〇
文永十年 一八〇
後宇多天皇
文永十一年 一八一

〔第六期　建治元年〜康暦元年〕

建治元年　一八二
建治二年　一八二
建治三年　一八二
弘安元年　一八三
弘安二年　一八三
弘安三年　一八四
弘安四年　一八四
弘安五年　一八四
弘安六年　一八五
弘安七年　一八五
弘安八年　一八六
弘安九年　一八六

伏見天皇

弘安十年　一八七
正応元年　一八七
正応二年　一八八
正応三年　一八八
正応四年　一八九
正応五年　一八九
永仁元年　一九〇
永仁二年　一九〇
永仁三年　一九〇
永仁四年　一九一
永仁五年　一九一

後伏見天皇

永仁六年　一九一
正安元年　一九二
正安二年　一九二

後二条天皇

正安三年　一九二
乾元元年　一九三
嘉元元年　一九三
嘉元二年　一九三

嘉元三年　一九四
徳治元年　一九四
徳治二年　一九五
花園天皇
延慶元年　一九五
延慶二年　一九六
延慶三年　一九七
応長元年　一九七
正和元年　一九八
正和二年　一九八
正和三年　一九九
正和四年　一九九
正和五年　一九九
文保元年　二〇〇
後醍醐天皇
文保二年　二〇一
元応元年　二〇二
元応二年　二〇二
元亨元年　二〇二
元亨二年　二〇三
元亨三年　二〇四
正中元年　二〇四
正中二年　二〇五
嘉暦元年　二〇五
嘉暦二年　二〇六
嘉暦三年　二〇六
元徳元年　二〇七
元徳二年　二〇七
光厳天皇（北朝）
元徳三年（元弘元年）　二〇八
正慶元年（元弘二年）　二〇九
正慶二年（元弘三年）　二〇九
後醍醐天皇
建武元年　二一〇
建武二年　二一一
光明天皇（北朝）
建武三年　二一一

建武四年　二一二
暦応元年　二一二
暦応二年　二一三
暦応三年　二一三
暦応四年　二一四
康永元年　二一四
康永二年　二一五
康永三年　二一五
貞和元年　二一六
貞和二年　二一六
貞和三年　二一七
崇光天皇
貞和四年　二一七
貞和五年　二一八
観応元年　二一八
観応二年　二一八
後光厳天皇
文和元年　二一九
文和二年　二一九
文和三年　二二〇
文和四年　二二〇
延文元年　二二一
延文二年　二二一
延文三年　二二一
延文四年　二二二
延文五年　二二二
康安元年　二二三
貞治元年　二二三
貞治二年　二二三
貞治三年　二二四
貞治四年　二二四
貞治五年　二二四
貞治六年　二二五
応安元年　二二五
応安二年　二二六
応安三年　二二六
後円融天皇
応安四年　二二七
応安五年　二二七

応安六年　二二七
応安七年　二二八
永和元年　二二八
永和二年　二二九
永和三年　二三〇
永和四年　二三〇
康暦元年　二三一

〔第七期　康暦二年以後〕

康暦二年　二三二
永徳元年　二三二

後小松天皇

永徳二年　二三二
永徳三年　二三三
至徳元年　二三三
至徳二年　二三三
至徳三年　二三四
嘉慶元年　二三四
嘉慶二年　二三四
康応元年　二三四
明徳元年　二三四
明徳二年　二三五
明徳三年　二三五
明徳四年　二三五
応永元年　二三五
応永二年　二三六
応永三年　二三六
応永四年　二三七
応永五年　二三七
応永六年　二三八
応永七年　二三八
応永八年　二三九
応永九年　二三九
応永十年　二四〇
応永十一年　二四〇
応永十二年　二四〇

目次

応永十三年 二四一
応永十四年 二四一
応永十五年 二四二
応永十六年 二四二
応永十七年 二四二
応永十八年 二四三

称光天皇

応永十九年 二四三
応永廿年 二四四
応永廿一年 二四四
応永廿二年 二四四
応永廿三年 二四五
応永廿四年 二四五
応永廿五年 二四六
応永廿六年 二四六
応永廿七年 二四七
応永廿八年 二四七
応永廿九年 二四七
応永卅年 二四八
応永卅一年 二四八

応永卅二年 二四九
応永卅三年 二四九
応永卅四年 二四九

後花園天皇

正長元年 二五〇
永享元年 二五〇
永享二年 二五一
永享三年 二五一
永享四年 二五一
永享五年 二五二
永享六年 二五二
永享七年 二五二
永享八年 二五三
永享九年 二五三
永享十年 二五三
永享十一年 二五四
永享十二年 二五四
嘉吉元年 二五五
嘉吉二年 二五五
嘉吉三年 二五六

文安元年 二五六
文安二年 二五七
文安三年 二五七
文安四年 二五八
文安五年 二五八
宝徳元年 二五八
宝徳二年 二五九
宝徳三年 二五九
享徳元年 二六〇
享徳二年 二六〇
享徳三年 二六一
康正元年 二六一
康正二年 二六一
長禄元年 二六二
長禄二年 二六二
長禄三年 二六二
寛正元年 二六三
寛正二年 二六三
寛正三年 二六三
寛正四年 二六四
寛正五年 二六四

後土御門天皇

寛正六年 二六四
文正元年 二六四
応仁元年 二六五
応仁二年 二六五
文明元年 二六五
文明二年 二六六
文明三年 二六六
文明四年 二六六
文明五年 二六六
文明六年 二六七
文明七年 二六七
文明八年 二六七
文明九年 二六八
文明十年 二六八
文明十一年 二六八
文明十二年 二六九
文明十三年 二六九
文明十四年 二六九
文明十五年 二七〇

目次

文明十六年……二七〇
文明十七年……二七〇
文明十八年……二七一
長享元年……二七一
長享二年……二七一
延徳元年……二七二
延徳二年……二七二
延徳三年……二七二
明応元年……二七三
明応二年……二七三

後柏原天皇

明応三年……二七三
明応四年……二七三
明応五年……二七四
明応六年……二七四
明応七年……二七五
明応八年……二七五
明応九年……二七五

外記考証……二七七
外記系図……三七五
解　説……三九三
あとがき……四二七
人名索引……1

外記補任

〔第一期　宝亀十一年まで〕

大宝元年

大宝二年

大宝三年

慶雲元年

慶雲二年

慶雲三年

慶雲四年

和銅元年

和銅二年

和銅三年

和銅四年
大外記
正七位下　伊吉子人　令師、◇本年在任〈『令集解』八〉
和銅五年
和銅六年
和銅七年
霊亀元年
霊亀二年
養老元年
養老二年
養老三年
大外記
従六位下　白猪広成　◇閏七月十一日兼遣新羅使〈「続紀」〉
養老四年
養老五年
養老六年
養老七年
神亀元年
神亀二年

神亀三年

神亀四年

神亀五年

天平元年

天平二年

天平三年

天平四年

天平五年

天平六年

少外記

正七位上　壬生宇太麻呂　◇本年在任〈『大日本』編一596〉

天平七年

天平八年

天平九年

大外記

従六位下　大倭水守　◇十一月廿二日改姓忌寸賜宿禰〈『続紀』〉

天平十年

天平十一年

天平十二年

天平十三年

天平十四年

天平十五年

天平十六年

天平十七年

天平十八年

天平十九年

天平廿年

天平感宝元年（天平勝宝元年）

天平勝宝二年

天平勝宝三年

天平勝宝四年

天平勝宝五年

天平勝宝六年

天平勝宝七年

天平勝宝八年

天平宝字元年

天平宝字二年

天平宝字三年

天平宝字四年

大外記

正六位下　高丘比良麻呂　◇四月十五日〈「大日本」編一四411〉

天平宝字五年

大外記

外従五位下　池原禾守　○正月廿五日〈「大日本」編一五93〉、●三月廿二日〈「大日本」編四499〉

少外記

田口大立　◇本年在任〈「大日本」編一五130〉

天平宝字六年

大外記

（外従五位下　池原禾守）

天平宝字七年

大外記

（外従五位下　池原禾守　正月九日遷讃岐介カ〈「続紀」〉）

外従五位下　伊吉益麻呂　◎◇正月九日任〈「続紀」〉

＊池原禾守の大外記在職は、天平宝字五年以外は見出せないが、このように推定してみた。神護景雲元年まで引き続いて在職していた可能性もある。

天平宝字八年

大外記

従四位下　高丘比良麻呂　内蔵助、◎正月廿一日兼任〈「続紀」〉、九月十一日叙（もと外従五位下）〈「続紀」〉

天平神護元年

大外記

（従四位下　高丘比良麻呂）

天平神護二年

大外記

（従四位下　高丘比良麻呂）

神護景雲元年

大外記

従四位下　高丘比良麻呂　遠江守、三月廿日兼法王宮亮〈「続紀」〉、同月廿七日改姓連賜宿禰〈「続紀」〉

従五位下　池原禾守　右平準令、○九月四日兼造西隆寺次官〈「続紀」〉

神護景雲二年

大外記

従四位下　高丘比良麻呂　内蔵頭・遠江守、×六月廿八日卒〈「続紀」〉

従五位下　池原禾守　右平準令・造西隆寺次官、七月一日兼播磨介〈「続紀」〉

神護景雲三年

大外記

従五位下　池原禾守　播磨介カ、●六月廿四日遷修理次官〈「続紀」〉

宝亀元年

宝亀二年

宝亀三年

大外記

外従五位下　内蔵全成　○四月廿日任〈「続紀」〉
外従五位下　堅部人主　◎◇十一月一日任〈「続紀」〉

宝亀四年
大外記
（外従五位下　内蔵全成）
（外従五位下　堅部人主）

宝亀五年
大外記
外従五位下　内蔵全成　●九月四日兼越後介〈「続紀」〉
（外従五位下　堅部人主）

宝亀六年
大外記
（外従五位下　堅部人主）

宝亀七年
大外記
（外従五位下　堅部人主）
外従五位下　羽栗　翼　◇三月六日兼勅旨大丞〈「続紀」〉

宝亀八年
大外記
（外従五位下　堅部人主　正月廿五日遷備前介カ〈「続紀」〉）
従五位下　池原禾守　主計頭、◎◇正月廿五日兼任〈「続紀」〉

＊堅部人主の大外記在職は、任官時の史料以外には見出せないが、このように推定してみた。

宝亀九年

宝亀十年

宝亀十一年

〔第二期　天応元年～寛弘六年〕

天応元年
大外記
外従五位下　上毛野大川　◇五月廿五日兼山背介〈「続紀」〉

延暦元年
大外記
外従五位下　朝原道永　◎閏正月十七日任〈「続紀」〉
少外記
秋篠安人　◎六月日任（元播磨少目）

＊秋篠安人の少外記就任については「外記補任」の記載に従ったが、『公卿補任』はその旨を記さず、延暦三年二月に少内記に任じた旨を記している。

延暦二年
大外記
外従五位下　朝原道永　十一月十二日兼大学助〈「続紀」〉
少外記
秋篠安人
内蔵賀茂麻呂　◎八月日任（元式部少録）

延暦三年
大外記
外従五位下　朝原道永　三月十四日兼越後介（止助）〈「続紀」〉
少外記
秋篠安人
（内蔵賀茂麻呂）

延暦四年
大外記
従五位下　朝原道永　越後介、八月七日叙入内〈「続紀」〉、
×十一月廿五日遷皇太子学士〈「続紀」〉
少外記
秋篠安人
（内蔵賀茂麻呂）

延暦五年
大外記
従五位下　上毛野大川　◇六月九日兼主計頭〈「続紀」〉
少外記
秋篠安人
（内蔵賀茂麻呂）

*上毛野大川は、天応元年にも大外記在職が確認できるので、
それ以来継続して在職していた可能性も高い。

延暦六年
大外記
秋篠安人　△三月日転、兼播磨少目
内蔵賀茂麻呂
少外記
林　沙婆　○本年より記載

延暦七年
大外記
秋篠安人　播磨少目カ
内蔵賀茂麻呂
少外記
林　沙婆
津　巨都雄　◎七月日任

延暦八年
大外記

外従五位下　秋篠安人　播磨少目カ、正月六日叙〈「続紀」〉
　内蔵賀茂麻呂
少外記　林　沙婆　●本年まで記載
（津　巨都雄）
権少外記　池原諸梶　◎四月日任（元兵部少録）

延暦九年

大外記
外従五位下　秋篠安人　三月廿六日兼右兵衛佐〈「続紀」・「公卿」〉、十二月卅日改姓宿禰賜朝臣〈「続紀」〉
　内蔵賀茂麻呂　●本年まで記載
少外記　池原諸梶　△三月日（廿六日カ）転
　津　巨都雄

延暦十年

大外記
従五位下　秋篠安人　右兵衛佐、正月七日叙入内〈「続紀」・「公卿」〉、二月十四日兼大判事〈「続紀」・「公卿」〉、×三月廿一日遷少納言〈「続紀」〉
　高村田使　◎三月日（廿一日カ）任
　池原諸梶
少外記　中科巨都雄　正月十二日改姓津連賜中科宿禰〈「続紀」〉

延暦十一年

大外記
外従五位下　高村田使　正月七日叙
　池原諸梶　△三月日転
少外記
　中科巨都雄

息長家成　◎三月日任（元少判事）

延暦十二年

大外記

外従五位下　高村田使　十一月廿二日兼下総権介

池原諸梶　●本年まで記載

中科巨都雄　△二月日転

少外記

息長家成　●本年まで記載

多　入鹿　◎二月日任〈「公卿」〉

延暦十三年

大外記

外従五位下　高村田使　下総権介カ

中科巨都雄

少外記

多　入鹿

延暦十四年

大外記

外従五位下　高村田使　下総権介カ、×二月十八日遷大学助

中科巨都雄

少外記

多　入鹿

延暦十五年

大外記

中科巨都雄

少外記

多　入鹿　×二月日遷式部少丞〈「公卿」〉

御使今嗣　◎二月日任（元春宮主蔵佑）

上毛野諸嗣　◎三月日任（元大宰少判事）

延暦十六年
大外記
従五位下　中科巨都雄　正月七日叙外従五位下〈「後紀」〉、同月十三日兼常陸少掾〈「後紀」〉、二月十三日叙入内〈「後紀」〉
外従五位下　内蔵賀茂麻呂　◎二月九日任（元主計助）〈「後紀」〉、×四月十二日遷河内介
従五位下　高村田使　◎五月四日兼（止大学助）、月日兼大学助
少外記
御使今嗣
上毛野諸嗣

延暦十七年
大外記
従五位下　高村田使　大学助、×六月五日遷安芸守
従五位下　中科善雄　五月廿六日兼玄蕃助、月日改名、七月日〔廿七日カ〕止助
少外記
御使今嗣　四月廿四日兼遣渤海使判官〈「類聚」193〉
上毛野諸嗣
権少外記
大枝永丘　内舎人、◎五月日兼

＊中科巨都雄の善雄への改名の時期については、明確にはできない。とりあえず「外記補任」の記載に従っておく。

延暦十八年
大外記
従五位下　中科善雄
御使今嗣　△六月日転
少外記
上毛野諸嗣
大枝永丘　△六月日転

延暦十九年

大外記

従五位下　中科善雄　×正月廿四日遷伊予介

外従五位下　堅部広人　左大史、◎二月十六日兼〈「紀略」〉

御使今嗣

少外記

上毛野諸嗣

大枝永丘　正月日〔廿四日カ〕兼相模大目

延暦廿年

大外記

外従五位下　堅部広人　左大史

御使今嗣

少外記

上毛野諸嗣

大枝永丘　相模大目カ

延暦廿一年

大外記

外従五位下　堅部広人　左大史、正月廿二日兼下総大掾、月日止左大史〔要検討〕

御使今嗣　三月日兼播磨権少掾

少外記

上毛野諸嗣

大枝永丘　正月日兼播磨大目

延暦廿二年

大外記

外従五位下　堅部広人　下総大掾〔左大史カ〕

御使今嗣　播磨権少掾、●本年まで記載

少外記

上毛野諸嗣　●正月日兼美作大目

大枝永丘　播磨大目、●本年まで記載

権少外記

小野峯守　◎四月日任

秋篠船長　◎◇六月日任（元中内記）

延暦廿三年

大外記

外従五位下　堅部広人　左大史

権少外記

小野峯守

延暦廿四年

大外記

外従五位下　堅部広人

権少外記

小野峯守

大同元年

大外記

従五位下　高村田使　◎四月十二日任（元陰陽頭）〈「後紀」〉

外従五位下　豊宗広人　正月五日改姓堅部使主賜豊宗宿禰〈「後紀」〉

少外記

小野峯守　△三月日転、×五月日遷春宮少進

坂田永河　◎四月日任〈「文実」天安元年十月十三日条〉

坂田弘貞　◎八月十六日任（元少内記）〈「公卿」〉

大同二年

大外記

従五位下　高村田使

外従五位下　豊宗広人　二月廿九日兼主税助、十一月廿

二日兼陰陽助（止助）

少外記　上毛野穎人　◎六月日任（元左大史）

坂田永河

（坂田弘貞）

大同三年

大外記

従五位下　高村田使　●本年まで記載

従五位下　豊宗広人　正月廿五日叙入内〈「類聚」九九〉、十月一日兼主税頭〈「後紀」〉、十一月日（廿七日カ）止陰陽助

外従五位下　物部敏久　◎三月十五日任（元左大史）

上毛野穎人

少外記

坂田永河

（坂田弘貞）

大同四年

大外記

従五位下　豊宗広人　正月廿三日兼肥後介〈「後紀」〉、九月十四日止主税頭

外従五位下　物部敏久　×六月卅日遷主税助

外従五位下　上毛野穎人　九月一日叙〈「類聚」九九〉

少外記

坂田永河　×四月十四日（カ）遷民部少丞〈「文実」天安元年十月十三日条〉

坂田弘貞

弘仁元年

大外記

従五位下　豊宗広人

従五位上　上毛野穎人　本年改賜姓〈「新撰姓氏録」〉、九月十一日叙〈「後紀」〉

少外記
坂田弘貞　×十二月二日遷大内記〈「公卿」〉

弘仁二年
大外記
従五位上　上毛野穎人
従五位下　豊宗広人
少外記
大春日穎雄　○六月卅日〈「符宣」一〇〉

弘仁三年
大外記
従五位上　上毛野穎人　正月十二日兼因幡介〈「後紀」〉
従五位下　豊宗広人　四月十九日兼安芸介〈「後紀」〉
少外記
大春日穎雄
船　湊守　○十二月廿八日〈「符宣」六〉

弘仁四年
大外記
従五位上　上毛野穎人　因幡介
従五位下　豊宗広人　安芸介カ
少外記
大春日穎雄
船　湊守

弘仁五年
大外記
従五位上　上毛野穎人　因幡介
従五位下　豊宗広人　安芸介カ
少外記
大春日穎雄　●二月十五日〈「符宣」四〉
船　湊守

弘仁六年

大外記

従五位上　上毛野穎人　因幡介

従五位下　豊宗広人　安芸介カ

少外記

（船　湊守）

弘仁七年

大外記

従五位上　上毛野穎人

従五位下　豊宗広人　×正月十日遷主計頭

外従五位下　船　湊守　正月七日叙〈「類聚」九九〉、△正月十日転

弘仁八年

大外記

従五位上　上毛野穎人　×二月六日〔二日カ〕遷東宮学士

外従五位下　船　湊守

少外記

高丘潔門　○六月廿三日〈「符宣」六〉

弘仁九年

大外記

外従五位下　船　湊守

少外記

（高丘潔門）

弘仁十年

大外記

外従五位下　船　湊守　×九月四日遷石見守

少外記

高丘潔門　●九月七日〈「符宣」六〉

宮原村継　○六月十九日〈「符宣」六〉

弘仁十一年
少外記
（宮原村継）
（宮原村継）
（都　広田麻呂）〔本年、都宿禰へ改賜姓したと思われる〕

弘仁十二年
大外記
坂上今継　○十一月廿日〈「符宣」六〉
少外記
宮原村継
桑原広田麻呂　○二月廿二日〈「符宣」六〉

弘仁十三年
大外記
坂上今継　●四月廿七日〈「符宣」六〉
永世公足　○正月廿日〈「符宣」一〇〉、●七月廿六日〈「符宣」一〇〉
少外記

弘仁十四年
大外記
（宮原村継）〔このころ、大外記へ転じたと思われる〕
少外記
都　広田麻呂

天長元年
大外記
外従五位下　坂上今継　○九月廿三日兼任
宮原村継　十一月十六日「大外記」〈「符宣」六〉、●十二月十六日〈「符宣」四〉
少外記

（都　広田麻呂）
嶋田清田　月日任（元内蔵属）、〇十二月廿三日〈「符宣」四〉

天長二年

大外記
外従五位下　坂上今継
少外記
（都　広田麻呂）
嶋田清田

天長三年

大外記
従五位下　坂上今継　正月七日叙入内〈「類聚」九九〉
少外記
都　広田麻呂
嶋田清田　二月日兼勘解由判官

天長四年

大外記
従五位下　坂上今継　●本年まで記載〔三月九日遷カ〕
外正五位下　船　湊守　◎三月九日任
嶋田清田　△三月日〔九日カ〕転
少外記
（都　広田麻呂）

天長五年

大外記
外正五位下　船　湊守
嶋田清田
少外記
（都　広田麻呂）

天長六年

大外記
外正五位下　船　湊守　●本年まで記載
従五位下　嶋田清田　正月七日叙〈「類聚」九九〉
都　広田麻呂　●三月十三日〈「符宣」六〉
少外記
山田古嗣　◎十一月日任（元少内記）

天長七年
大外記
従五位下　嶋田清田
外従五位下　白鳥茂智麻呂　◎六月五日任（元主税助）
少外記
山田古嗣

天長八年
大外記
従五位下　嶋田清田　正月廿三日兼下野権掾

外従五位下　白鳥茂智麻呂
少外記
山田古嗣
高村武人　◇十二月十七日〈「符宣」六〉

天長九年
大外記
従五位下　嶋田清田
外従五位下　長峯茂智麻呂　〔本年に白鳥村主から長峯宿禰へ改賜姓されたものと思われる〕
少外記
山田古嗣
韓室諸成　◇九月十九日〈「符宣」六〉

天長十年
大外記
従五位下　嶋田清田

外従五位下　長峯茂智麻呂　×五月十日遷和泉守
内蔵秀嗣　◇十二月廿六日改姓忌寸賜宿禰〈「続後紀」〉
少外記
山田古嗣　十二月廿六日改姓造賜宿禰〈「続後紀」〉

承和元年
大外記
従五位下　嶋田清田
山田古嗣　△十一月十九日転
少外記
秋篠五百河　◎十一月十九日任

承和二年
大外記
従五位下　嶋田清田　×八月十四日遷宮内少輔
山田古嗣
清内御薗　◎八月十四日任〈元音博士〉
少外記
秋篠五百河
菅野継門　◎八月十四日任

承和三年
大外記
外従五位下　山田古嗣　正月七日叙〈「続後紀」〉
清内御薗
少外記
秋篠五百河
菅野継門

承和四年
大外記
外従五位下　山田古嗣

清内御薗

少外記

秋篠五百河

菅野継門

承和五年

大外記

外従五位下　山田古嗣

清内御薗

少外記

秋篠五百河　×二月七日遷式部少丞

菅野継門

名草安成　◎二月七日任（元内匠属）

承和六年

大外記

外従五位下　山田古嗣

外従五位下　清内御薗　正月七日叙

少外記

菅野継門

名草安成　九月廿三日改姓直賜宿禰〈「続後紀」〉

承和七年

大外記

従五位下　山田古嗣　正月七日叙入内〈「続後紀」〉

外従五位下　清内御薗

少外記

菅野継門

名草安成

承和八年

大外記

従五位下　山田古嗣

外従五位下　清内御薗　×月日（八月十四日以前）卒
菅野継門　△八月十四日転
少外記
名草安成
山代氏益　◎八月十四日任（元左少史）、十二月廿五日兼存問渤海客使〈「続後紀」〉

承和九年

大外記
従五位下　山田古嗣
外従五位下　菅野継門　正月七日叙〈「続後紀」〉、×同月十三日遷和泉守
山代氏益　△二月十日転
少外記
名草安成
賀茂弟峯　◎二月十日任（元少内記）

承和十年

大外記
従五位下　山田古嗣
外従五位下　山代氏益　正月十一日叙〈「続後紀」〉、×同月十二日遷豊前介〈「続後紀」〉
名草安成　△正月十二日転
少外記
賀茂弟峯
忠宗宗主　◎二月十日任

承和十一年

大外記
従五位下　山田古嗣
外従五位下　名草安成　正月七日叙〈「続後紀」〉、×同月十一日遷遠江介
賀茂弟峯　△正月十一日転
少外記

忠宗宗主
朝原良道　◎正月十一日任（元左少史）

承和十二年
大外記
従五位下　山田古嗣
賀茂弟峯
少外記
忠宗宗主
朝原良道

承和十三年
大外記
従五位下　山田古嗣　×正月十三日遷阿波介〈「続後紀」〉
賀茂弟峯
朝原良道　△二月十日転
少外記

忠宗宗主　●本年まで記載
山田春城　備中権少目、◎二月十一日兼任

承和十四年
大外記
賀茂弟峯
朝原良道
少外記
山田春城
山口豊道　◎十二月日任（元右少史）

嘉祥元年
大外記
外従五位下　朝原良道　正月七日叙〈「続後紀」〉
賀茂弟峯
少外記
山田春城

山口豊道

嘉祥二年

大外記

外従五位下　朝原良道

従五位下　賀茂弟峯　正月七日叙〈「続後紀」〉、×同月十三日遷越後介〈「続後紀」〉

少外記

山口豊道　△正月十三日転

山田春城

御室貞吉　◎◇正月十三日任

安野豊門　◎七月一日任(元少内記)

＊安野豊門の名は、『続日本後紀』では「豊道」とされている。いずれが正しいかは未詳。

嘉祥三年

大外記

外従五位下　朝原良道　●三月廿二日〈「文実」〉

外従五位下　名草安成　◎正月十五日〈「続後紀」〉

山口豊道

少外記

山田春城

安野豊門

＊本年の正月十五日から三月ごろまでは、大外記が三人いたことになる。

仁寿元年

大外記

外従五位下　名草安成

山口豊道

少外記

外従五位下　山田春城　十一月廿六日叙〈「文実」〉

安野豊門

仁寿二年
大外記
外従五位下　滋野安成　十二月九日改姓名草宿禰賜滋野朝臣〈「文実」〉
　　　　　　山口豊道
少外記
外従五位下　山田春城　×正月十五日遷駿河介〈「文実」〉
　　　　　　安野豊門
　　　　　　坂上能文　◎正月十五日任（元左少史）

仁寿三年
大外記
従五位下　滋野安成　三月七日叙入内〈「文実」〉
　　　　　山口豊道
少外記
　　　　　安野豊門
　　　　　坂上能文

斉衡元年
大外記
従五位下　滋野安成
従五位下　菅野継門　◎三月十四日任〈「文実」〉
　　　　　山口豊道　●本年まで記載
少外記
　　　　　安野豊門
　　　　　坂上能文

斉衡二年
大外記
従五位下　菅野継門
従五位下　滋野安成
少外記
　　　　　安野豊門
　　　　　坂上能文

斉衡三年

大外記
従五位下　菅野継門
従五位下　滋野安成
少外記
外従五位下　安野豊門　正月七日叙〈「文実」〉
　坂上能文

天安元年

大外記
従五位下　菅野継門
従五位下　滋野安成　×正月十四日遷相模介〈「文実」〉
　賀茂岑雄　正月十四日任カ
少外記
外従五位下　安野豊門　×正月十四日遷下総介〈「文実」〉
外従五位下　坂上能文　正月七日叙〈「文実」〉、×二月廿三日遷越後介〈「文実」〉
　広宗安人　◎正月十四日任
　秦　安雄　◎二月十六日任

＊本年には菅野継門が大夫外記として在職しているが、「外記補任」には賀茂岑雄に「六位局務事」と頭注を付しており、継門はその任をつとめていなかった可能性が考えられる。

天安二年

大外記
従五位下　菅野継門　×正月廿二日遷備前介〈「文実」〉
権大外記
従五位下　滋野安成　相模介、◎十月廿六日兼任〈「三実」〉
大外記
　賀茂岑雄
　多米弟益　◎正月日（廿二日カ）任（元左大史）、三月日兼勘解由判官

少外記
　広宗安人
　秦　安雄

＊本年は大外記が二人とも六位となる。そのため、十月になって五位を有する滋野安成が権大外記に補任され、以後は安成が大外記に代わって「局務」をつとめている。

貞観元年

権大外記
従五位上　滋野安成　四月九日兼上野権介（去相模介）〈「三実」〉、十一月十九日叙〈「三実」〉

大外記
　賀茂岑雄
　多米弟益

少外記
　広宗安人
外従五位下　秦　安雄　十一月十九日叙〈「三実」〉

貞観二年

権大外記
従五位上　滋野安成　上野権介

大外記
　賀茂岑雄
外従五位下　多米弟益　×十一月十六日叙〈「三実」〉
　嶋田善長　◎正月十六日任少、△十一月廿七日転

少外記
外従五位下　秦　安雄　×正月十六日遷豊後介〈「三実」〉
　広宗安人
　御室安常　◎十一月廿七日任（元大学大允）

貞観三年

権大外記
従五位上　滋野安成　上野権介

大外記
外従五位下　賀茂岑雄　月日叙カ
嶋田善長
少外記
広宗安人
御室安常

貞観四年

権大外記
従五位上　滋野安成　上野権介
大外記
従五位下　賀茂岑雄　正月七日叙入内〈「三実」〉、●七月廿七日〈「符宣」六〉
従五位下　嶋田善長　正月七日叙、×十月日遷和泉守
広宗安人　△二月十日転
伴　興門　◎二月十日任(元少監物)
少外記
御室安常
善淵愛成　◎二月十日任(元讃岐少目)、五月十三日改姓六人部賜善淵朝臣〈「三実」〉

*広宗安人の少外記転任および伴興門・善淵(六人部)愛成の外記就任について、「外記補任」は二月十日とするが、愛成は五月十三日の改姓段階ではまだ讃岐少目となっている〈「三実」〉。いずれかが誤りであると思われる。

貞観五年

権大外記
従五位上　滋野安成
大外記
広宗安人
伴　興門
少外記
御室安常
善淵愛成

＊「外記補任」は本年の記載を欠いている。前後より推定した。

貞観六年
権大外記
従五位上　滋野安成　×正月十六日遷刑部大輔〈「三実」〉
大外記
広宗安人　●本年まで記載
伴　興門
御室安常　△正月十六日転
権大外記
上毛野沢田　◎正月十六日任（元薩摩守）
少外記
善淵愛成
滋野恒蔭　◎正月十六日任（元少内記）
＊本年正月から貞観十年正月までの間、ごく短期間をのぞいて、大夫外記がいない状態が続く。

貞観七年
大外記
伴　興門
御室安常
権大外記
上毛野沢田
少外記
善淵愛成
滋野恒蔭

貞観八年
大外記
従五位下　御室安常　正月七日叙〈「三実」〉、×同月十三日遷大監物〈「三実」〉
伴　興門
菅野助道　◎正月十三日任（元内記）
権大外記

従五位下　上毛野沢田　二月十三日叙、×即日遷肥前守〈「三実」〉
滋野恒蔭　二月十三日転

少外記
善淵愛成
嶋田忠臣　◎二月十三日任（元越前権少掾）

貞観九年

大外記
従五位下　伴　興門　正月七日叙〈「三実」〉、×二月十一日遷勘解由次官〈「三実」〉
菅野助道
滋野恒蔭　△二月十一日転

少外記
善淵愛成
嶋田忠臣

貞観十年

大外記
菅野助道　×本年に卒
従五位下　滋野恒蔭　正月七日叙〈「三実」〉、×同月十六日遷信濃介〈「三実」〉
外従五位下　善淵愛成　正月七日叙〈「三実」〉、△同月十六日転〈「三実」〉
南淵興世　◎正月十三〔十六カ〕日任（元内蔵少允）

少外記
嶋田忠臣
春澄魚水　◎正月十三〔十六カ〕日任（元少判事）

貞観十一年

大外記
外従五位下　善淵愛成

南淵興世

少外記

従五位下　嶋田忠臣　正月七日叙〈「三実」〉、×二月十六日遷因幡権介〈「三実」〉

春澄魚水

大春日安守　◎二月十六日任（元左近将曹）

貞観十二年

大外記

外従五位下　善淵愛成

南淵興世

少外記

春澄魚水

大春日安守

貞観十三年

大外記

外従五位下　善淵愛成

従五位下　南淵興世　正月七日叙、×同月廿九日遷尾張守

春澄魚水　△正月廿九日転

少外記

大春日安守

滋野弘基　◎正月廿九日任（元勘解由判官）

貞観十四年

大外記

外従五位下　善淵愛成　六月廿四日兼播磨大掾

春澄魚水

少外記

大春日安守　正月廿六日兼存問渤海客使〈「三実」〉

滋野弘基

貞観十五年

大外記

外従五位下　善淵愛成　播磨大掾

従五位下　春澄魚水　正月七日叙、×同月十三日遷備後介

大春日安守　△正月十三日転

少外記

滋野弘基

嶋田良臣　◎正月十三日任(元加賀掾)

貞観十六年

大外記

外従五位下　善淵愛成　播磨大掾、×正月十三日遷山城権介

外従五位下　大春日安守　正月七日叙、×同月十五日遷武蔵権介

滋野弘基　△正月十五日転

少外記

嶋田良臣　△正月十五日転

興世貞町　◎正月日〔十五日カ〕任(元筑後権掾)

忠宗是行　◎正月十五日任(元但馬掾)

貞観十七年

大外記

従五位下　滋野弘基　二月〔正月カ〕七日叙

嶋田良臣

少外記

興世貞町

忠宗是行

貞観十八年

大外記

従五位下　滋野弘基　×正月十四日遷因幡介

従五位下　嶋田良臣　正月日〔七日カ〕叙

少外記

興世貞町

忠宗是行

元慶元年

大外記

従五位下　嶋田良臣

外従五位下　忠宗是行　△正月十五日転、十一月廿一日叙〈「類聚」一〇一〉

少外記

外従五位下　興世貞町　正月三日叙〈「類聚」一〇一〉、×同月廿九日遷安芸介

菅野惟肖　◎正月廿九日任（元右少史）

大春日安名　◎正月廿九日任（元勘解由判官）、二月三日兼存問渤海客使〈「三実」〉

＊菅野惟肖の名は、「外記補任」では「有風」となっているが、「三代実録」の記述に従った。

元慶二年

大外記

従五位下　嶋田良臣

外従五位下　忠宗是行　×正月十一日遷出羽介〈「三実」〉

紀　有総　◎正月十一日任（元図書助）

少外記

菅野惟肖

大春日安名

権少外記

淡海有守　◎正月日任（元右近将曹）

＊有守の少外記任官記事は、元慶二年と三年とに記載されている。元慶二年には他に少外記が二人いるので、有守の少外記任官は元慶三年のこととするのが妥当であろう。この場合、①元慶三年の任官記事が元慶二年に重出している、②元慶二年に権少外記になり、三年に少外記に昇進したが、元慶二年の有守の記事に「権少外記」が抜けている、とい

う二通りが考えられる。
＊紀有総の名は、「外記補任」では「有綱」となっているが、
「三代実録」の記述に従った。

元慶三年

大外記

従五位下　嶋田良臣

従五位下　紀　有総　●正月七日叙〈「類聚」一〇一〉、
月日遷主殿権助カ

外従五位下　菅野惟肖　△正月十一日転、十一月廿五日
叙〈「類聚」一〇一〉

少外記

大春日安名

淡海有守　△正月十一日転

元慶四年

大外記

従五位下　嶋田良臣

外従五位下　菅野惟肖　×正月十一日遷備後権介

大春日安名　△正月十一日転

少外記

淡海有守

巨勢文宗　◎正月十一日任（元越中掾）

元慶五年

大外記

従五位下　嶋田良臣　二月十五日兼加賀介

従五位下　大春日安名　二月十四日叙〈「三実」〉、×即日
任下総介

少外記

淡海有守　△二月十四日転

巨勢文宗

山田時宗　◎二月十四日任（元左少史）

元慶六年

大外記

従五位下　嶋田良臣　加賀介、×二月十五日止外記〈「康富」文安四年十二月十三日条〉

従五位下　淡海有守　正月七日叙〈「三実」〉、×二月三日遷安芸介

巨勢文宗　△三月（二月カ）三日転

山田時宗　△八月十三日転

少外記

大蔵善行　◎二月三日任（元土佐権掾）

高丘五常　◎八月十三日任（元左少史）

元慶七年

大外記

巨勢文宗

外従五位下　山田時宗　正月七日叙〈「三実」〉、×同月十一日遷甲斐介

少外記

嶋田惟上　◎正月日（十一日カ）任

大蔵善行　正月一日兼存問渤海客使〈「三実」〉

高丘五常

元慶八年

大外記

従五位下　嶋田惟上　十一月廿五日叙〈「類聚」一〇一〉

外従五位下　巨勢文宗　二月廿三日叙〈「三実」〉

少外記

大蔵善行

高丘五常

仁和元年

大外記

従五位下　嶋田惟上　×正月十六日遷土佐守〈「三実」〉

外従五位下　巨勢文宗　×正月十六日遷河内介〈「三実」〉

大蔵善行　△正月十六日転
高丘五常　△正月十六日転

少外記
紀　有世　◎正月十六日任〈元越前掾〉
菅原宗岳　◎正月十六日任〈元弾正少忠〉

仁和二年

大外記
大蔵善行　六月十九日兼備前大目
外従五位下　高丘五常　正月七日叙〈「三実」〉、×同月十六日遷筑後介〈「三実」〉
菅原宗岳　△正月十六日転

少外記
紀　有世
紀　長谷雄　◎正月十六日任〈元讃岐掾〉

仁和三年

大外記
外従五位下　大蔵善行　備前大目、正月七日叙〈「三実」〉
従五位下　菅原宗岳　十一月七日叙

少外記
紀　有世
紀　長谷雄

仁和四年

大外記
従五位下　大蔵善行　備前大目、十一月廿五日叙入内
従五位下　菅原宗岳　×二月十日遷長門守
紀　有世　△二月十日転

少外記
従五位下　紀　長谷雄　●十一月廿五日叙
御船弘方　◎二月十日任〈元右少史〉

寛平元年

大外記

従五位下　大蔵善行　備前大目

紀　有世

少外記

御船弘方　●本年まで記載

大江今人　◎正月十六日任、×二月廿八日遷少内記

宮道有憲　◎二月廿八日任（元左近将曹）

寛平二年

大外記

従五位下　大蔵善行　二月廿七日兼伊予権掾

従五位下　紀　有世　正月七日叙、×即日止職

宮道有憲　△正月廿八日転

少外記

惟良高望　◎正月廿六〔八カ〕日任

安倍安直　◎正月廿八日任（元下野掾）

寛平三年

大外記

従五位下　大蔵善行　伊予権掾

宮道有憲

少外記

惟良高望

安倍安直

寛平四年

大外記

従五位下　大蔵善行　伊予権掾・播磨権大掾

従五位下　宮道有憲　●正月七日叙、即日止職カ

惟良高望　△二月廿三日転

少外記

安倍安直

和気宗世　◎二月廿二〔三カ〕日任（元勘解由

判官）

寛平五年

大外記

従五位下　大蔵善行　播磨権大掾

惟良高望

少外記

安倍安直

和気宗世

寛平六年

大外記

従五位下　大蔵善行

従五位下　惟良高望　正月七日叙、×同月十五日遷伊勢権介

安倍安直　△●正月十五日転、月日遷カ

和気宗世　△八月十九日転

少外記

多治宗範　◎正月十五日任（元大学大允）

多治有友　◎八月十九日任（元宮内丞）

寛平七年

大外記

従五位下　大蔵善行

和気宗世

少外記

多治宗範

多治有友

寛平八年

大外記

従五位下　大蔵善行　●正月十五日兼治部少輔、二月廿三日遷勘解由次官カ

外従五位下　和気宗世　正月七日叙、×同月廿六日遷丹

波介

多治宗範　△正月廿六日転

多治有友　△二月廿三日転

少外記

三統理平　◎正月廿六日任（元少内記）

嶋田房年　◎二月廿六日任（元勘解由判官）

寛平九年

大外記

従五位下　多治宗範　七月十三日叙、×同月日止職

従五位上　大蔵善行　三河権介、◎七月十七日兼任（元勘解由次官）、十一月廿三日叙（元従五位下）

従五位下　多治有友　十一月廿三日叙

少外記

三統理平

嶋田房年

昌泰元年

大外記

従五位上　大蔵善行　三河権介、月日兼次侍従

従五位下　多治有友　×正月廿九日遷周防守

三統理平　△正月廿九日転

少外記

従五位下　嶋田房年　十一月廿一日叙

小野保衡　◎正月廿九日任（元少内記）

昌泰二年

大外記

従五位上　大蔵善行　勘解由次官・三河権介〈「符宣」九〉

三統理平

少外記

従五位下　嶋田房年　×正月十一日遷遠江守

小野保衡

中原連岳　◎二月十一日任（元直講）

昌泰三年

大外記

従五位上　大蔵善行

三統理平

少外記

小野保衡

中原連岳　五月十五日兼直講

延喜元年

大外記

従五位上　大蔵善行　勘解由次官〈「符宣」九〉

従五位下　三統理平　正月七日叙、×二月十九日遷越前介

少外記

小野保衡　△二月十九日転

中原連岳　直講

小野清貫　◎二月十九日任

延喜二年

大外記

従五位上　大蔵善行　二月廿三日兼但馬介、×九月十五日遷民部少輔

小野保衡

小野清貫　△九月十五日転

少外記

従五位下　中原連岳　直講、●正月七日叙、正月廿八日遷カ

南淵茂景　◎正月廿八日任

大蔵是明　◎九月十五日任

延喜三年

大外記

従五位下　小野保衡　正月七日叙、×十一月日遷肥前守

外記補任（延喜三年～延喜六年）

小野清貫
南淵茂景　△月日（正月十一日カ）転

少外記
大蔵是明
多治是則　◎正月十一日任

＊小野保衡が肥前守に任じたのは十一月と「外記補任」には記されているが、正月十一日の誤りと思われる。

延喜四年

大外記
従五位下　小野清貫　正月七日叙、×同廿五日遷信濃守
南淵茂景
大蔵是明　△正月廿五日転

少外記
多治是則
紀　延年　◎正月廿五日任（元大学少允）

延喜五年

大外記
従五位下　南淵茂景　正月十一日叙、×即日遷筑前守
大蔵是明
宗岡経則　◎正月十一日任（元大学助）

少外記
多治是則
紀　延年

延喜六年

大外記
従五位下　大蔵是明　正月七日叙、×三月廿五日遷駿河守
外従五位下　阿刀春正　◎三月廿五日任（元右京亮）
宗岡経則

少外記
多治是則　●本年まで所見、正月八日止職カ

紀　延年
惟良有之　◎正月八日任（元大炊允）

＊正月八日ではなく、十一日と推定される。

延喜七年

大外記
従五位下　阿刀春正　正月七日叙入内
従五位下　宗岡経則　正月七日叙、×同十三日遷若狭守
紀　延年　△正月十三日転

少外記
惟良有之
嶋田仲平　◎正月十三日任（元少内記）

延喜八年

大外記
従五位下　阿刀春正
従五位下　紀　延年　正月七日叙、×同十二日遷能登守

少外記
惟良有之　△正月十二日転
嶋田仲方　〔この年、仲平から仲方に改名〕
菅野君平　◎正月十二日任（元勘解由判官）

延喜九年

大外記
従五位下　阿刀春正
外従五位下　惟良有之　正月七日叙、×同十一日遷出雲権介

少外記
嶋田仲方　△正月十一日転
菅野君平
菅原利蔭　◎正月十一日任

延喜十年

大外記

従五位下　阿刀春正　二月十五日兼近江権少掾
従五位下　嶋田仲方　●正月七日叙、同月十三日転カ
　　　　　菅野君平　△正月十三日転
少外記
　　　　　菅原利蔭
　　　　　大蔵良実　算博士、◎正月十三日兼任（元主税権允）

延喜十一年

大外記
従五位下　阿刀春正　近江権少掾
外従五位下　菅野君平　正月七日叙、×同十三日遷淡路守
　　　　　菅原利蔭　△正月十三日転
少外記
　　　　　大蔵良実　算博士
　　　　　紀　貞助　◎正月十三日任

延喜十二年

大外記
従五位下　阿刀春正　近江権少掾
従五位下　菅原利蔭　●正月七日叙、同十五日止職カ
　　　　　大蔵良実　算博士、△正月十五日転
少外記
　　　　　紀　貞助
　　　　　伴　久永　◎正月十五日任（元勘解由判官）

延喜十三年

大外記
従五位下　阿刀春正　近江権少掾
従五位下　大蔵良実　算博士、正月七日叙、×同廿八日遷
少外記
　　　　　紀　貞助　△正月廿八日転
　　　　　伴　久永

権少外記
大蔵真明　◎正月廿八日任(元勘解由判官)
中臣利世　◎正月廿八日任(元諸陵少允)

延喜十四年

大外記
従五位上　阿刀春正　正月七日叙
従五位下　紀　貞助　正月七日叙、×同十二日遷豊後守
伴　久永　△正月十二日転

少外記
大蔵真明
小野美実　◎四月廿三日任(元大学大允)

権少外記
中臣利世

延喜十五年

大外記
従五位上　阿刀春正
従五位下　伴　久永　正月七日叙、×同十二日遷淡路守
大蔵真明　△正月十三日(二日カ)転

少外記
小野美実
和　利親　◎正月十二日任(元近江権少目)

権少外記
中臣利世

延喜十六年

大外記
従五位上　阿刀春正　●本年まで記載
従五位下　伴　久永　◎三月廿八日任(元淡路守)
従五位下　大蔵真明　三月廿八日叙、×即日遷和泉守
中臣利世　△三月廿八日転

少外記
小野美実

和　利親

延喜十七年

大外記

従五位下　伴　久永

従五位下　中臣利世　●正月七日叙、同廿九日遷カ

従五位下　小野美実　△正月十九日（廿九日カ）転、十一月十七日叙

少外記

和　利親

御船有世　◎正月廿九日任（元主税少允）

権少外記

葛井清明　◎正月廿九日任（元式部少録）

延喜十八年

大外記

従五位下　伴　久永

従五位下　小野美実　×正月十二日遷

和　利親　△正月十二日転

少外記

御船有世

葛井清明　△正月十二日転

延喜十九年

大外記

従五位下　伴　久永　六月三日兼讃岐権掾

従五位下　和　利親　正月七日叙、×同廿八日遷伊勢介

葛井清明　△正月廿八日転

少外記

御船有世

当麻有業　出納、◎正月廿八日兼任（元内蔵大属）

＊葛井清明の大外記転任の日付は、「外記補任」では廿二日もしくは廿六日と読めるが、和利親・当麻有業の記事の日付に合わせた。

延喜廿年

大外記

従五位下　伴　久永　讃岐権掾

従五位下　葛井清明　正月卅日叙、×即日遷淡路守

御船有世　△正月卅日転

少外記

当麻有業

嶋田良行　◎正月卅日任(元隼人正)

権少外記

春江時範　◎◇正月卅日任(元左馬権少属)

坂上恒蔭　◎正月卅日任(元大学少允)

延喜廿一年

大外記

従五位下　伴　久永　讃岐権掾、正月日(卅日カ)兼侍従

外従五位下　御船有世　正月七日叙、×同卅日遷美作介

当麻有業　△正月卅日転

少外記

嶋田良行

延喜廿二年

大外記

従五位下　伴　久永　讃岐権掾

外従五位下　当麻有業　正月七日叙、×同卅日遷伯耆守

嶋田良行　△正月卅日転

少外記

尾張貞恒　◎正月卅日任(元諸陵少允)

笠　治道　◎正月卅日任(元勘解由判官)

権少外記

坂上恒蔭

延長元年

大外記

従五位下　伴　久永
嶋田良行

少外記
尾張貞恒
笠　治道

権少外記
坂上恒蔭

延長二年

大外記
従五位上　伴　久永　正月七日叙
従五位下　嶋田良行　正月七日叙、×二月二〔一カ〕日
遷淡路守
坂上恒蔭　△二月一〔二カ〕日転

少外記
尾張貞恒
笠　治道

延長三年

大外記
従五位上　伴　久永　正月卅日兼勘解由次官
従五位下　坂上恒蔭　正月七日叙、×同卅日遷長門守
笠　治道　△正月日〔卅日カ〕転

少外記
尾張貞恒
高橋元幹　◎正月卅日任（元内膳典膳）

権少外記
佐伯滋並　◎正月卅日任

延長四年

大外記
従五位上　伴　久永　勘解由次官
従五位下　笠　治道　正月七日叙、×同廿九日遷美作介
尾張貞恒　△正月廿九日転

少外記　高橋元幹
　　　　春渕良規　◎正月廿九日任（元民部大録）
権少外記　佐伯滋並

延長五年

大外記　従五位上　伴　久永　勘解由次官・紀伊権介〈「符宣」六〉
　　　　　　　　　尾張貞恒
少外記　高橋元幹
　　　　春渕良規
権少外記　佐伯滋並

延長六年

大外記　従五位上　伴　久永　勘解由次官・紀伊権介
　　　　外従五位下　尾張貞恒　正月七日叙、●正月日〔九日カ〕遷大隅守
少外記　高橋元幹　△六月〔正月カ〕九日転
　　　　春渕良規
　　　　朝原三行　◎正月九日任（元中務少録）
権少外記　佐伯滋並

延長七年

大外記　従五位上　伴　久永　勘解由次官・紀伊権介
　　　　従五位下　高橋元幹　正月七日叙、×同廿九日遷丹後守
　　　　　　　　　佐伯滋並　△正月廿九日転
少外記

春渕良規
朝原三行

権少外記
矢田部公望　◎正月廿九日任（元左少史）

延長八年

大外記
従五位上　伴　久永　勘解由次官・紀伊権介
従五位下　佐伯滋並　正月廿九日叙、×即日遷上総介
外従五位下　春渕良規　△正月廿九日転、十一月廿一日叙、×十二月十七日遷越中権介
朝原三行　△十二月日（十七日カ）転

少外記
嶋田公鑒　◎正月廿九日任（元弾正大忠）
大蔵中貫　◎十二月十七日任（元勘解由判官）

権少外記
矢田部公望

承平元年

大外記
従五位上　伴　久永　勘解由次官、三月十三日兼美濃権介
朝原三行

少外記
嶋田公鑒
大蔵中貫

権少外記
矢田部公望

承平二年

大外記
正五位下　伴　久永　勘解由次官、十一月十六日叙
外従五位下　朝原三行　正月七日叙、×同廿七日遷出雲介
外従五位下　矢田部公望　△正月廿七日転、十一月日（十六

日カ〕叙

少外記

嶋田公鑒

大蔵中貫　●本年まで記載

内蔵時景　◎正月廿七日任（元右京大進）

＊内蔵時景の任官について、「外記補任」では少外記としているが、大蔵中貫が正月廿七日以降も在職していたならば、権少外記であった可能性もある。

承平三年

大外記

正五位下　伴　久永　勘解由次官、×正月日卒

外従五位下　矢田部公望　×正月十二日遷阿波介

嶋田公鑒　△正月十二日転

少外記

内蔵時景

多治実相　◎正月十二日任（元勘解由次官

〔判官カ〕）

承平四年

大外記

従五位上　菅野清方　主計頭、◎閏正月廿九日兼任

従五位下　嶋田公鑒　正月七日叙、×閏正月廿九日止

職カ

内蔵時景　△閏正月廿九日転

少外記

多治実相

内蔵惟直　◎閏正月廿九日任（元式部録）

＊嶋田公鑒の土佐守任官については、「外記補任」は四月廿九日としている。ここでは、菅野清方・内蔵時景と交代したと考え、両者の大外記就任日に合わせておく。

承平五年

大外記

従五位上　菅野清方　主計頭、二月廿三日兼備後権介
内蔵時景

少外記
多治実相
内蔵惟直

承平六年

大外記
従五位上　菅野清方　主計頭・備後権介
従五位下　内蔵時景　正月七日叙、×同廿九日遷出雲守
多治実相　△正月廿九日転

少外記
内蔵惟直
三統公忠　◎正月廿九日任（元民部大録）

承平七年

大外記
従五位上　菅野清方　主計頭・備後権介
従五位下　多治実相　正月七日叙、×三月八日遷日向守
内蔵惟直　△三月八日転

少外記
三統公忠
坂上高晴　◎三月八日任（元勘解由次官（判官カ））

権少外記
伊福部安近　◎九月九日任（元勘解由判官）

天慶元年

大外記
従五位上　菅野清方　主計頭・備後権介
従五位下　内蔵惟直　正月七日叙、×三月廿八日遷備中権介
三統公忠　△三月廿八日転

少外記

坂上高晴
物部貞用　◎三月廿八日任(元民部大録)
権少外記
伊福部安近

天慶二年

大外記
従五位上　菅野清方　主計頭・備後権介、×二月一日
遷木工権頭
外従五位下　三統公忠　正月七日叙
坂上高晴　△二月一日転
少外記
物部貞用
安倍有春　◎二月一日任(元木工少允)
権少外記
伊福部安近

天慶三年

大外記
外従五位下　三統公忠
坂上高晴
少外記
物部貞用
安倍有春
権少外記
伊福部安近

天慶四年

大外記
従五位下　三統公忠　正月七日叙入内、三月廿八日兼
信濃権介
従五位下　坂上高晴　正月七日叙、×三月廿八日遷越
前介
伊福部安近　△三月廿八日転

少外記
物部貞用
安倍有春

権少外記
多治文正　◎三月廿八日任（元蔵人所出納）

＊承平七年以来存任していた坂上高晴は、「外記補任」では天慶三年と四年以外は「高明」とされている。改名した可能性もあるが、確認できないので、「高晴」とした。

天慶五年

大外記
従五位下　三統公忠　信濃権介
外従五位下　伊福部安近　三月廿八日叙、×即日遷土佐守
物部貞用　△十二月十三日転

少外記
安倍有春
多治文正　△十二月十三日転

権少外記
十市有象　◎十二月十三日任（元直講）〈「伝」〉

天慶六年

大外記
従五位下　三統公忠　信濃権介、二月廿七日兼近江権少掾（去権介）
外従五位下　物部貞用　正月七日叙、×二月廿七日遷遠江介
安倍有春　△二月廿七日転

少外記
多治文正
十市有象　△二月廿七日転〈「伝」〉

権少外記
安倍真能　◎二月廿七日任（元播磨掾）

天慶七年

大外記
従五位下　三統公忠　近江権少掾
従五位下　安倍有春　二月廿一日叙、×月日〔三月廿九日カ〕遷淡路守
少外記
多治文正　△三月廿九日転
十市有象
安倍真能　△三月廿九日転
権少外記
三園千桂　◎三月廿九日任（元蔵人所出納）

天慶八年

大外記
従五位下　三統公忠　近江権少掾
従五位下　多治文正　正月七日叙、×三月廿八日遷薩摩守
安倍真能　△三月廿八日転
少外記
十市部有象　〔本年、十市部宿禰を賜姓される〈「伝」〉〕
三園千桂　△三月廿八日転
権少外記
賀茂安国　◎三月廿八日任（元玄蕃大允）

天慶九年

大外記
正五位下　三統公忠　近江権少掾、正月七日叙従五位上、十一月廿九日叙正五位下
従五位下　安倍真能　正月七日叙、×二月七日遷伊勢権介
従五位下　十市部有象　△二月七日転〈「伝」〉、四月廿八日叙、×七月十七日遷遠江介〈「伝」〉
従五位下　三園千桂　△七月十七日転、十一月十九日叙
少外記

賀茂安国　△二月七日転
出雲有時　◎二月七日任権少（元兵部大録）、△月日〔七月十七日カ〕転

権少外記
雀部是連　◎七月十七日任（元民部少録）

天暦元年

大外記
正五位下　三統公忠
従五位下　三園千桂　×二月一日遷但馬介
賀茂安国　△二月一日転

少外記
出雲有時
菅野正統　◎二月一日任（元蔵人所出納・近江少目）

権少外記
雀部是連

天暦二年

大外記
正五位下　三統公忠　正月卅日兼備中権介
従五位下　賀茂安国　正月七日叙、×同卅日遷豊後権介
出雲有時　△正月卅日転

少外記
菅野正統
雀部是連　△正月卅日転

権少外記
紀　理綱　◎正月卅日任（元大宰大監）

天暦三年

大外記
正五位下　三統公忠　備中権介、×本年に卒
出雲有時

少外記

菅野正統
雀部是連

権少外記
紀　理綱

天暦四年

大外記
従五位上　多治実相　◎正月卅日任（元前越前守）
従五位下　出雲有時　正月七日叙、×同卅日遷駿河権守
雀部是連　△正月卅日転

少外記
菅野正統
紀　理綱　△正月卅日転

権少外記
春道有方　◎正月卅日任（元蔵人所出納）

天暦五年

大外記
従五位上　多治実相
外従五位下　雀部是連　正月七日叙、×同卅日遷土佐守
菅野正統　△正月卅・日転

少外記
紀　理綱
春道有方　△正月卅日転

権少外記
文　武並　◎正月卅日任（元民部大録）

天暦六年

大外記
従五位上　多治実相　正月廿六日兼伊勢権介
外従五位下　菅野正統　正月七日叙、×同十一日遷石見守・
紀　理綱　△正月十一日転

少外記
春道有方

権少外記

文　武並　△正月十一日転

御船傳説　◎正月十一日任（元美濃掾）

天暦七年

大外記

従五位上　多治実相　伊勢権介

従五位下　紀　理綱　正月七日叙、×同廿九日遷三河守

春道有方　△正月廿九日転

少外記

文　武並

御船傳説　△正月廿九日転

権少外記

安倍衆与　◎正月廿九日任（元蔵人所出納・前近江少目）

天暦八年

大外記

従五位上　多治実相　伊勢権介

春道有方

少外記

文　武並

御船傳説

権少外記

安倍衆与

天暦九年

大外記

従五位上　多治実相　伊勢権介

外従五位下　春道有方　二月七日叙、×即日遷土佐守

外従五位下　文　武並　△二月七日転、十一月一日叙

少外記

御船傳説

安倍衆与　△二月七日転

権少外記　安倍利見　◎二月七日任(元囚獄正)

天暦十年

大外記

従五位上　多治実相　×正月廿七日遷肥前守

外従五位下　文　武並　×正月廿七日遷三河権介

外従五位下　御船傳説　正月七日叙

安倍衆与　△正月廿七日転

少外記

安倍利見　△正月廿七日転

国　公真　◎正月廿七日任(元民部大録)

権少外記

秦　斯頼　◎正月廿七日任(元美濃掾)

*御船傳説の大外記への転任の日付は、「外記補任」には記されない。ただし、同史料には、「廿七日不給官」と記され、叙爵後に他官へ遷任しない旨を明記されているので、事実上、この日が大外記の就任日であろう。

天徳元年

大外記

外従五位下　御船傳説

従五位下　安倍衆与　正月廿日叙、×同廿七日遷石見守

安倍利見　△正月廿七日転

少外記

国　公真

秦　斯頼　△正月廿七日転、×二月五日死去

大江遠兼　◎正月廿七日任権少(元大学少允)、△六月廿七日転

権少外記

安倍良明　◎六月廿七日任(元蔵人所出納)

*安倍衆与の遷任は、「外記補任」では叙位と同日のように記されているが、安倍利見・秦斯頼の転任と同日とした。

天徳二年

大外記
従五位下　御船傳説　正月七日叙入内、同卅日兼周防介
従五位下　安倍利見　正月七日叙、×同卅日遷能登介
少外記
国　公真　△正月卅日転カ
大江遠兼
安倍良明　△正月卅日転カ
権少外記
小野傳説　◎正月卅日任（元少判事）
海　正澄　◎正月廿六日任（元民部大録）

天徳三年

大外記
従五位下　御船傳説　周防介、九月五日兼主税権助
外従五位下　国　公真　正月七日叙、×同廿六日遷大隅守
大江遠兼　△正月廿六日転
少外記
安倍良明
小野傳説　△正月廿六日転

天徳四年

大外記
従五位下　御船傳説　主税権助・周防介
従五位下　大江遠兼　正月日（七日カ）叙、×同廿四日カ遷安房守
安倍良明　△正月廿四日転
少外記
小野傳説
海　正澄　△正月廿四日転
権少外記
笠　朝望　◎正月廿四日任（元諸陵少允）

応和元年

大外記
従五位下　御船傳説　主税権助・周防介
従五位下　安倍良明　正月七日叙、×同廿五日遷石見守
　　　　　小野傳説　△正月廿五日転
少外記
　　　　　海　正澄
　　　　　笠　朝望　△正月廿五日転
権少外記
　　　　　秦　敦光　◎正月廿五日任(元式部大録)

応和二年
大外記
従五位下　御船傳説　主税権助・周防介
従五位下　小野傳説　正月七日叙、×同廿二日遷安芸
〔権介カ、「外記」では廿六日〕
　　　　　海　正澄　△正月廿二日転
少外記
　　　　　笠　朝望
　　　　　秦　敦光　△正月廿二日転
権少外記
　　　　　小野之盛　◎正月廿二日任(元中務少丞)

応和三年
大外記
従五位上　御船傳説　主税権助・周防介、正月七日叙カ、
同廿八日兼備後介
外従五位下　海　正澄　正月七日叙、×同廿八日遷
　　　　　笠　朝望　△正月廿八日転
少外記
　　　　　秦　敦光　×本年死去
　　　　　小野之盛　△正月廿八日転
権少外記
　　　　　阿保懐之　◎正月廿八日任(元図書少允)

康保元年

大外記

従五位上　御船傳説　主税権助・備後介

従五位下　笠　朝望　正月七日叙、正月廿二日止職カ

小野之盛　△正月廿二日転

少外記

阿保懐之　△正月廿二日転

物部安親　◎正月廿二日任(元民部少録)

権少外記

雀部有方　◎正月廿二日任(元蔵人所出納)

＊本年の春除目は、正月廿三日が除目始であるので(『日本紀略』)、廿二日任官という記事は誤りの可能性が高い。

＊笠朝望について、「外記補任」は正月七日の叙爵の後、「同七月任下総守」と記す。

康保二年

大外記

従五位上　御船傳説　主税権助・備後介

従五位下　小野之盛　●正月七日叙、正月卅日止職カ

阿保懐之　△正月卅日転

少外記

物部安親

雀部有方　△正月卅日転

権少外記

桜嶋忠信　◎正月卅日任(元民部少録)

康保三年

大外記

従五位上　御船傳説　主税権助・備後介

従五位下　阿保懐之　正月七日叙、×同廿七日遷加賀権介

少外記

物部安親　△正月廿七日転

雀部有方

権少外記　桜嶋忠信　△正月廿七日転
　大蔵弼邦　◎正月廿七日任（元掃部権少允）

康保四年

大外記
従五位上　御船傳説　主税権助・備後介、×本年に卒
従五位下　物部安親　●正月日叙、同廿日遷カ
外従五位下　雀部有方　正月廿日転、十月九日叙、×同廿八日遷安芸権介
従五位下　菅野正統　◎五月十五日任（元備後権介）
　桜嶋忠信　△十月廿八日転
少外記
　大蔵弼邦　△正月廿日転
　坂上望城　◎正月廿日任権少（元内蔵允）、△十月廿八日転
権少外記
　鴨　連量　◎十月廿八日任（元民部大録）

安和元年

大外記
従五位下　菅野正統
外従五位下　桜嶋忠信　十月廿七日叙、×十二月十八日遷豊後権介
　大蔵弼邦　△十二月十八日転
少外記
　坂上望城
　賀茂連量　△十二月十八日転〔本年に賀茂朝臣を賜姓される〕
権少外記
　小野時遇　◎十二月十八日任（元図書少允）

安和二年

大外記

外記補任（安和二年～天禄二年）

従五位下　菅野正統　正月廿七日兼播磨権少掾
従五位下　大蔵弼邦　九月廿三日叙、×十月九日遷阿波介
坂上望城　△十月十九日転
少外記
賀茂連量　閏五月廿一日兼直講
小野時遇　△十月十九日転
権少外記
嶋田資忠　◎十一月九日任（元弾正少忠）

天禄元年

大外記
従五位下　菅野正統　播磨権少掾
従五位下　坂上望城　十一月廿日叙、×十二月十六日遷美濃介
賀茂連量　直講、△十二月十六日転
少外記
小野時遇
嶋田資忠　△十二月十六日転
権少外記
弓削仲宣　◎十二月十六日任（元冷泉院主典代・出納）

天禄二年

大外記
従五位下　菅野正統　播磨権少掾、×三月廿日遷民部少輔
従五位下　大蔵弼邦　◎三月廿日任（元阿波介）
賀茂連量　直講
少外記
小野時遇
嶋田資忠
権少外記
弓削仲宣

天禄三年

大外記

従五位下　大蔵弼邦

従五位下　賀茂連量　直講、正月七日叙〔「外記」では七月〕、×正月廿八日遷讃岐権介〔「外記」では七月〕

小野時遇　△正月廿八日転〔「外記」では廿四日〕

少外記

嶋田資忠

弓削仲宣　正月廿八日転カ

権少外記

賀茂保章　◎正月廿八日任(元典薬少允)

天延元年

大外記

従五位下　大蔵弼邦　正月廿八日兼主税権助

従五位下　小野時遇　正月七日叙、×三月十六日〔正月廿八日カ〕遷相模権介

嶋田資忠　△正月廿八日転

少外記

弓削仲宣

賀茂保章　△正月廿八日転

権少外記

大原忠亮　◎正月廿八日任(元少監物)〔「外記」では二月〕

天延二年

大外記

従五位上　大蔵弼邦　主税権助、正月七日叙、二月七日兼備前介

従五位下　嶋田資忠　正月七日叙、×同卅日遷加賀権介

従五位下　弓削仲宣　△正月日転、十一月日叙、×同廿八日遷三河権介

賀茂保章　△十一月廿八日転

少外記

大原忠亮　△正月日転

佐伯公行　◎正月卅日任権少（元蔵人所出納）、△十一月廿八日転

権少外記

立野有頼　◎十一月日（廿八日カ）任

天延三年

大外記

従五位上　大蔵弼邦　主税権助・備前介、十月日停権助申任男高元・

従五位下　慶滋保章　本年に改姓カ、正月七日叙、×同廿六日遷上総権介

大原忠亮　△正月廿六日転

少外記

佐伯公行

巨勢舒節　◎正月廿六日任（元治部少丞）

権少外記

従五位下　立野有頼　正月七日叙、×同廿六日遷上総介

菅野忠輔　◎正月廿六日任（元主計允）

貞元元年

大外記

従五位上　大蔵弼邦　備前介

従五位下　大原忠亮　正月七日叙、×同廿八日遷豊前介

佐伯公行　△正月廿八日転

少外記

巨勢舒節

菅野忠輔　△正月廿八日転

権少外記

立野惟実　◎正月廿八日任（元民部少録）

貞元二年

大外記

正五位下　大蔵弼邦　備前介、三月廿六日叙

従五位下　佐伯公行　正月七日叙外従五位下、同月日叙入内、×同廿八日遷能登権介

菅野忠輔　△正月廿八日転

少外記

巨勢舒節

立野惟実　△正月廿八日転

権少外記

伴　義忠　◎正月廿八日任〔元主計助〔允カ〕〕

天元元年

大外記

正五位下　大蔵弼邦

従五位下　菅野忠輔　正月七日叙、×三月三日〔二月二日カ〕遷出雲権介

巨勢舒節　△二月二日転

少外記

立野惟実

伴　義忠　△二月二日転

権少外記

国　雅章　◎二月二日任〔元蔵人所出納〕

天元二年

大外記

正五位下　大蔵弼邦

巨勢舒節

少外記

立野惟実

伴　義忠

権少外記

国　雅章

天元三年

大外記

正五位下　大蔵弼邦　×四月廿日卒

従五位下　菅野忠輔　◎七月一日任（元出雲権介）

従五位下　巨勢舒節　正月〔「外記」では七月〕七日叙、

×同廿九日遷安芸権介

立野惟実　△正月廿九日転

少外記

伴　義忠

国　雅章　△正月廿九日転

権少外記

中原致時　◎正月廿九日任（元造酒権佑）

〈「伝」〉

天元四年

大外記

従五位下　菅野忠輔　正月日兼主税助

従五位下　立野惟実　正月七日叙、×同廿九日遷三河介

伴　義忠　△正月廿九日転

少外記

国　雅章

中原致時　△正月廿九日転〈「伝」〉

権少外記

高丘相如　◎正月廿九日任

天元五年

大外記

従五位下　菅野忠輔　十月十八日兼但馬権守

外従五位下　伴　義忠　正月七日叙、×同卅日遷伯耆権介

国　雅章　△正月卅日転

少外記

中原致時

高丘相如　△正月卅日転

権少外記

中臣朝明　◎正月卅日任（元囚獄正）

永観元年

大外記

従五位下　菅野忠輔　月日停権守申任男敦頼

国　雅章

少外記

中原致時

高丘相如

権少外記

中臣朝明

永観二年

大外記

従五位下　菅野忠輔　二月一日兼安芸権介、八月日兼長門権守

外従五位下　国　雅章　正月七日叙、×二月一日遷尾張介

従五位下　中原致時　△二月一日転〈「伝」〉、十月十日叙〈「伝」〉、×同卅日遷肥前守

高丘相如　△十月卅日転

少外記

中臣朝明　△二月一日転

安倍董永　◎二月一日任権少（元判事）、△十月卅日転

権少外記

賀茂光輔　◎十月卅日任（元弾正大忠）

寛和元年

大外記

従五位下　菅野忠輔　長門権守、九月日兼長門守

外従五位下　高丘相如　●十二月廿四日叙、即日遷カ

大中臣朝明　△十二月廿四日転、同日改賜姓

少外記

安倍董永

賀茂光輔　△十二月廿四日転

権少外記

海　広澄　◎十二月廿四日任（元直講）、同廿九日兼直講

寛和二年

大外記

従五位上　菅野忠輔　七月廿二日叙、×同廿三日遷安芸権守カ

従五位下　大中臣朝明　七月廿二日叙

従五位下　安倍董永　△八月十三日転、●十一月十日叙、同卅日遷カ

賀茂光輔　△十一月卅日転

少外記

海　広澄　直講

国　雅重　◎八月十三日任権少（中務少録）、十一月卅日転カ

権少外記

多治雅輔　◎十一月卅日任（元出納）

＊「外記補任」には、大中臣朝明の記事として、「八月十一日転任」と記すが、朝明は前年より大外記であり、転任の事実はない。菅野忠輔が大外記から転出したことを示す記事が、誤って朝明のもとに記されたものかもしれない。

永延元年

大外記

従五位下　大中臣朝明　七月（正月カ）十日兼但馬権守

従五位下　賀茂光輔　七月（正月カ）七日叙、×同廿八日（廿七日カ）遷筑後（権守カ）

少外記

海　広澄　△正月廿七日転

国　雅重

多治雅輔　△七月七日（正月廿七日カ）転

権少外記

大蔵高行　◎正月廿七日任（元掃部允）

永延二年

大外記

従五位下　大中臣朝明　但馬権守

従五位下　海　広澄　●正月七日叙、同日兼権直講、同月日遷カ

少外記

国　雅重　△正月廿八日転

多治雅輔

大蔵高行　△正月日（廿八日カ）転

権少外記

大春日仲明　◎正月日（廿八日カ）任（元左京少進）

永祚元年

大外記

従五位上　大中臣朝明　但馬権守、正月七日叙、×同月日遷長門守

従五位上　中原致時　大博士、◎正月日兼任、四月五日叙〈「伝」〉

外従五位下　国　雅重　●正月日叙、同月日遷カ

多治雅輔　△正月日転

少外記

大蔵高行

大春日仲明　△正月日転

権少外記

小槻善言　◎正月日任（元主殿権少允）

正暦元年

大外記

従五位上　中原致時　大博士、正月廿九日兼丹波介〈「伝」〉

従五位下　多治雅輔　●正月日叙、同月日遷カ

大蔵高行　△正月日転

少外記
大春日仲明
小槻善言　△正月日転
権少外記
多米国定　◎正月日任（元左衛門少忠）

正暦二年

大外記
従五位上　中原致時　大博士、正月廿六日兼播磨介
〈「伝」〉
従五位下　大蔵高行　●正月日叙、同月日遷カ
大春日仲明　△正月日転
少外記
小槻善言
多米国定　△正月日転
権少外記
上道為象　◎正月日任（元少判事）、×五月
一日死去
三園為節　◎九月廿一日任（元西市正）

正暦三年

大外記
従五位上　中原致時　大博士・播磨介、正月日叙カ、同
月廿日兼主税助〈「伝」〉
大春日仲明
少外記
滋野善言　〔本年に小槻から滋野朝臣に改賜
姓〕
多米国定
権少外記
三園為節

正暦四年

大外記

正五位下　中原致時　大博士・主税助、正月十二日停
介申任男致行〈「伝」〉、十一月十二日叙〈「伝」〉
従五位下　大春日仲明　●正月日叙、同月日遷カ
従五位下　滋野善言　△正月日転、●十一月十二日叙、
同月日遷カ
多米国定　十一月日転カ

少外記
三園為節　△正月日転、×九月日死去
安倍有親　◎正月日任権少（元内匠允）、△
十月九日転
菅野敦頼　◎十月九日任権少（元大学允）、
十一月日転カ

＊多米国定の大外記転任と、菅野敦頼の少外記転任は、正暦五年正月かもしれない。

正暦五年

大外記
正五位下　中原致時　大博士・主税助
従五位下　多米国定　●正月十二日叙、同月日遷カ
安倍有親　△正月十三日転

少外記
菅野敦頼
多治雅清　◎正月日〔十三日カ〕任〔元勘解由判官〕

権少外記
三国致貴　◎正月日〔十三日カ〕任〔元掃部允〕

長徳元年

大外記
正五位下　中原致時　大博士・主税助、正月日任播磨
介〈「伝」〉
従五位下　安倍有親　正月日叙、×同月日遷能登介
菅野敦頼　△正月十三日転

少外記

多治雅清
三国致貴　正月十三日転カ
権少外記
林　相門　◎正月日〔十三日カ〕任（元民部少録）

長徳二年

大外記
正五位下　中原致時　主税助・播磨介、七月八日以博士譲弟致明〈「伝」〉
従五位下　菅野敦頼　正月七日叙、×同月日遷阿波権介
多治雅清　△正月日転
少外記
三国致貴
紀　相門　△正月日転、十二月日改姓
権少外記
能登守成　◎正月日任（元式部少録）

長徳三年

大外記
正五位下　中原致時　正月廿八日兼紀伊権守
従五位下　多治雅清　正月七日叙、×同月日遷豊後権介
三国致貴　△正月日転
少外記
紀　相門
能登守成　△正月日転
権少外記
宗岡為成　◎正月日任（元刑部少録）

長徳四年

大外記
正五位下　中原致時　×正月五日遷信濃守
従五位下　滋野善言　◎正月日任（元散位）
従五位下　三国致貴　正月七日叙、×同廿五日遷肥前

権介

少外記

紀　相門　△正月日転、×七月日死去

能登守成　△七月廿二日転

宗岡為成　△正月日転

菅野重忠　◎正月日任(元主税権少允)、△
十月廿二日転

権少外記

慶滋為政　◎十月廿二日任

長保元年

大外記

従五位下　滋野善言

外従五位下　能登守成　●正月七日叙、同月日遷カ

宗岡為成　△正月日転

少外記

菅野重忠

慶滋為政　△正月日転

権少外記

清科保重　◎正月日任(元主殿允)

長保二年

大外記

従五位下　滋野善言　正月日兼美作権介

従五位下　宗岡為成　●正月日叙、同月日遷カ

少外記

菅野重忠　△正月日転

慶滋為政

清科保重　△正月日転

権少外記

賀陽宣政　◎正月日任(元書陵允)、十一月
日兼直講

長保三年

外記補任（長保三年～長保五年）

大外記
従五位下　滋野善言　美作権介カ、八月日〔廿五日カ〕
　兼主税助
従五位下　菅野重忠　●正月日〔廿二日カ〕叙、八月廿
　五日遷カ

少外記
　清科保重　△八月廿五日転
　慶滋為政
　賀陽宣政　×七月八日死去
　弓削清言　◎正月日〔廿二日カ〕任（元民部少
　録）、△七月十三日転

権少外記
　小野五倫　◎七月十三日任（元少判事）

＊賀陽宣政の歿日について、「外記補任」は長保三年の所で
「二年七月八日」と記す。

長保四年

大外記
従五位下　滋野善言　主税助・美作権介カ
　清科保重

少外記
　慶滋為政
　弓削清言

権少外記
　小野五倫

長保五年

大外記
正五位下　滋野善言　正月七日叙従五位上、同卅日兼
　主税頭、三月日叙
従五位下　清科保重　●正月七日叙、同月卅日遷カ
　大江清言　△正月日転、十二月廿八日改姓

少外記
従五位下　慶滋為政　●正月七日叙、同月卅日遷カ

小野五倫　△正月日転

伴　為利　◎正月卅日任(元囚獄正)

権少外記

尾張如時　◎正月卅日任(元中務録・出納)

寛弘元年

大外記

正五位下　滋野善言　主税頭

従五位下　大江清言　正月日叙、×同月日遷周防権介

従五位下　小野五倫　△正月日転、●十月廿一日叙、十一月七日遷カ

伴　為利　△十一月七日(カ)転

少外記

尾張如時　△正月日転

宗岳行利　◎正月日任権少(元少判事)、△十一月七日転

権少外記

大江時棟　◎十一月七日任(元大学允)

寛弘二年

大外記

正五位下　滋野善言　主税頭

従五位下　伴　為利　●正月日叙、同月日遷カ

少外記

滋野如時　△正月日転、十二月日改姓

惟宗行利　月日改姓カ

大江時棟　△正月日転

権少外記

文室清忠　◎正月日任(元兵部少録)

寛弘三年

大外記

正五位下　滋野善言　主税頭、正月日兼播磨権介

従五位下　滋野如時　正月日叙、×同月日遷下総介

惟宗行利　△正月日転

少外記
大江時棟
文室清忠　△正月日転

権少外記
桜嶋雅親　◎正月日任（元出納・備前少目）

寛弘四年

大外記
正五位下　滋野善言　主税頭・播磨権介
従五位下　惟宗行利　●正月日叙、同月日遷カ
大江時棟　△正月日転

少外記
文室清忠
桜嶋雅親　△正月日転

権少外記
小野文義　◎正月日任（元囚獄正）

寛弘五年

大外記
正五位下　滋野善言　主税頭・播磨権介
従五位下　大江時棟　正月日叙、×同月日遷讃岐介
文室清忠　△正月日転

少外記
桜嶋雅親
小野文義　△正月日転

権少外記
惟宗成親　◎正月日任（元少監物）

寛弘六年

大外記
正五位下　滋野善言　主税頭・播磨権介
従五位下　文室清忠　●正月日叙、同月〔廿八日カ〕遷カ
桜嶋雅親　△正月日〔廿八日カ〕転

少外記

小野文義

惟宗成親　△正月日〔廿八日カ〕転、●本年まで所見

権少外記

紀　兼輔　◎正月廿八日任（元刑部丞）

〔第三期　寛弘七年～保元三年〕

寛弘七年

大外記
正五位下　滋野善言　×三月卅日以前に卒〈「堂」〉
菅野敦頼　◎三月卅日任〈「堂」〉
（従五位下　桜嶋雅親　正月五日叙カ、二月日遷カ）
小野文義　二月日転カ、●十二月十八日〈「権」〉

少外記
紀　兼輔　二月一日〈「権」〉〔兼勝とあり〕
中原徳如　○八月十一日〈「権」〉

外記
我孫孝道　○七月十四日〈「大日本」二の六698〉

寛弘八年

大外記
菅野敦頼
紀　兼輔　●十月十六日〈「権」〉

少外記
中原徳如
菅野実国　◎十二月日〔十日カ〕任〔元主計允〕〈「大日本」二の七256〉

外記
我孫孝道　●十月十九日〈「権」〉〔教道・孝通とも表記〕
大江為清　○三月九日〈「小」〉、●三月廿九日〈「権」〉
為親　◇四月九日〈「堂」〉〔為清の誤記か〕

権少外記
小野吉成　◎十二月十日任〈「権」十二月廿九

日条〉、●十二月廿九日〈「権」〉

長和元年

大外記　菅野敦頼

外記　中原徳如　●四月廿五日〈「堂」〉

菅野実国　●十一月十七日〈「堂」〉

大江公資　○四月十七日〈「小」〉

公頼　◇四月廿七日〈「小」〉〔大日本古記録本では下毛野姓としているが、公資の誤記であろう〕

長和二年

大外記　菅野敦頼　十二月十九日加叙一階〈「堂」〉

外記

大江公資

中原貞清　○正月九日〈「小」〉、●十一月廿四日〈「堂」〉

文室為長　◎月日〔正月廿四日カ〕任〔元刑部録〕〈「魚」七〉、○二月廿八日〈「小」〉

長和三年

大外記　菅野敦頼

外記　大江公資　●十月廿五日〈「小」〉

文室為長　●正月十九日〈「小」〉

少外記　伴　為国　◎正月日〔廿四日カ〕任権少〔元監物〕〈「魚」七〉、月日転カ

権少外記　橘　孝親　○十二月廿六日「外記」〈「小」〉

長和四年

大外記

菅野敦頼　●正月十四日〈「堂」〉

小野文義　二月十八日任カ〔「二」巻二には長和二年任とあり〕、○四月六日〈「小」〉

外記

伴　為国　●十二月廿六日〈「江」巻廿・「後」寛治五年十二月十七日条〉

橘　孝親

源　元規　○四月廿一日〈「小」〉

清原頼隆　○十一月十一日「外記」〈「小」〉

長和五年

大外記

小野文義

外記

橘　孝親　●正月十一日〈「小」〉

源　元規　●二月十三日〈「小」〉

清原頼隆　●四月三日〈「小」〉

少外記

巨勢文任　○正月廿五日「外記」〈「小」〉、二月廿六日「少外記」〈「小」〉

外記

共信　○七月十日〈「堂」〉〔伴信とあり〕

＊大日本古記録本「御堂関白記」では、七月十日条を「以外記伴信道、内案示見給由」と読んでいるが、『大日本史料』第二編之十では「以外記伴信送内案」と読んでいる。陽明文庫所蔵古写本でも「送」が正しいように見え、加えて外記伴信道なる人物は他に所見がないので、共信を指すと判断した。

寛仁元年

大外記

正五位下　小野文義　十一月十五日兼美作介〈「小」〉、

少外記
十二月二日叙〈「左」・「小」同月三日条〉
外記　巨勢文任　●十一月十五日〈「小」〉
共信
中原長国　○七月六日〈「小」〉
権少外記　高橋国儀　○七月五日〈「上卿故実」内記不参事〉

寛仁二年
大外記　小野文義　美作介
外記
共信
少外記　中原長国
高橋国儀
権少外記　惟宗順孝　○四月廿七日「外記」〈「小」〉

寛仁三年
大外記　小野文義　美作介
外記
共信　●正月七日〈「小」〉
(中原長国)
少外記　高橋国儀
権少外記　惟宗順孝

寛仁四年
大外記

小野文義　明法博士・美作介〔「大日本」二の一五244には美作権守とあり〕
行頼　○二月七日〈「小」〉、●八月廿九日〈「小」〉

従五位下　高橋国儀　●正月五日叙〈「左」〉〔国章と表記〕
安倍祐頼　○八月廿八日「外記」〈「小」〉

中原長国　正月五日「少外記」〈「左」〉、正月卅日転カ、八月八日「大外記」〈「左」〉〔永国と表記〕、●閏十二月十二日〈「小」〉

権少外記
中原師任　◎正月廿〔廿四カ〕日任〔元式部録〕〈「伝」〉

外記
（惟宗順孝）
祐基　○十一月廿日〈「小」〉

＊祐基と祐頼は同一人物である可能性がある。

治安元年

大外記
小野文義

外記
惟宗順孝　●十二月廿五日〈「小」〉〔順教とも表記〕
祐基　●正月一日〈「小」〉

治安二年

大外記
小野文義　●正月廿七日〈「小」逸文〉、正月卅日遷カ
正五位下　清原頼隆　助教、正月卅日兼任カ、○四月三日〈「小」〉〔「朝臣」とあるは誤り〕、十二月八日叙正五位下〈「左」〉

少外記
安倍祐頼

外記　中原師任　△正月卅日転〈「伝」〉

菅原惟経　○四月三日〈「小」〉〔是経とも表記〕

治安三年

大外記

正五位下　清原頼隆　助教

安倍祐頼　正月十日「少外記」〈「小」〉、正月日転カ、●十二月十七日〈「小」〉

少外記

中原師任

外記

菅原惟経

則正　○四月一日〈「小」〉〔則忠とあり〕

＊「小右記」本年八月廿一日条中、大日本古記録本は「外充師重」、『大日本史料』第二篇之一九は「外宛師重」と読み、いずれも「外記師重」と解している。だが、中原師重の当時の官職は弾正忠であり該当しない。仮に「外充」・「外宛」を外記と解するならば、中原師任の誤記と考えられる。

万寿元年

大外記

正五位下　清原頼隆　助教・主税権助・伊予権介〈「符宣」六〉

従五位下　中原師任　△正月廿七日転〈「伝」〉、●十二月廿八日叙〈「小」〉

外記

菅原惟経　●十二月廿二日〈「小」〉

則正

三善為時　○四月六日〈「小」〉

万寿二年

大外記

正五位下　清原頼隆　助教・主税権助・伊予権介

外記

則正　●二月廿七日〈「小」〉

（三善為時）

業任　○二月廿三日〈「小」〉〔成任とも表記〕

万寿三年

大外記

正五位下　清原頼隆　助教・主税権助・伊予権介〈「符宣」三・四〉

外記

三善為時

業任

信親　◇四月一日〈「小」逸文〉

権少外記

高丘頼言　○十一月十六日〈「大日本」二の二三207〉

万寿四年

大外記

正五位下　清原頼隆　助教・主税権助

三善為時　正月五日譲叙於父〈「小」「大日本」二の二三295〉、●十二月七日〈「小」〉

外記

業任

高丘頼言

長元元年

大外記

正五位下　清原頼隆　助教・主税権助、九月廿八日兼大炊頭〈「小」〉

従五位下　三善為時　正月日叙カ〈「小」長元二年正月六日条〉

外記

業任　●九月廿七日〈「小」〉

少外記　高丘頼言　●二月十八日〈「小」逸文〉

権少外記　伴　重通　○四月七日「外記」〈「左」〉、五月三日「少外記」〈「左」〉、●十一月廿三日〈「小」〉

信任　○五月三日〈「左」〉〔宣任とも表記〕

長元二年

大外記

正五位下　清原頼隆　助教・大炊頭・主税権助、●九月廿一日〈「小」〉

小野文義　○四月一日〈「小」〉〔「二」巻二は長和二年任とする〕

外記

信任　●四月一日〈「小」〉

長元三年

大外記　小野文義

外記　季通　◇二月十五日〈「小」逸文〉

文室相親　○八月二日〈「左」類聚雑例〉

長元四年

大外記　小野文義

少外記　文室相親　正月十四日「少外記」〈「小」〉、●九月五日〈「小」〉〔佐親とも表記〕

外記　時頼　◇四月廿一日〈「左」〉〔時資の誤記か〕

伊行　◇七月十四日〈「小」〉、

時資　○八月八日〈「左」〉、●十一月五

日〈「左」〉〔成経より下臈であろう〕

権少外記　成経　○正月八日「外記」〈「小」〉、二月十五日「権少外記」〈「小」〉

長元五年

大外記　小野文義　●十二月十六日〈「小」〉

外記　宅親　◇正月四日〈「左」〉〔貞親〈定親〉か〕

成経　●三月十六日〈「小」目録〉

中原貞親　○八月廿日〈「小」〉、●十二月十一日〈「小」〉

権少外記　宗岳国任　○四月一日〈「左」〉、六月十二日「権少外記」〈「左」〉、●六月十七日〈「左」〉

長元六年

大外記　（小野文義）

長元七年

大外記　（小野文義）　月日遷カ

正五位下　清原頼隆　博士・主計頭、◎月日兼任〈「二」巻二〉、○七月十八日〈「左」〉〔助教とあり〕

外記　惟宗為経　○十月十五日〈「左」〉、●十一月十九日〈「左」〉

道利　◇十月十五日〈「左」〉

＊「勅撰作者部類」によると、惟宗為経は長元八年正月五日に従五位下に叙されているので、その後まもなく、他官へ転出したものと思われる。

長元八年

大外記　清原頼隆　博士〈「左」五月三日条〉

外記　貞義　○正月十五日〈「左」〉、●三月四日〈「左」〉〔貞良と表記〕

長元九年

大外記　清原頼隆　博士

外記　致範　◇六月廿日〈「左」類聚雑例〉

権少外記　伊岐実政　◎十一月日任（元掃部允）〈「魚」巻七〉

長暦元年

大外記　清原頼隆　博士

少外記　貞任　○二月十四日「外記」〈「行」〉、●八月二日「少外記」〈「行」〉

外記　伊岐実政　●十月一日〈「行」〉

権少外記　方賢　○三月十五日「新外記」〈「行」〉、●五月廿日〈「行」〉

長暦二年

大外記　清原頼隆　博士

長暦三年

大外記

清原頼隆　博士

長久元年

大外記

清原頼隆　博士

外記

頼資　○八月四日〈「春」〉、●九月十八日〈「春」〉

紀　守輔　○八月四日〈「春」〉、●十二月廿五日〈「春」〉

長久二年

大外記

清原頼隆　博士、×月日遷河内守カ〔『国司補任』四巻〕

正五位下　中原師任　◎正月廿三日任〈「伝」〉、八月廿七日叙〈「伝」〉

長久三年

大外記

正五位下　中原師任　正月廿九日兼備後権介〈「伝」〉

長久四年

大外記

正五位下　中原師任　備後権介〔「朝」一一には兼主税権助とあり〕

寛徳元年

大外記

（正五位下　中原師任　備後権介）

寛徳二年

大外記

（正五位下　中原師任　備後権介）

永承元年
大外記
正五位下　中原師任　二月日兼伊予介〈「伝」〉
中原長国　周防介〈「朝」一一〉

永承二年
大外記
（正五位下　中原師任　伊予介）
中原長国　◎月日任（元但馬介）〈「二」巻二〉、

永承三年
大外記
正五位下　中原師任　×正月廿八日遷安芸守〈「伝」〉
中原長国

永承四年
大外記

永承五年
大外記
中原長国　×月日遷肥前守カ〔『国司補任』四巻〕
中原貞親　◎月日任〈「二」巻二〉、○十一月一日〈「台」久安元年閏十月十六日条〉
権少外記
従五位下　中原師平　◎三月日任（元直講）〈「伝」〉、●十一月十三日叙〈「伝」〉

永承六年
大外記
（中原貞親）

永承七年

大外記　中原貞親

外記　文道　◇五月四日〈「春」〉

天喜元年

大外記　中原貞親

天喜二年

大外記　（中原貞親）

天喜三年

大外記　中原貞親　月日兼博士〈「二」巻二〉

天喜四年

大外記

正五位下　中原貞親　博士・主税助・周防介〈「朝」八では助教〉、●十月廿八日〈「朝」八〉

少外記　中原理徳　◎◇二月三日任〈「拾遺往生伝」上〉

天喜五年

大外記　（中原貞親）

康平元年

大外記　（中原貞親）

康平二年

大外記

従五位上　中原師平　助教・丹波権介、◎二月日兼任
（中原貞親）〈「伝」〉

康平三年
大外記
従五位上　中原師平　助教・丹波権介
大江重綱　◇七月十七日〈「康平記」〉
少外記
中原俊光　○二月六日「外記」〈「康平記」〉、●七月十七日「少外記」〈「康平記」〉
大江宗貞　◇七月十七日〈「康平記」〉
権少外記
長資　○七月十七日〈「康平記」〉

康平四年
大外記
外記補任（康平二年〜康平六年）

従五位上　中原師平　助教、二月二日兼美作介〈「伝」〉
外記
（長資）
外記大夫
紀　某　三月八日〈「東南院文書」333号〉

康平五年
大外記
従五位上　中原師平　助教・美作介
少外記
長資　三月十一日〈「康平記」〉、●八月廿九日〈「康平記」〉

康平六年
大外記
従五位上　中原師平　助教・美作介、二月廿七日転博士〈「伝」〉

康平七年

大外記

（従五位上　中原師平　　博士・美作介）

外記

明俊　○九月十日〈「水」〉、●九月十一日〈「水」〉

＊本年の春に叙爵した外記は、除目で宿官として肥前介に任じている〈「間」五〉。

治暦元年

大外記

正五位下　中原師平　　博士・美作介、正月五日叙〈「伝」〉、十二月日〔八日カ〕兼播磨介〈「伝」〉

＊本年の春に叙爵した外記は、除目で宿官として肥後権介に任じている〈「間」五〉。

治暦二年

大外記

正五位下　中原師平　　博士・播磨介、×二月廿七日遷大炊頭〈「伝」〉

治暦三年

大外記

従五位上　三善為長　　算博士・備前権介、◎月日兼任〈「二」巻二〉

外記

大江俊時　○四月廿七日〈「水」〉

＊本年の春に叙爵した外記は、除目で宿官として筑後介に任じている〈「間」五〉。

治暦四年

大外記

従五位上　三善為長　　博士・算博士・主税権助・備前

権介〈「朝」六では備前介〉、○十月一日〈「師」〉

従五位下　大江俊時　七月十九日叙〈「本」〉、●十二月十六日〈「朝」六〉

外記

従五位下　佐伯親資　○十月廿八日〈「師」〉、●十一月廿一日叙〈「本」〉

少外記

相範　○十月一日「外記」〈「師」〉、十二月廿五日「少外記」〈「師」〉、●十二月廿九日〈「師」〉

佐伯　◇十二月十六日〈「朝」六〉

権少外記

文室　◇十二月十六日〈「朝」六〉

元外記

従五位下　佐伯政輔　〈「本」十一月廿一日条〉

*「文室」と「佐伯」のいずれかが「相範」である可能性が高い。

*本年の春に叙爵した外記は、除目で宿官として日向権介に任じている〈「間」五〉。

延久元年

大外記

三善為長　算博士・主税権助・備前権介〈「符宣」四〉、●六月十日〈「土」〉

外記

中原広宗　◇四月十三日〈「土」〉

広家　◇四月十三日〈「土」〉〔中原広宗か〕

少外記

惟宗義定　○正月廿五日「権少外記」〈「外」〉、正月日転カ、●四月廿二日「外記」〈「土」〉

権少外記

安倍通貞　○二月十七日〈「外」〉、●六月十七日〈「土」〉〔道定と表記〕

*本年の春に叙爵した外記は、除目で宿官として肥前介に任じている〈「間」五〉。

延久二年

大外記　（三善為長　算博士・主税権助）

外記　中原忠良　◇八月十五日〈『石清水八幡宮史』史料二200頁〈宮寺縁事抄〉〉

＊本年の春に叙爵した外記は、除目で宿官として能登介に任じている〈「間」五〉。

延久三年

大外記　（三善為長　算博士・主税権助）　月日遷カ

正五位下　中原師平　博士・大炊頭、◎正月日兼任〈「二」巻二・「伝」〉

＊本年の春に叙爵した外記は、除目で宿官として肥後権介に任じている〈「間」五〉。

延久四年

大外記

正五位下　中原師平　博士・大炊頭、正月廿六日兼備後介〈「伝」〉

清原定康　△◇正月廿九日転〈「魚」巻七〉

少外記　紀　重俊　◎◇正月廿九日任〈「魚」巻七〉

権少外記　紀　季俊　◇正月廿六日〈「朝」六〉

延久五年

大外記　（正五位下　中原師平　博士・大炊頭・備後介）

権少外記　中原高季　◎◇正月日任（元出納）〈「魚」巻七〉

承保元年

大外記

正五位下　中原師平　博士・大炊頭・備後介

権少外記

中原時基　◎◇十二月日任（元出納）〈「魚」巻七〉

承保二年

大外記

正五位下　中原師平　博士・大炊頭・備後介〈「朝」一三〉

＊本年の春に叙爵した外記は、除目で宿官として豊前介に任じている〈「間」五〉。

承保三年

大外記

正五位下　中原師平　博士

少外記

惟宗頼経　◇正月五日〈「葉」安元三年六月五日条〉

権少外記

中原邦時　◎◇十二月日任（元出納）〈「魚」巻七〉

承暦元年

大外記

正五位下　中原師平　博士

外記

従五位下　中原章貞　○十月三日〈「水」〉、●十二月一日叙〈「水」〉

行職　◇十月五日〈「水」〉

承暦二年

大外記

正五位下　中原師平　博士、×正月廿日遷土佐守〈「伝」〉

従五位上　清原定俊　助教・主税助、正月廿日兼任カ、○十二月卅日〈『平安遺文』一一六一号〉

承暦三年

大外記

清原定俊　助教・主税助

権少外記

従五位下　惟宗範季　◎正月日任〔元出納〕〈「魚」巻七〉、×四月十一日叙、即日遷山城介〈「大」〉

菅野兼孝　◎七月廿五日任〔元内記〕〈「大」〉

承暦四年

大外記

正五位下　清原定俊　助教・主税助・伊予権介〈「大日本」二の一六51〉

外記

菅野兼孝

紀　宣輔　○正月一日〈「水」〉

章貞　○正月一日〈「水」〉、●正月廿六日〈「水」〉

三善季信　○閏八月四日〈「水」〉〔季実とも表記〕

永保元年

大外記

正五位下　清原定俊　助教

外記

菅野兼孝　〔兼範とも表記〕

紀　宣輔　●正月七日〈「帥」〉

三善季信

令宗忠亮　○二月廿五日〈「帥」〉〔忠助とも表記〕

外記大夫

親基　〈「帥」十一月廿九日条〉〔親元と同一人物であろう。佐伯親資である可能性も高い。〕

永保二年

大外記

（正五位下　清原定俊　助教）

外記

菅野兼孝　●正月十九日〈「水」〉

（三善季信）

（令宗忠亮）

永保三年

大外記

正五位下　清原定俊　助教

従五位下　三善季信　正月日叙〈「魚」巻七〉、●正月廿九日〈「魚」巻七〉

令宗忠亮　正月廿九日「少外記」〈「魚」巻七〉、正月日転カ

少外記

清原致隆　○正月廿九日〈「魚」巻七〉

清原広俊　○正月廿九日「権少外記」〈「魚」巻七〉、正月日転カ

権少外記

（紀　雅定）　正月日任カ（元内蔵少允）

外記

正忠　◇十二月廿八日〈「後二」〉（雅定か忠亮の誤記と推定される）

応徳元年

大外記

正五位下　清原定俊　助教

従五位下　令宗忠亮　正月日叙〈「水」正月十七日条〉、●正月十七日〈「水」〉、正月日遷カ

清原致隆　●正月十七日〈「水」〉、正月日転カ

少外記

清原広俊　●四月九日〈「水」〉

紀　雅定　正月十七日「権少外記」〈「水」〉、
正月日転カ

外記
伴　定信　○本年在任〈「大日本」三の一158〉

応徳二年

大外記
正五位下　清原定俊　助教・主税助・伊予権介、●九月
十四日〈「朝」二一〉
（清原致隆）　正月日遷カ
（清原広俊）　正月日転カ

少外記
（紀　雅定）
忠信　◇五月十二日〈「後」〉〔定信か〕

外記
（伴　定信）
中原有貞　○六月十三日〈「後」〉

応徳三年

大外記
（正五位下　清原定俊）　助教、二月三日遷カ
正五位下　中原師平　大炊頭・博士、◎二月三日兼任
〈「伝」〉
従五位下　紀　雅定　正月日転カ、●十二月十六日叙
〈「大日本」三の一26〉

外記
伴　定信　●十二月十六日〈「大日本」三の一
23〉
中原有貞

外記大夫
佐伯親元〈「大日本」三の一24〉〔外記大夫親基と
同一人物であろう。佐伯親資である可能性も
高い。〕

寛治元年

大外記

正五位下　中原師平　博士・大炊頭、正月廿一日兼伊予権介〈「伝」〉

従五位下　中原有貞　△八月廿九日転〈「本」〉、×十二月十三日叙〈「本」〉〔有真とあるは誤りか〕

大江敦国　△◇十二月十三日転〈「本」〉

少外記

三善雅仲　算博士、○四月十五日〈「大日本」三の一101〉〔「少外記」とあるは権少外記の誤りか〕、△八月廿九日転〈「本」〉

惟宗仲信　○七月十六日「外記」〈「大日本」三の一158〉、△十二月十三日転〈「本」〉

権少外記

惟宗時重　◎十二月十三日任〈元図書允〉〈「本」〉

＊本年正月四日の除目では、憚りがあるとの見解により、重服の権少外記を転任させず、一時的に権少外記が二人在任していたという〈「魚」巻七〉。これは、雅仲と仲信のことと考えられ、八月廿九日に雅仲が少外記に転じたことにより常態に戻る。

寛治二年

大外記

正五位上　中原師平　博士・伊予権介、六月五日兼主税頭（去頭）〈「伝」〉、十一月七日叙正五位上〈「伝」・「大日本」三の九補56〉

従五位下　三善雅仲　算博士、十一月十七日叙〈「寛治二年記」十二月十四日条、「大日本」三の一556〉、●十二月十四日〈「寛治二年記」〉

少外記

惟宗仲信　●十二月十四日〈「寛治二年記」〉

中原宗政　○十月八日「外記」〈「師」〉、●十二月十四日「少外記」〈「寛治二年記」〉

権少外記
惟宗時重　●十二月十四日〈「寛治二年記」〉
〔中原姓〕
中原師遠　◎十二月廿五日任（元大舎人少允）〈「伝」〉

外記
時実　◇十月十八日〈「後」〉〔時重カ〕
範忠　◇十一月一日〈「後」〉〔雅仲・宗政・時重のいずれかの誤記と思われる〕

＊十二月廿五日の除目による中原師遠の権少外記就任にともない、昇進・転出があったものと考えられる。三善雅仲が転出し、仲信と時重が昇進した可能性が大きいが、確定できない。

寛治三年

大外記
正五位上　中原師平　博士・主税頭・伊予権介〔「朝」一二には主殿頭とあり〕

少外記
中原師遠　△正月日〔廿八日カ〕転〈「伝」〉

権少外記
清原広実　◎七月廿九日任〈「後」〉

寛治四年

大外記
正五位上　中原師平　博士・主税頭・伊予権介
従五位下　中原師遠　△正月日〔廿六日カ〕転〈「伝」〉、●二月廿三日叙〈「伝」〉

少外記
（惟宗基親）
惟宗清真　◎六月五日任（元囚獄正）〈「大日本」三の一862〉

外記
（清原広実）

師言　○四月十三日〈「後」〉、●八月十五日〈「勘」弘安十一年八月十三日条〉〔師時と表記〕

寛治五年

大外記

正五位上　中原師平　博士、×正月廿八日遷肥後守〈「伝」〉

正五位下　清原定俊　◎二月日任〈「二」巻二〉〔正月廿八日任カ〕、月日兼明経博士〈「二」巻二〉

従五位下　惟宗基親　○正月廿六日〈「江記」〉、●三月八日叙〈「中」〉

少外記

惟宗清真　〔清実・清信・真清ともあり〕

外記

従五位下　清原広実　●正月七日叙〈「大日本」三の二27〉

清原正隆　◎正月廿八日任〈「江記」〉〔正澄とある〕

親亮　◇三月廿六日〈「中」〉

惟宗広信　○五月十一日〈「後」〉

外記大夫

大宅国重〈「江記」正月廿八日条〉

＊『大日本史料』第三篇之二27頁には、「今日叙人」として「外記定康」の名が見える。しかし、同じ記録において、「外記広実」の叙爵が記されている。寛治五年前後に定康という外記は他に見えないので、「定康」は「広実」の誤写ではないだろうか。

寛治六年

大外記

正五位下　清原定俊　博士

惟宗清真　正月廿五日転カ〔清信とも表記〕

少外記

清原正隆　正月十九日「少外記」〈「大日本」三の二437〉〔「後」では雅高と表記〕

権少外記　惟宗広信

大宅義範　○二月四日「外記」〈「大日本」二の三472〉〔「後」では義資とも表記〕

外記大夫　有忠〈「後」九月七日条〉〔有信カ〕

寛治七年

大外記

正五位下　清原定俊　博士・主税権助・伊予介〔「類」四では主税助〕

惟宗清真　●正月七日〈「後」〉、二月五日遷カ

少外記　惟宗広信

清原正隆　〔「後」では雅仲と表記〕

大宅義範

権少外記

清原定政　二月五日任カ、○二月廿二日「新外記」〈「後」〉

寛治年中

元外記　僧道寂（俗姓中原）〈「本朝高僧伝」七〇〉

嘉保元年

大外記

正五位下　清原定俊　博士・主税権助、二月廿二日兼周防権介〈「大日本」三の三231〉

従五位下　惟宗広信　●正月五日叙〈「中」裏〉〔広俊と表記〕

大宅義範　△二月廿三日転〈「大日本」三の三204〉

少外記

従五位下　清原正隆　正月五日叙〈「中」裏〉、×二月廿

二日遷筑前介〈「大日本」三の三235・「間」五〉

清原定政　正月廿六日「権少外記」〈「大日本」三の三195〉、△二月廿二日転〈「大日本」三の三204〉
〔宗政とも表記〕

大江通景　◎二月廿二日任（元文章生）〈「大日本」三の三204〉

権少外記

中原広忠　◎二月廿二日任〈「大日本」三の三204〉

＊大江通景は、『中右記』永長元年十一月廿九日条に「文章生外記通景」とある。

外記大夫

有実〈「中」五月廿日条〉

嘉保二年

大外記

正五位下　清原定俊　博士・主税権助

従五位下　大宅義範　●正月五日叙〈「大日本」三の三675〉、正月廿八日遷カ

清原定政　正月廿八日転カ

少外記

中原広忠

大江通景　正月廿八日転カ、二月六日「少外記」〈「中」〉

権少外記

成宗　正月廿八日任カ、〇四月廿日「新外記」〈「中」〉、九月卅日「成知」〈「中」〉〔この間に改名か〕

永長元年

大外記

正五位下　清原定俊　博士・主税権助

従五位下　清原定政　正月五日叙〈「中」〉、●正月七日〈「中」〉

中原広忠　正月廿三日転カ、四月十三日「大外記」〈「中」〉

少外記

大江通景

成知　正月廿三日転カ

権少外記

三善信貞　◎正月廿三日任（元東市佑）〈「中裏」〉

承徳元年

大外記

正五位下　清原定俊　博士・主税権助

従五位下　中原広忠　正月五日叙〈「中」〉、×正月卅日遷豊前介〈「中」〉

従五位下　大江通景　△正月卅日転〈「中」〉、●四月廿六日叙〈「中」〉

成知　●九月廿九日〈「中」〉、月日転カ

少外記

三善信貞　△正月卅日転〈「中」〉

清原信俊　◎正月卅日任権少〈「中」〉、月日転カ

権少外記

（挙孝）　月日任カ

承徳二年

大外記

正五位下　清原定俊　博士・主税権助

（成知）　月日遷カ

少外記

三善信貞　月日転カ

（清原信俊）

挙孝　○八月二日「外記」〈「中」〉

権少外記

惟宗基言　○八月廿九日「外記」〈「中」〉

康和元年

大外記

正五位下　清原定俊　博士・主税権助・播磨介〈「朝」七〉
〔「朝」四は助〕

従五位下　三善信貞　正月六日叙〈「本」〉、×正月廿三
日遷筑後介〈「本」〉

少外記

清原信俊　△正月廿三日転〈「本」〉

挙孝　●十月一日〈「本」〉

惟宗基言　△正月廿三日転〈「本」〉

中原有清　◎正月廿三日任権少（元内膳典
膳）〈「本」〉、月日転カ

権少外記

（大江仲俊）　月日任カ

康和二年

大外記

正五位下　清原定俊　博士・主税権助・播磨介〔「朝」四
は助〕

従五位下　清原信俊　●正月日〔五日カ〕叙〈「魚」巻七〉、
月日遷カ

惟宗基言　月日転カ、六月廿七日大外記〈「大
日本」三の五718〉

少外記

中原有清

大江仲俊　月日転カ、○六月廿七日〈「大日
本」三の五718〉

権少外記

中原広俊　月日任カ、○六月廿七日〈「大日
本」三の五718〉

＊『大日本史料』第三篇之五607頁（「行類抄」二）では、本年正月一日の記事に「少外記広俊」の名が見える。しかし、広俊は翌三年正月にまだ権少外記であることが確認でき、

しかも本年正月廿一日に少内記であることも確認できる〈「朝」第一二〉。それゆえ「行類抄」の記事は、少内記の誤りと考える。

康和三年

大外記

正五位下　清原定俊　博士・主税権助・播磨介〈「朝」六〉、●正月廿一日〈「朝」六〉、二月九日遷カ

従五位上　中原師遠　直講・主計権助、◎二月九日兼任〈「伝」〉、三月廿三日兼周防権介〈「伝」〉〔任権介は、「魚」七では翌年正月とある〕

従五位上　惟宗基言　正月五日叙カ、●正月廿一日〈「朝」六〉、二月九日遷カ

中原有清　二月九日転カ

少外記

大江仲俊

中原広俊　正月廿一日「権少外記」〈「朝」六〉、二月九日転カ、十一月廿三日「少外記」〈「間」七〉

権少外記

中原宗資　二月九日任カ、○七月廿五日〈「殿」〉〔宗元・宗基とも表記〕

康和四年

大外記

従五位上　中原師遠　直講・主計権助・周防権介

中原有清　正月五日叙〈「中」正月廿日条〉、●正月廿日〈「中」〉、正月廿三日遷カ

中原広俊　正月廿三日転カ

少外記

従五位下　大江仲俊　正月五日叙〈「中」正月廿日条〉、●正月廿日〈「中」〉、正月廿三日遷カ

中原宗資　正月廿三日転カ

惟宗輔兼　◎正月廿三日任〔元主計少允・白河院主典代〕〈「外記」〉〔資兼とも表記〕

権少外記
玉祖宗賢　◎正月廿三日任〈「殿」〉、×四月十九日遷山城介〈「中」・「殿」〉
中原定重　○七月廿一日〈「大日本」三の六482〉

康和五年

大外記
従五位上　中原師遠　直講・主計権助・周防権介
従五位下　中原広俊　正月六日叙〈「本」〉、×二月卅日遷肥後介〈「本」〉
中原宗資　△二月卅日転〈「本」〉

少外記
惟宗輔兼〔助兼とも表記〕
中原定重　△二月卅日転〈「本」〉〔定資とあるは誤記か〕

外記
定兼　◇二月十日〈「中」〉〔定重か輔兼の誤記であろう〕

権少外記
大江範兼　◎二月卅日任〔元大蔵少丞〕〈「本」〉〔則兼とも表記〕

外記大夫
中原親平〈「本」二月卅日条〉

長治元年

大外記
正五位下　中原師遠　直講・主計権助・周防権介、二月廿七日叙〈「伝」〉
従五位下　中原宗資　正月五日叙〈「魚」巻七〉、●正月廿五日〈「魚」巻七〉
（惟宗輔兼）

少外記
中原定重

外記

大江範兼

＊『中右記人名索引』は「外記有政」〈十月五日条〉を「有清」の誤記と判断し、本年の外記とするが、誤りであろう。

長治二年

大外記

正五位下　中原師遠　直講・主計権助、六月十八日転
助教〈「伝」〉

従五位下　惟宗輔兼　正月六日叙カ、×正月廿七日遷
下総介〈「間」五〉

中原定重　正月日〔廿七日カ〕転カ

少外記

大江範兼

三善為倫　○正月廿四日「権少外記」〈「朝」六〉、
正月廿七日転カ

権少外記

中原師安　◎正月廿七日任〔元東市正〕〈「伝」〉

外記大夫

家政〈「永」正月廿七日条〉〔宗政カ〕

嘉承元年

大外記

正五位下　中原師遠　助教・主計権助、三月十一日兼
越前権介〈「伝」〉

中原定重　●正月一日〈「殿」〉

（大江範兼）　三月十一日転カ

少外記

三善為倫

中原師安　△三月十一日転〈「伝」〉

外記

政資　◇四月十八日〈「永」〉〔義資の誤記
か〕

権少外記

佐伯義資　三月十一日任カ、○四月一日「外

記」〈「永」〉

嘉承二年

大外記

正五位下　中原師遠　助教・主計権助・越前権介〔「朝」六は介〕

従五位下　大江範兼　正月五日叙〈「中」正月十九日条〉、●正月廿日〈「朝」六〉、正月廿六日遷カ

従五位下　三善為倫　正月廿六日転カ、●十一月廿九日叙カ〈「中」〉

中原師安　△十二月廿二日転〈「伝」〉

少外記

従五位下　佐伯義資　正月廿六日転カ、二月十七日「少外記」〈「中」〉、●十一月廿九日叙〈「中」〉

卜部兼弘　正月廿六日任権少カ、〇二月廿七日「行事外記」〈「中」〉、六月十日「新外記」〈「中」〉、十二月廿二日転カ

清原祐隆　◎十二月廿二日任〔元書博士〕〈「中」〉

権少外記

某　◎十二月廿二日任〔元出納〕〈「中」〉〔貞成のことである可能性が高い〕

外記大夫

紀　宗政〈「中」五月十三日条〉

天仁元年

大外記

正五位下　中原師遠　助教・主計権助、三月五日兼修理左宮城判官〈「伝」〉

従五位下　中原師安　正月廿四日叙〈「伝」〉、×即日遷肥前権介〈「伝」〉

従五位下　卜部兼弘　正月廿四日転カ、●十一月廿日叙〈「中」〉

少外記

清原祐隆　正月廿四日転カ、●十一月廿一日〈「中」〉

貞成　○二月十七日「外記」〈「中」〉、●八月廿七日〈「中」〉〔貞重とも表記〕

権少外記

中原忠政　正月廿四日任カ、○二月十七日「外記」〈「中」〉、三月十六日「新外記」〈「中」〉

天仁二年

大外記

（正五位下　中原師遠　助教・主計権助・左宮城判官）

少外記

中原忠政〔定政とする〕

天永元年

大外記

正五位下　中原師遠　助教・主計権助・左宮城判官、

正月廿八日兼播磨権介〈「伝」〉、十月十二日兼主計頭（去権助）〈「伝」〉

中原忠政　正月日転カ、九月廿六日「大外記」〈「殿」〉

少外記

中原師清　○正月一日〈「大日本」三の一〇809〉

外記

清原正綱　○六月三日〈「永」〉〔政綱と表記〕

（孝仲）

天永二年

大外記

正五位下　中原師遠　助教・主計頭・左宮城判官

従五位下　中原忠政　●正月六日叙〈「中」〉、正月廿三日遷カ

中原師清　七月廿九日転カ

少外記

清原正綱　正月七日「少外記」〈「中」〉
惟宗兼職　◎正月廿三日任権少〈「中」〉、七月廿九日転カ
外記
従五位下　孝仲　○正月十四日〈「中」〉、●二月十四日叙〈「中」〉
権少外記
中原宗房　◎七月廿九日任(元文章生)〈「永」・「中」〉
＊孝仲の臈次は明確にできないが、中原忠政と中原師清の間に入るか、清原正綱の次に入るかのいずれかと思われる。

天永三年

大外記
正五位下　中原師遠　助教・主計頭・左宮城判官・播磨権介
従五位下　中原師清　正月五日叙〈「中」正月十五日条〉、●正月十五日〈「中」〉
清原正綱　正月廿六日転カ〔雅綱とも表記〕
清原定資　△◇十月廿八日転〈「外記」〉
少外記
惟宗兼職
大江政国　◇正月五日〈「大日本」三の一二413〉
中原則成　○四月廿日「外記」〈「中」〉、四月廿三日「少外記」〈「中」〉、●十二月十四日〈「中」〉〔章成とも表記〕
清原清重　○十月廿八日〈「外記」〉
外記
従五位下　中原宗房　●八月廿三日叙〈「中」〉
＊本年は、六位外記の在職者が五人となってしまう。ただし、本年に名の見える大江政国は、一度しか確認できないうえ、永久四年の大江政景を「政国」としている史料もあり、その誤りである可能性も高い。

永久元年

大外記

正五位上　中原師遠　助教・主計頭・左宮城判官・播磨権介、八月十七日叙正五位上〈「伝」〉

外記

従五位下　清原正綱　●正月日叙〈「長」正月十六日条〉

惟宗兼職　●正月七日〈「長」〉

（清原清重）

外記大夫

末忠〈「長」正月十六日条〉

永久二年

大外記

正五位上　中原師遠　助教・主計頭・左宮城判官、正月廿二日兼但馬権守〈「外記」では権介〉

少外記

中原良業　◇十月廿日〈「大日本」三の一五365〉

外記

従五位下　清原清重　●十一月廿三日叙〈「中」〉

権少外記

大江清佐　○十一月廿九日〈「大」〉

*『中右記人名索引』では本年十月七日条の「外記明経」を人名と解している。だが、この部分は外記と明経道の者が勘文を提出したことを示す内容であり、人名ではない。

永久三年

大外記

（正五位上　中原師遠　助教・主計頭・左宮城判官・但馬権守）

大江清佐　△正月日転〔廿八日カ〕〈「外記」〉

（元権少）

少外記

中原親輔　○正月日〔廿八日カ〕〈「外記」〉

永久四年

大外記

正五位上　中原師遠　助教・主計頭・左宮城判官・但馬権守

従五位下　大江清佐　×正月廿九日遷下総介カ〈「間」五〉

少外記

小野有隣　○正月卅日転〈「外記」〉、●八月廿五日〈「大日本」三の一七403〉

中原親輔　●正月廿三日〈「間」三〉

三善為景　○正月廿三日「権少外記」〈「間」三〉、正月卅日転カ

権少外記

大江政景　◎正月卅日任〈「間」一〇〉、●十月十三日〈「大日本」三の一七441〉〔政国とあるは誤りか〕

＊「外記補任」には小野有隣が大江清佐を超越して大外記に任じたと記されているが、清佐は前年に既に大外記になっているので、誤りである。有隣が本年正月卅日の除目で大外記に任じたとすれば、それは清佐が下総介として転出した後任である。本年正月廿三日現在、有隣は少外記であるが、上臈の少外記として中原親輔がいる。それゆえ、有隣が超越したのは親輔であると考えられる。

永久五年

大外記

正五位上　中原師遠　助教・主計頭・左宮城判官、正月十九日兼摂津守〈「伝」〉

少外記

（三善為景）

元永元年

大外記

正五位上　中原師遠　助教・主計頭・左宮城判官・摂津守

外記補任（元永元年～保安元年）

少外記

三善為景　●正月一日〈「中」〉

中原広安　○正月七日「外記」〈「中」〉〈広保と表記〉、三月十五日「少外記」〈「守」貞治六年五月九日条〉

外記

中原広兼　◎正月十九日任〈「中」〉

三善信仲　◎正月十九日任〈「中」〉

元永二年

大外記

正五位上　中原師遠　助教・主計頭・左宮城判官・摂津守

従五位下　大江通清　正月五日叙カ、◇正月十五日〈「大日本」三の二一249〉

少外記

中原広安

中原広兼　●正月十五日〈「大日本」三の二一249〉

大江以通　○八月廿五日「外記」〈「中」〉、十月十三日「権少外記」〈「大日本」三の二三72〉、●十一月十四日〈「中」〉

権少外記

三善信仲　●正月十五日〈「大日本」三の二一249〉

外記大夫

大江師季〈「長」四月廿三日〉

＊本年の春に叙爵した外記は、除目で宿官として肥前権介に任じている〈「間」五〉。

保安元年

大外記

正五位上　中原師遠　助教・主計頭・左宮城判官・摂津守、正月廿八日兼図書頭〈「伝」〉

少外記

従五位下　中原広安　●正月六日〈「大日本」三の二四12〉

紀　宗長　◎正月廿八日任〈「中」〉、●四月三日叙〈「中」〉

三善為康　○六月十日「外記」〈「大日本」三の二四241〉、●六月廿七日〈「大日本」三の二四253〉

為頼　◇◎四月三日任（元内記）〈「中」〉〔三善為康カ〕

外記

康資　◇四月十六日〈「中」〉〔康貞の誤記か〕

権少外記

大江康貞　◎四月三日任（元白河院主典代）〈「中」〉、●十二月十九日〈「大日本」三の二五174〉〔安定・保貞とも表記〕

＊本年の春に叙爵した外記は、除目で宿官として筑前介に任じている〈「間」五〉。人名が記されていないが、中原広安の可能性が高い。

保安二年

大外記

正五位上　中原師遠　助教・主計頭・図書頭・左宮城判官、四月日兼越前権守〈「伝」〉

権少外記

中原師元　◎正月廿三日任〈「伝」〉、△十二月廿日転〈「伝」〉

＊本年の春に叙爵した外記は、除目で宿官として豊後介に任じている〈「間」五〉。

保安三年

大外記

正五位上　中原師遠　助教・主計頭・図書頭・左宮城判官・越前権守カ

少外記

（中原師元）

保安四年

大外記
正五位上　中原師遠　助教・主計頭・図書頭・左宮城判官、十一月廿六日転博士〈「伝」〉
従五位下　文室相賢　○二月十六日叙〈「中」〉、●二月十九日〈「師元」〉
盛賢　◇六月廿七日〈「民」寛喜三年七月十日条〉〔相賢の誤記か〕

少外記
中原景俊　◇二月十九日〈「師元」〉
中原師元

権少外記
中原惟長　◇二月十九日〈「師元」〉

外記
惟宗国憲　◇正月一日〈「忠通公記」〉

天治元年

大外記
正五位上　中原師遠　博士・主計頭・図書頭・左宮城判官・越前権守
（中原師元）

少外記
定政　○四月二日〈「永」〉、●五月十八日〈「永」〉

外記
奉仲　◇四月一日〈「永」〉
清原定安　○四月八日〈「永」〉
言政　○四月八日〈「永」〉

天治二年

大外記
正五位上　中原師遠　博士・主計頭・図書頭・左宮城

判官、十二月十五日兼主殿頭〈「伝」〉

従五位下　中原師元　正月六日「大外記」〈「中」〉、●十月廿一日叙〈「伝」〉

少外記

従五位下　盛賢　◇正月六日叙カ〈「中」〉

清原定安　●十月九日〈「年中行事秘抄」三月〉

外記

（言政）

大治元年

大外記

正五位上　中原師遠　博士・主計頭・主殿頭・図書頭・左宮城判官、十二月七日兼伊予権守〈「伝」〉

外記

（言政）

大江以平　○正月十四日〈「永」〉、●二月十日〈「永」〉

大江高行　○正月十七日〈「永」〉

大治二年

大外記

正五位上　中原師遠　博士・主計頭・主殿頭・図書頭・左宮城判官・伊予権守

従五位下　言政　正月五日叙〈「中」〉、●正月十四日〈「中」〉

大江高行

少外記

大江景兼　○正月一日「新外記」〈「中」〉、正月廿日転カ

中原親盛　◎正月廿日任権少〈「中」〉、月日転カ、●四月六日「小外記」〈「中」〉

外記

盛方　◇十二月十一日〈「長」〉

大治三年

大外記

（正五位上　中原師遠　博士・主計頭・主殿頭・図書頭・
左宮城判官・伊予権守カ）

従五位下　大江高行　●正月日叙〈「魚」巻七〉

（大江景兼）

権少外記

中原範兼　◎十二月廿四日任（元式部録・崇
徳院主典代）〈「外記」〉

大治四年

大外記

正五位上　中原師遠　博士・主計頭・主殿頭・図書頭・
左宮城判官・伊予権介カ

従五位下　大江景兼　●十一月七日叙〈「中」・「長」〉

三善為継　○正月七日「外記」〈「中」〉、△十
二月十三日転〈「長」〉

外記

従五位下　清原俊資　○正月六日「外記」〈「中」〉、正月
七日叙〈「中」〉、×正月廿三日遷周防介〈「長」〉
〔俊輔とも表記〕

宣兼　◇正月七日〈「中」〉〔範兼の誤記か〕

少外記

中原範兼

清原定信　○十月九日任権少〈「中」〉、△十
二月十三日転〈「長」〉

権少外記

従五位下　惟宗重実　◎正月廿四日任（元内記）〈「中」〉、
●十月九日叙〈「中」〉、〔重真とも記す〕

紀　有貞　◎十二月十三日任（元文章生）
〈「長」〉

外記大夫

中原盛信〈「中」正月廿四日条〉

＊紀有貞の任日について、史料大成本『中右記』は十一日条

とし、名を「有実」とするが、「長秋記」の記載を採った。

大治五年

大外記

正五位上　中原師遠　博士・主殿頭・図書頭・左宮城判官、×正月廿八日兼周防権守、即日遷隠岐守〈「中」〉〔「長」九月廿八日条も参照〕

清原信俊　助教、◎正月廿八日任〈「中」〉、十月日転博士〈「間」五〉

従五位下　三善為継　●二月十五日叙〈「中」〉

従五位下　中原範兼　二月十五日転カ、●十一月五日叙〈「中」〉

少外記

清原定信

紀　有貞　二月十五日転カ

権少外記

従五位下　惟宗俊弘　◎二月十五日任(元木工允・院主典代)〈「中」〉、●四月三日叙、即日遷山城介〈「中」〉

外記大夫

清原景隆　◎四月三日任〈「中」〉

大江国兼〈「中」正月廿八日条〉

大江国通〈「中」正月廿八日条〉

天承元年

大外記

清原信俊　博士、正月日兼周防権守〈「間」五〉

紀　有貞　×正月廿二日遷肥前介〈「長」正月廿四日条〉

外記

(清原定信)

清原景隆　八月十七日少外記カ〈「長」〉

広安　○五月五日「弘康」〈「長」〉

中原広賢　○十一月七日〈「時信記」〉

外記大夫　茂平〈「長」正月十九日条〉

長承元年

大外記

清原信俊　博士・周防権守

清原定信　正月廿二日転カ、×四月十日罷免〈「中」〉

広安　四月十日転カ

少外記

清原景隆　×正月廿二日遷筑前介〈「中」〉

中原広賢

中原師長　◎正月廿二日任権少〈「中」〉、四月十日転カ、十一月廿五日「少外記」〈「中」〉

権少外記

中原義顕　◎四月十日任〈「中」〉、六月八日「義経」〈「知信記」〉〔義経と改名か〕

外記大夫　中原盛兼〈「拾遺往生伝」中〉

長承二年

大外記

清原信俊　博士・周防権守

従五位下　広安　●正月五日叙〈「中」〉

中原広賢　正月日転カ

少外記

中原師長

中原義経　正月日転カ

権少外記

中原宗賢　正月日任カ、〇二月廿八日「新外記」〈「中」〉

長承三年

大外記

（清原信俊　博士・周防権守）
従五位下　中原広賢　正月五日叙〈「中」〉、●二月廿一日〈「中」〉、二月廿二日遷豊後介〈「中」三月七日条〉
少外記　中原師長　二月廿二日転カ
中原義経
従五位下　中原宗賢　二月廿二日転カ、●九月十五日叙〈「中」〉
中原広季　二月廿二日任権少カ、○三月十九日「外記」〈「中」〉、閏十二月十五日転カ
外記　師清　◇五月十五日〈「長」〉〔師長の誤記か〕
権少外記　清原信憲　◎閏十二月十五日任〈「中」〉

保延元年

大外記　清原信俊　博士、正月日兼讃岐権介〈「魚」巻七〉
従五位下　中原師長　正月五日叙カ、●正月廿六日〈「中」〉
中原義経　月日転カ、●八月十五日〈「長」〉〔能経と表記〕
少外記　（中原広季）
（清原信憲）　月日転カ
権少外記　大江景佐　○三月十日「外記」〈「中」〉

保延二年

大外記　清原信俊　博士・讃岐権介
（中原広季）　月日転カ

少外記　（清原信憲）
（大江景佐）　月日転カ
権少外記　清原定安　○十一月二日「外記」〈「台」〉

保延三年

大外記　清原信俊　博士・讃岐権介
従五位下　中原広季　●正月五日叙〈「中」〉、正月卅日遷カ
清原信憲　正月卅日転カ、三月廿三日「一臈外記」〈「台」〉〔信範と表記〕、●三月廿六日〈「台」〉
少外記　（大江景佐）
権少外記　（清原定安）　正月卅日転カ
三善行康　◎正月卅日任〈「中」〉、●四月三日遷山城介〈「中」〉
中原宗親　◎◇四月三日任〈「中」〉

保延四年

大外記　（清原信俊　博士・讃岐権介）
大江景佐　●正月廿二日遷筑前介〈「中」〉
少外記　清原定安　●正月廿二日〈「中」〉
（中原宗親）
権少外記　文屋相永　◎正月廿二日任〈「中」〉

保延五年

大外記　清原信俊　博士

正五位下　中原師安　大炊頭、◎正月廿四日兼任〈「伝」〉

外記

文屋相永　●五月一日〈「上卿故実」内記不参事〉

保延六年

大外記

清原信俊　博士、正月日兼備後介〈「魚」巻七〉

（正五位下　中原師安　大炊頭）

永治元年

大外記

（清原信俊　博士・備後介）

（正五位下　中原師安　大炊頭）

康治元年

大外記

正五位下　清原信俊　博士・備後介、×正月廿三日遷肥後守〈「本」・「台」〉

正五位下　中原師安　助教・大炊頭

従五位下　大江政賢　○正月十七日権少〈「本」〉、△正月廿三日転〈「本」〉、●十一月十四日叙〈「本」〉

中原安俊　音博士、○正月廿三日転少〈「本」〉、△十二月卅日転〈「本」〉

少外記

従五位下　清原頼業　○正月五日叙〈「本」〉、×正月廿三日遷肥前介〈「本」〉

大江季広　◎正月廿三日任（元治部丞）〈「本」〉

〔大江景広・清原季広とあるは誤り〕

清原景兼　◎正月廿三日任権少（元出納）〈「本」〉、△十二月卅日転〈「本」〉

権少外記

惟宗忠業　◎十二月卅日任〈「本」〉

康治二年

大外記

正五位下　中原師安　助教・大炊頭

従五位下　中原安俊　正月六日叙〈「本」〉、×正月廿七日遷筑前権介〈「本」〉

少外記

清原景兼　△正月廿七日転〈「本」〉

従五位下　大江季広　●正月六日叙〈「本」〉、同月廿七日遷カ

惟宗忠業　△正月廿七日転〈「本」〉

大江知政　◎正月廿七日任（元修理進）〈「本」〉

権少外記

清原重憲　◎正月廿七日任（元内匠允）〈「本」〉

天養元年

大外記

正五位下　中原師安　助教・大炊頭

清原景兼　●正月廿二日〈「重」〉、正月日遷カ

惟宗忠業　正月日転カ、二月十七日「大外記」〈「重」〉、●十二月廿日〈「重」〉

少外記

大江知政

清原重憲　正月日転カ、二月二日「少外記」〈「重」〉

権少外記

従五位下　惟宗成兼　正月日任カ、〇二月三日〈「重」〉、●四月一日叙〈「重」〉

惟宗忠弘　四月一日任カ、〇四月九日〈「本」〉

久安元年

大外記

正五位下　中原師安　助教・大炊頭、十二月十七日転博士〈「重」〉

（惟宗忠業）　正月日遷カ

従五位下　大江知政　正月日転カ、四月十九日「大外記」〈「本」〉、十一月十八日叙〈「重」〉、●十一月廿一日〈「重」〉

従五位下　清原重憲　十一月十七日転カ、●十二月四日叙〈「重」・「本」〉

惟宗忠弘　正月日転少カ、十月廿八日「少外記」〈「重」〉、十二月十七日転カ

少外記

中原有時　◎十一月十七日任権少〈「本」〉、十二月十七日転カ

中原親憲　◎十二月十七日任（元内蔵正）〈「重」〉

権少外記

惟宗忠光　正月日任カ、〇二月二日「権少外記」〈「本」〉、×三月十五日遷山城介〈「本」四月十九日条〉

三善為行　◎十二月十七日任（元造酒佑）〈「重」〉

久安二年

大外記

正五位下　中原師安　博士・大炊頭

従五位下　惟宗忠弘　正月五日叙〈「本」〉、●正月八日「大外記」〈「本」〉

中原有時　△正月廿三日転〈「本」〉

少外記

中原親憲

三善為行　△正月廿三日転〈「本」〉

権少外記

三善成重　◎正月廿三日任（元囚獄正）〈「本」〉

久安三年

大外記

正五位上　中原師安　博士・大炊頭・主計頭〈「本」八月

八日条〉

中原有時

少外記

従五位下　中原親憲　正月五日叙〈「本」〉、●正月廿八
日遷能登介〈「本」〉

三善為行

三善成重　△正月廿八日転〈「本」〉

権少外記

従五位下　三善康光　◎正月廿八日任（元雅楽允）〈「本」〉、
四月一日叙、×即日遷山城介〈「本」〉

従五位下　惟宗長基　◎四月一日任（元諸陵允）〈「本」〉、
×十二月廿一日叙〈「本」〉

中原長俊　◎十二月廿一日任（元正親佑）
〈「本」〉

久安四年

大外記

正五位上　中原師安　博士・主計頭、×十月十七日譲
〈「台」〉

中原師長　助教・大炊頭・主税権助・加賀
介、◎十月十七日兼任〈「台」〉

中原有時

少外記

三善為行　×正月廿八日遷下総介〈「本」〉

三善成重

中原長俊　△正月廿八日転〈「本」〉

権少外記

惟宗長言　◎正月廿八日任（元玄蕃允）〈「本」〉

久安五年

大外記

従四位下　中原師業　助教・大炊頭・主税権助・加賀
介〈「本」三月廿八日条〉、四月十五日叙〈「本」〉、
十月十六日師長を師業と改名〈「本」〉

中原有時　●八月一日〈「本」〉
中原在俊　◎四月九日任権少（元兵庫允）
〈「本」〉、△十月廿二日転少〈「本」〉、十二月卅
日転カ

少外記

三善成重　●十二月廿七日〈「本」〉
従五位下　中原長俊　●十月十二日叙〈「兵」・「本」〉
中原師直　◎十月廿二日任権少〈「兵」・「本」〉、
十二月卅日転カ

権少外記

従五位下　惟宗長言　四月九日叙、×即日遷山城介
〈「本」〉
俊則　◎◇十二月卅日任（元木工允）
〈「本」〉〈中原俊兼カ〉

＊「晴富宿禰記」文明十年正月十四日条では、久安五年八月十七日に左少史清原季兼が外記を兼任した旨が記されている。しかし、「本朝世紀」によれば、これは清原季直のことを指すと思われる。しかも、彼は外記を兼任したのではなく、外記不参によりその代役をつとめただけである。

久安六年

大外記

従四位下　中原師業　助教・大炊頭・主税権助・加賀介
中原在俊　八月廿日「大外記」〈「本」〉、●九
月十一日〈「本」〉

少外記

中原師直
大江佐平　○七月十九日〈「本」〉

権少外記

中原俊兼　○七月廿二日〈「本」〉

仁平元年

大外記

従四位下　中原師業　助教・大炊頭・主税権助〈「本」〉九

月四日条〉

従五位下　（中原在俊）　二月五日遷カ

中原師直　二月五日転カ、三月九日「大外記」〈「本」〉、●九月七日叙〈「本」〉

大江佐平　九月廿八日転カ、十一月四日「大外記」〈「本」〉

少外記

中原俊兼　二月五日転カ、八月十五日「少外記」〈「本」〉

中原師尚　◎二月五日任権少〈「台」・「伝」〉、△十月廿八日転〈「伝」〉〔十月は九月の誤りか〕

権少外記

中原景良　◎九月廿八日任（元文章生）〈「槐」除目部類〉〔業長とある〕

仁平二年

大外記

従四位下　中原師業　助教・大炊頭・主税権助・周防権介〈「本」三月三日条〉

従五位下　大江佐平　正月五日叙〈「兵」〉、×正月廿八日遷肥前守〈「槐」除目部類〉

少外記

中原俊兼　正月廿八日転カ、二月十三日「大外記」〈「本」〉

中原師尚

中原景良　正月廿八日転カ、二月九日「少外記」〈「本」〉

権少外記

大江以隆　正月廿八日任カ、〇二月七日「権少外記」〈「本」〉

仁平三年

大外記

従四位下　中原師業　助教・大炊頭・主税権助

従五位下　中原俊兼　正月五日叙〈「兵」〉、×正月廿二日遷相模権介〈「槐」除目部類〉

中原景良　正月廿二日転カ、二月十六日「大外記」〈「本」〉

少外記

中原師尚

大江以隆　正月廿二日転カ、三月廿四日「少外記」〈「本」〉

権少外記

清原祐安　◎正月廿二日任〈「槐」除目部類〉

〔中原姓〕

久寿元年

大外記

従四位下　中原師業　助教・大炊頭、九月十二日兼穀倉院別当〈「兵」〉

従五位下　中原景良　●正月五日叙〈「兵」〉

中原師尚　正月廿三日転カ〔「伝」では前年同日に転任〕

少外記

（大江以隆）

清原祐安　正月廿三日転カ

権少外記

惟宗経弘　◎正月廿三日任〈「兵」〉

外記大夫

中原則基〈「兵」六月廿四日条〉

久寿二年

大外記

従四位下　中原師業　助教・大炊頭・穀倉院別当

従五位下　中原師尚　正月六日叙〈「兵」〉、×正月廿八日遷筑前権介〈「伝」〉

従五位下　大江以隆　正月廿八日転カ、●十月廿三日叙〈「兵」〉

従五位下　清原祐安　十一月十日転カ、●十一月廿二日叙〈「兵」〉
　　　　　惟宗経弘　正月廿八日転少カ、十一月廿七日転カ

少外記

従五位下　中原宗景　◎正月廿八日任権少（元修理進）〈「兵」〉、十一月十日転少外記カ、●十一月廿二日叙〈「兵」〉
　　　　　清原頼安　◎◇十一月十日任権少（元図書允）〈「兵」〉、十一月廿七日転カ

権少外記

　　　　　惟宗康弘　◎十一月廿七日任〈「兵」〉

外記大夫

従五位下　中原業俊〈「間」五〉
　　　　　惟宗季孝〈「間」五〉
　　　　　　忠親〈「兵」五月廿日条〉

保元元年

大外記

従四位下　中原師業　助教・大炊頭・主税権助・備中介・穀倉院別当〈「兵」十月十三日条〉
従五位下　惟宗経弘　●正月六日叙〈「兵」〉
　　　　　（清原頼安）　正月廿八日転カ、五月日遷カ
　　　　　（惟宗康弘）　正月廿八日転少カ、五月十九日転カ

少外記

　　　　　中原信盛　◎正月廿七日任〈「槐」〉（「兵」では清原姓）、●四月十一日〈「兵」〉
　　　　　大江以孝　◎正月廿七日任権少〈「槐」・「兵」〉、五月十九日転カ

権少外記

　　　　　三善信成　◎五月十九日任〈「兵」〉

保元二年

大外記

中原師業　助教・大炊頭・主税権助・備中介・穀倉院別当〈「兵」正月廿六日条〉

従五位下　惟宗康弘　×正月廿四日叙〈「兵」〉

（中原信盛）　正月廿四日転カ、月日遷カ

大江以孝　月日転カ

少外記

三善信成　正月廿四日転カ、●八月十九日〈「兵」〉、十月廿七日遷カ

中原実弘　◎正月廿四日任権少〈「兵」〉、十月廿七日転〈「兵」〉

中原広家　月日任権少カ、〇八月十九日「権少外記」〈「兵」〉、十月廿七日転カ

権少外記

中原師茂　◎十月廿七日任（元諸陵允）〈「兵」〉

保元三年

大外記

中原師業　助教・大炊頭・備中介・穀倉院別当

従五位下　大江以孝　正月六日叙〈「兵」〉、●正月十四日〈「兵」〉

従五位下　中原広家　正月日転カ、●十一月廿六日叙〈「兵」〉

従五位下　中原実弘　十一月廿六日転カ、十二月十七日叙〈「兵」〉、●十二月廿日〈「兵」〉

中原師茂　正月日転少カ、十二月廿九日転カ

少外記

三善為任　正月日任権少カ、〇四月十七日「少外記」〈「兵」〉、十一月廿六日転カ

中原業長　◎十一月廿六日任権少〈「兵」〉、十二月廿九日転カ

権少外記

中原広能　◎十二月廿九日任〈「兵」〉

〔第四期　平治元年～建暦元年〕

平治元年

大外記

正五位上　中原師業　博士・大炊頭・備中介・穀倉院別当

従五位下　中原師茂　正月六日叙、×同月廿九日遷周防介

従五位下　三善為任　△正月廿九日転、●十一月廿二日叙

少外記

中原業長

従五位下　中原広能　△正月廿九日転、●十一月廿二日叙

権少外記

中原仲信　◎正月廿九日任〔元内匠允〕

永暦元年

大外記

正五位上　中原師業　博士・大炊頭・穀倉院別当、×正月廿一日遷河内守

正五位下　中原師元　掃部頭、◎正月廿一日兼任〈「伝」〉

中原業長　△正月廿一日転

少外記

三善成重　◎正月廿一日還任〔元前少外記〕、×月日〔五月十一日カ〕遷

従五位下　三善行衡　◎月日〔正月廿一日カ〕任〔元諸陵允〕、七月廿七日兼算博士、×八月十四日叙

中原俊光　◎正月廿一日任権少〔元文章生〕、△月日〔五月十一日カ〕転

中原景盛　◎七月廿七日任権少（元文章生）、
△月日〔八月十四日カ〕転

権少外記

従五位下　中原仲信　正月六日叙、×同月廿一日遷上
総権介

従五位下　高橋信弘　◎五月十一日任（元前主殿允）、
×七月廿七日叙

中原師継　◎八月十四日任（元釆女佑）

外記大夫

高橋信顕〈「槐」十一月卅日条〉

応保元年

大外記

正五位上　中原師元　掃部頭、正月廿三日兼但馬権守
〈「伝」〉、二月廿九日叙〈「伝」〉、四月一日辞権守
（申任男師季於釆女佑）〈「槐」〉

従五位下　中原業長　×正月廿三日叙

従五位下　中原景盛　△正月廿三日転、×十一月廿一
日叙

中原師継　△正月廿三日転少、月日〔十二月
カ〕転

少外記

従五位下　中原俊光　正月五日叙、×同月廿三日遷筑
前介

清原定雄　◎正月廿三日任（元大学允）

権少外記

従五位下　中原政泰　◎正月廿三日任（元文章生）、×
四月一日叙〈「槐」〉

中原長盛　◎四月十三日任（元図書允）〈「槐」〉

応保二年

大外記

正五位上　中原師元　掃部頭、正月廿七日兼近江権介
〈「槐」除目部類〉〔「外記」・「伝」では越前権守と

する」、八月十七日兼補穀倉院別当〈「伝」〉、十
月廿八日兼博士〈「槐」除目部類・「伝」〉

従五位下　中原師継　正月五日叙、×同月廿七日遷駿
河介〈「槐」除目部類〉

清原定雄　△正月廿七日転

少外記

中原長盛　△正月廿七日転

清原隆信　◎正月廿七日任（元音博士）〈「槐」
除目部類〉

権少外記

従五位下　惟宗親盛　◎正月廿七日任（元文章生）〈「槐」
除目部類〉、×十月廿八日叙〈「槐」除目部類〉

中原良弘　◎十月廿八日任（元大膳進）〈「槐」
除目部類〉

長寛元年

大外記

正五位上　中原師元　博士・掃部頭・穀倉院別当・越
前権守

従五位下　清原定雄　正月廿三日叙、×同月廿四日遷
筑後介

従五位下　中原長盛　△正月廿四日転、×十二月廿日叙

清原隆信　△十二月廿日転

少外記

中原良弘　△正月廿四日転

大江景忠　◎三月廿六日任権少（元文章生）、
△十二月廿日転

権少外記

従五位下　惟宗長俊　◎正月廿四日任（元文章生）、三
月廿六日叙、×即日遷山城介

中原師家　◎十二月廿日任（元大学少允）〈「伝」〉

長寛二年

大外記

従四位下　中原師元　博士・掃部頭・穀倉院別当・越
前権守、十一月十八日叙〈「伝」〉
従五位下　清原隆信　正月五日叙、×同月廿一日遷周
防介
中原良弘　△正月廿一日転
少外記
従五位下　大江景忠　×十一月十六日叙
中原師家　△正月廿一日転〈「伝」〉
中原業俊　◎四月十日任権少、△十一月廿
五日転カ
権少外記
従五位下　玉祖成長　◎正月廿一日任(元隼人佑)、二
月九日叙、×即日遷山城介
従五位下　惟宗景通　◎二月九日任(元勘解由判官)、
×三月十一日叙
中原師秀　◎十一月廿五日任(元采女佑

永万元年

大外記
従四位上　中原師元　博士・掃部頭・穀倉院別当・越前
権守、三月廿八日兼大炊頭〈「伝」〉、七月廿二日
譲大炊頭於師尚〈「槐」〉、七月廿五日叙〈「槐」〉・
「伝」〉
従五位下　中原良弘　×正月十九日叙
中原師家　△正月廿三日転〈「伝」〉
少外記
従五位下　中原業俊　×七月廿五日叙〈「槐」〉
中原師秀　△正月廿三日転
中原惟国　◎正月廿三日任権少(元無官)、
△八月十一日転
権少外記
紀　清国　◎八月十四日任(元越中掾・文章
生)

仁安元年

大外記

従四位上　中原師元　博士・掃部頭・穀倉院別当、×正月十二日遷出羽守(申任大外記於男師尚)〈「伝」〉

正五位下　清原頼業　助教、◎正月十二日兼任、十二月十二日兼大舎人頭

正五位下　中原師尚　直講・大炊頭・主計権助・周防権介、◎正月十二日任〈「伝」〉、十一月十四日叙正五下〈「兵」・「伝」〉、十二月二日止兼国〈「伝」〉

従五位下　中原師家　×正月十二日叙、即日遷能登権介〈「伝」〉

少外記

従五位下　中原師秀　×七月十五日叙

従五位下　中原惟国　×十一月十四日叙〈「兵」〉

従五位下　中原長茂　◎四月六日任権少(元兵庫允・文章生)、△七月十五日転、×十二月二日叙

清原頼弘　◎七月十五日任権少(元内膳典膳)、△十二月二日転

中原師澄　◎十二月二日任(元図書允)

権少外記

従五位下　紀　清国　四月六日叙、×即日遷山城介

中原師高　◎十二月二日任(元音博士)

仁安二年

大外記

正五位下　清原頼業　大舎人頭、正月卅日兼備後権介、二月十二日止助教、十二月十三日止兼国

正五位下　中原師尚　大炊頭・主計権助、正月卅日兼越前権介〈「伝」〉、二月十二日転助教〈「伝」〉、十二月十三日止助教〈「伝」〉

少外記

従五位下　清原頼弘　正月五日叙〈「兵」〉、×同月卅日遷周防権介

中原師澄

権少外記

中原師高　△正月卅日転

従五位下　大江景良　◎正月卅日任（元文章生）〈「兵」〉、×四月十日叙〈「兵」〉

従五位下　物部宗言　◎四月十日任（元文章生）、×十月廿日叙〈「兵」〉

惟宗季高　◎十月廿日任（元掃部允）〈「兵」〉

仁安三年

大外記

正五位下　清原頼業　大舎人頭、正月十一日兼伊勢権守〈「槐」除目部類・「兵」〉

正五位下　中原師尚　大炊頭・主計権助・越前権介

少外記

従五位下　中原師澄　正月五日叙〈「兵」六日条〉、×同月十一日遷周防介〈「槐」〉

従五位下　中原師高　×三月十五日叙〈「兵」〉

惟宗季高　△正月十一日転、×十一月九日解官、◎十二月十三日還任〈「槐」除目部類・「兵」〉

従五位下　紀　宗尚　◎三月廿三日任（元図書允・文章生）〈「兵」〉、×八月十二日叙〈「兵」〉

従五位下　三善為清　◎三月廿三日任権少（元内膳典膳）〈「兵」〉、△八月十二日転、×九月四日叙〈「兵」〉

従五位下　清原近業　◎八月十二日任権少（元大舎人允）〈「兵」〉、△九月四日転、×十一月廿日叙〈「兵」〉

中原宗頼　◎九月四日任権少（元文章生）〈「兵」〉、△十一月九日転

宗国　◇十月廿一日〈「兵」〉〔宗頼の誤りであろう〕

権少外記

従五位下　三善頼行　◎正月十一日任（元諸陵允）〈「槐」除目部類・「兵」〉、×三月廿三日叙、即日遷山城介〈「兵」〉

清原佐光　◎十二月十三日任（元主水権佑）

〈「槐」除目部類・「兵」〉

嘉応元年

大外記

正五位下　清原頼業　大舎人頭・伊勢権守

正五位下　中原師尚　大炊頭・主計権助・越前権介

少外記

従五位下　惟宗季高　×正月十一日叙〈「兵」〉

従五位下　中原宗頼　正月五日叙〈「兵」正月六日条〉、×同月十一日遷筑後介〈「兵」〉

中原為重　◎正月十一日任（元諸陵允）〈「兵」〉、×五月十一日卒

清原佐光　△正月十一日転

中原盛季　◎正月十一日任権少（元内膳典膳）〈「兵」〉、△八月三日転

権少外記

清原祐職　◎八月三日任（元前掃部允）

嘉応二年

大外記

正五位下　清原頼業　伊勢権守、七月廿七日止頭（申任主水正於男近業）

正五位下　中原師尚　大炊頭・主計権助、十二月五日止権介〈「伝」〉

少外記

従五位下　清原佐光　正月五日叙、×同月十八日遷越中権介

従五位下　中原盛季　×十二月五日叙

従五位下　清原祐職　△正月十八日転、×十二月五日叙

中原康宗　◎四月七日任権少（元前東市佑）〈「兵」〉、△十二月五日転

従五位下　中原師景　◎十二月五日任（元大舎人允）、×同日叙

権少外記
従五位下　中原康直　◎正月十八日任(元内匠允)、×四月七日叙、即日遷山城介〈「兵」〉
中原広元　◎十二月五日任(元縫殿允)
中原師方　◎十二月卅日任(元玄蕃允)

＊本来ならば、十二月卅日の中原師方の権少外記就任にともない、中原広元は欠員のある少外記に昇進するはずであるが、何らかの理由により翌年正月の除目まで延期されている。そのため、短期間ではあるが、権少外記が二人いたことになる。

承安元年

大外記
正五位上　清原頼業　伊勢権守、四月廿七日叙
正五位下　中原師尚　大炊頭・主計権助、正月十八日兼紀伊権介〈「伝」〉

少外記
従五位下　中原康宗　正月六日叙、×同月十八日遷下総権介
中原広元　△正月十八日転
中原師方　△正月十八日転

権少外記
従五位下　惟宗清忠　◎正月十八日任(元文章生)、×四月七日叙、即日遷山城介
従五位下　中原師倫　◎四月七日任(元内蔵允)、×十二月八日叙〈「槐」除目部類・「兵」〉(師朝と表記)
中原景長　◎十二月八日任(元諸陵允)〈「兵」〉

＊正月叙位の日付は、「外記補任」では五日となっているが、『玉葉』の記述により六日に改めた。

承安二年

大外記
正五位上　清原頼業
正五位下　中原師尚　大炊頭・主計権助・紀伊権介

少外記

中原広元
従五位下　中原師方　正月五日叙、×同月廿三日遷長門介
従五位下　中原景長　△正月廿三日転、×四月十七日叙、即日遷山城介
中原為経　◎正月廿三日任（元文章生）、△六月廿六日転

権少外記
中原俊康　◎六月廿六日任（元文章生）

承安三年

大外記
正五位上　清原頼業
正五位下　中原師尚　大炊頭・主計権助・紀伊権介

少外記
従五位下　中原広元　正月五日叙、×同月廿一日遷安芸権介
従五位下　中原為経　×正月廿一日叙
従五位下　中原俊康　△正月廿一日転、×四月十三日叙〈「葉」〉
斎部孝友　◎正月廿一日任（元内蔵允）
大江政職　◎正月廿一日任権少（元諸陵允）、△六月九日転

権少外記
中原俊国　◎六月九日任（元越後掾）〈「吉」〉
〔「外記」では元無官〕

承安四年

大外記
正五位上　清原頼業
正五位下　中原師尚　大炊頭・主計権助・紀伊権介

少外記
従五位下　斎部孝友　正月五日叙、×同月廿一日遷遠江大掾（廿三日改任越後権介）〈「槐」除目部類〉

従五位下　大江政職　×正月廿一日叙
中原俊国　△正月廿一日転
中原忠弘　◎正月廿一日任権少（元文章生）
〈「槐」除目部類〉、△四月廿六日転

権少外記
従五位下　中原為清　◎正月廿一日任（元音博士）〈「槐」
除目部類〉、×四月六日叙
清原清遠　◎四月廿六日任

＊清原清遠は、『玉葉』では「清俊」とされている。「俊」と「遠」には共通の訓が見あたらないので、本文では「外記補任」にしたがった。

安元元年

大外記
正五位上　清原頼業　九月五日兼任博士
正五位下　中原師尚　大炊頭・主計権助、正月廿二日
兼任備後権介〈「伝」〉

少外記
従五位下　中原俊国　正月五日叙、×同月廿二日遷周
防権介
中原忠弘
従五位下　清原清遠　正月廿二日転カ、×四月十六日叙
中原経明　◎四月七日任権少（元主計允）、
△九月五日転

権少外記
従五位下　中原資弘　◎正月廿二日任（元書博士）、×
四月七日叙、即日遷山城介
三善宗康　◎九月五日任

安元二年

大外記
正五位上　清原頼業　博士、正月卅日兼任越中権守
〈「葉」〉
正五位下　中原師尚　大炊頭・主計権助・備後権介

少外記

従五位下　中原忠弘　正月五日叙、×同月卅日遷

中原経明

従五位下　佐伯久重　◎正月卅日任（元内蔵允）〈「葉」〉、×十二月五日追爵

中原兼茂　◎正月卅日任権少（元主計允）〈「葉」〉、△十二月八日〔五日カ〕転

権少外記

従五位下　三善宗康　×正月卅日叙〔「葉」では中原姓とするが誤りか〕

清原隆業　◎十二月五日任（元書博士）〈「槐」除目部類〉

＊正月卅日の除目において、「外記補任」は中原忠弘の任武蔵介を記すが、『玉葉』にはそれが見えず、代わりに宮道忠弘が武蔵介に任じている。改姓したものか。もしくは、いずれかが誤りと考える。

＊中原兼茂は、「外記補任」では「兼経」と記されている。「経」と「茂」には共通の訓が見あたらないので、本文では『玉葉』中の記事にしたがった。

治承元年

大外記

正五位上　清原頼業　博士・越中権守、正月廿九日止博士（申任直講於男近業）

正五位下　中原師尚　大炊頭・主計権助・備後権介

少外記

従五位下　中原経明　×正月廿四日叙

従五位下　中原兼茂　×正月廿八日叙

清原隆業　△正月廿三日転

従五位下　中原資茂　◎正月廿三日任権少、同月廿八日転カ、×十一月十五日叙〈「葉」十一月十六日条〉〔佐茂とも表記〕

清原良業　◎正月廿八日任（元大舎人允）〈「槐」除目部類〉、△十一月十五日転

権少外記

中原仲重　◎十一月十五日任（元左京進）〈「槐」除目部類〉

治承二年

大外記

正五位上　清原頼業　越中権守

正五位下　中原師尚　大炊頭・主計権助・備後権介

少外記

従五位下　清原隆業　正月五日叙〈「槐」・「葉」〉、×同月廿八日遷筑前権介〈「葉」・「間」五〉

清原良業

中原仲重　△正月廿八日転〈「葉」〉

権少外記

大江惟景　◎正月廿八日任〈「葉」〉

治承三年

大外記

正五位上　清原頼業　越中権守、十一月十七日兼補穀倉院別当〈「槐」・「葉」〉

正五位下　中原師尚　大炊頭・主計権助、正月十九日兼任備後権介〈「伝」〉

少外記

従五位下　清原良業　正月五日叙〈「槐」・「葉」〉、×正月十九日遷能登介〈「葉」・「間」五〉

従五位下　中原仲重　×九月五日叙〈「葉」九月六日条〉

大江惟景　△正月十九日転〈「葉」〉

中原貞親　◎正月十九日任（元兵庫允）〈「槐」・「葉」〉、△十月十日転

権少外記

中原俊清　◎十月十日任（元正親佑）

治承四年

大外記

正五位上　清原頼業　穀倉院別当

外記補任（治承四年〜養和元年）

正五位下　中原師尚　大炊頭・主計権助・備後権介

少外記

従五位下　大江惟景　正月五日叙〈「葉」〉、×同月廿八日遷肥前介〈「葉」・「間」五〉

従五位下　中原貞親　×四月廿一日叙〈「槐」・「吉」〉

中原俊清　△正月廿八日転〈「葉」〉、×六月十七日〔十六日カ〕解官

中原清俊　◎正月廿八日任権少（元左京進）〈「槐」除目部類・「葉」〉、△六月十六日転

粟田良連　◎六月十六日任権少（元無官）、△九月十六日転

権少外記

中原経時　◎九月十六日任（元前正親佑）〈「槐」〉

養和元年

大外記

正五位上　清原頼業　穀倉院別当

正五位下　中原師尚　大炊頭・主計権助・備後権介

少外記

従五位下　中原清俊　×正月五日叙

従五位下　粟田良連　×正月五日叙

従五位下　中原経時　△三月六日転〈「吉」〉、×同月廿六日叙〈「吉」〉

中原俊景　◎三月六日任（元内膳典膳）〈「吉」〉

中原兼業　◎三月六日任権少（元無官）〈「吉」〉、△同月廿三〔六カ〕日転、×十二月四日解却

三善助道　◎三月廿六日任権少（元三河掾）〈「吉」〉、△十二月四日転

権少外記

三善弘康　◎十二月四日任〈「槐」除目部類〉

外記大夫

貞宗（家）〈「吉」三月廿四日条〉

寿永元年

大外記

正五位上　清原頼業　穀倉院別当

正五位下　中原師尚　主計権助・備後権介、三月八日譲頭於師綱〈「伝」〉

少外記

従五位下　中原俊景　×三月八日叙、即日遷筑前介

従五位下　三善助道　×三月八日叙

従五位下　三善弘康　三月八日転カ、×十一月廿三日叙

従五位下　中原師重　◎三月八日任〈「伝」〉、同月十一日兼音博士〈「吉」・「伝」〉、×十月七日叙〈「伝」〉

中原師親　◎三月十一日任権少(元明経得業生)〈「吉」〉、△十月七日転

中原師国　◎十月七日任(元能登掾)、△十二月七日転

権少外記

清原業定　◎十二月七日任(元明経得業生)

寿永二年

大外記

正五位上　清原頼業　穀倉院別当

正五位上　中原師尚　正月廿二日兼博士、十二月十九日叙〈「伝」〉、同月廿一日譲権助於師重〈「伝」〉

少外記

従五位下　中原師親　正月五日叙、×同月廿二日遷越中権介

従五位下　中原師国　×十二月十九日叙

清原業定　△正月廿七日転

清原信安　◎正月廿七日任(元音博士)、△十二月廿一日転

権少外記

三善長衡　◎十二月廿二日任(元大学允)〈「吉」〉

元暦元年（寿永三年）

大外記
正五位上　清原頼業　穀倉院別当
正五位上　中原師尚　三月廿七日兼越中権守〈「伝」〉、
十一月十二日去博士〔「伝」は文治元年とする〕

少外記
従五位下　清原業定　正月六日叙、×三月廿七日遷肥
前権介
従五位下　清原信安　×九月十八日叙
従五位下　三善長衡　△三月廿七日転、×十一月十七
日叙
清原盛業　◎九月十八日任（元無官）、×十
一月十二日停任〈「吉」〉
中原俊宣　◎九月十八日任権少、△十一月
十二日転
清原忠業　◎十一月十二日任〈「吉」〉、△十
二月廿二日転

権少外記
従五位下　三善済光　◎三月廿七日任（元前内膳典膳）、
×七月廿四日叙〈「槐」・「定長卿記」〉
中原景賢　◎十二月廿二日任（元文章生）

文治元年（寿永四年）

大外記
正五位上　清原頼業　穀倉院別当
正五位上　中原師尚　正月廿日止権守（申任師季於治部
少丞）〈「伝」〉

少外記
中原俊宣　×十月十一日停任
清原忠業
中原景賢　△十月十一日転

権少外記
安倍資忠　◎十月十一日任（元前中宮権少
属・一院主典代）

文治二年

大外記

正五位上　清原頼業　穀倉院別当

正五位上　中原師尚　四月六日兼主税頭〈「葉」・「伝」〉

少外記

清原忠業

中原景賢

権少外記

安倍資忠

文治三年

大外記

正五位上　清原頼業　穀倉院別当

正五位上　中原師尚　主税頭

少外記

清原忠業

従五位下　中原景賢　正月五日叙、×同月廿三日遷下

従五位下　安倍資忠　野権介　△正月廿三日転、×十一月四日叙

清原行俊　◎正月廿三日任、△十二月四日転

権少外記

中原師季　◎十二月四日任(元治部丞)〈「伝」〉

大江国業　◎十二月四日任(元前図書允)

文治四年

大外記

正五位上　清原頼業　穀倉院別当

正五位上　中原師尚　〈「伝」〉　主税頭、正月廿三日兼但馬権守

少外記

従五位下　清原忠業　正月六日叙、×同月廿三日遷筑

清原行俊　前権介

中原師季　△正月廿三日転〈「伝」

権少外記

大江国業

中原師隣　◎正月廿三日任（元音博士）

文治五年

大外記

正五位上　清原頼業　穀倉院別当、×閏四月十四日逝去

正五位上　中原師尚　但馬権守、十一月十六日止頭（申
任師重於図書頭）

中原師季　△十一月十三日転〈「伝」〉、十二
月卅日兼直講〈「伝」〉

少外記

従五位下　清原行俊　正月五日叙、×同月十八日遷肥
前介

中原師隣　△正月十八日転

中原師行　音博士、◎正月十八日兼権少〈「槐」
除目部類〉、△十一月十三日転

権少外記

従五位下　大江国業　×正月十六日叙

従五位下　清原業綱　◎正月十八日任（元宮内丞）〈「槐」
除目部類〉、×十一月十三日叙

中原行兼　◎十一月十三日任（元主計允）

建久元年

大外記

正五位上　中原師尚　×正月廿四日遷隠岐守、即叙従
四位下〈「伝」〉

従五位下　中原師季　直講、×正月五日叙〈「伝」〉

正五位下　中原師直　博士・玄蕃頭、◎正月廿四日兼

従五位下　中原師隣　△正月廿四日転、×十二月十四
日叙

少外記

中原師行　音博士

権少外記　中原行兼　△正月廿四日転

従五位下　紀　定重　◎正月廿四日任(元内膳典膳)、×三月廿八日叙、即日遷山城介

中原師公　◎四月廿三日任(元明経准得業生)

惟宗清光　◎十二月十四日任

建久二年

大外記

正五位上　中原師直　博士、二月一日兼周防権介、同日譲頭於師親、十二月十三日叙(「葉」)、同月廿八日止権介(申任中原助直於雅楽允)

中原行兼　△二月一日転

少外記

従五位下　中原師行　音博士、×正月五日叙

中原師公　二月一日転カ

惟宗清光　△二月一日転

権少外記

中原兼業　◎二月一日任(元前外記)

三善為重　◎十一月五日任(元内膳典膳)

*中原師公の少外記就任の日は、「外記補任」に記されていない。可能性があるのは、惟宗清光が権少外記に就任した建久元年十二月十四日から、中原行兼が大外記に就任した建久二年二月一日までの間であろう。だが、建久二年正月五日までに転任していれば、少外記在任者が三人となるので、それ以降である公算が大きい。

*『玉葉』正月卅日条によると、本年の春除目では、「外記・史共無所望申文」とある。養和元年に「解却」された中原兼業が任じられたのは、任官希望者がいないという事態への対応によるものであろう。

建久三年

大外記

正五位上　中原師直　博士、正月廿七日兼但馬権介、十月廿六日兼主殿頭

従五位下　中原行兼　正月五日叙、×同月廿七日遷周

外記補任（建久三年～建久五年）

防介

少外記　中原師公　△正月廿七日転

惟宗清光

権少外記　中原兼業　△正月廿七日転

三善為重

建久四年

大外記

正五位上　中原師直　博士・主殿頭・但馬権介

正五位下　清原良業　助教・主水正、◎正月廿八日兼任

従五位下　中原師公　×正月廿八日叙、即日遷肥後権介

少外記　惟宗清光

中原兼業

権少外記

三善為重

清原周俊　◎正月廿八日任、×四月十四日

辞退

中原友兼　◎四月十四日任（元無官）

＊中原友兼は、建久五年には「友直」と記されている。同時代の史料には「友兼」もしくは「友直」と称した中原姓の人物は見当たらないので、いずれかが誤っているのか、改名したのかは未詳である。

建久五年

大外記

正五位上　中原師直　主殿頭・但馬権介、正月卅日止

博士（申任男師親於直講）〈「槐」除目部類〉

正五位下　清原良業　助教・主水正、正月卅日兼備中

権介

少外記

従五位下　惟宗清光　正月六日叙、×同月廿日（卅日カ）

遷肥前権介
中原兼業
三善為重　△正月卅日転
権少外記
中原友直　×六月十三日解官
中原師列　◎正月卅日任（元無官）
中原元貞　◎六月十三日任

建久六年

大外記
正五位上　中原師直　主殿頭・但馬権介
正五位下　清原良業　助教・主水正・備中権介
少外記
従五位下　中原兼業　正月五日叙、×二月二日遷肥前介
三善為重
中原師列　△二月二日転
権少外記
中原元貞
惟宗為賢　◎二月二日任（元主水佑）

建久七年

大外記
正五位上　中原師直　主殿頭、正月廿九日兼加賀権守
正五位下　清原良業　助教・主水正・備中権介、正月廿
九日兼越後介（去権介）
少外記
従五位下　三善為重　正月六日叙、×同月廿九日遷筑
後介
中原師列
中原元貞　△正月廿九日転
権少外記
惟宗為賢
清原仲基　◎正月廿九日任（元明経得業生）

建久八年

大外記

正五位上　中原師直　主殿頭、正月卅日兼摂津守（去権守）

正五位下　清原良業　助教・主水正、十二月十五日止介（以男親忠任縫殿允）

少外記

従五位下　中原師列　正月六日叙、×同月卅日遷筑後介

中原元貞

従五位下　惟宗為賢　△正月卅日転、×十二月十三日叙

清原仲基　△十二月十五日転

権少外記

清原信重　◎正月卅日任（元日向掾）

中原師員　◎十二月十五日任（元明経得業生）

建久九年

大外記

正五位上　中原師直　摂津守、正月卅日以頭譲任男師親〈「三」〉、×十一月六日卒〈「自暦記」〉〈「外記」では四日〉

正五位下　清原良業　助教・主水正、正月卅日兼伊勢権守

正五位下　中原師重　助教・大炊頭・主計権助・丹波介、◎十二月九日兼任〈「伝」〉

少外記

従五位下　中原元貞　正月五日叙、×同月卅日遷肥後権介〈「三」〉〈「外記」では肥前〉

清原仲基　●正月卅日〈「猪隈」〉、月日（九月ごろカ）卒

従五位下　清原信重　正月卅日転〈「三」〉、×二月廿六日叙〈「三」〉

従五位下　中原師員　△三月廿二日転、×十一月十四日叙

中原尹光　◎正月卅日任（元文章生）〈「三」〉、

△九月八日転

権少外記

中原師名　◎三月廿二日任、△十二月十三日転

中原行永　◎九月八日任(元文章生)

惟宗祐通　◎十二月十三日任

正治元年

大外記

正五位下　清原良業　助教・主水正・伊勢権守

正五位下　中原師重　助教・大炊頭・主計権助・丹波介

少外記

従五位下　中原尹光　正月五日叙、×三月廿三日遷肥前介

中原師名

中原行永　△三月廿三日転

権少外記

惟宗祐通

大江良盛　◎三月廿三日任

正治二年

大外記

正五位下　清原良業　助教・主水正・伊勢権守

正五位下　中原師重　助教・大炊頭・主計権助、正月廿二日兼伊予権介〈「伝」〉

少外記

従五位下　中原師名　正月五日叙〈「明」正月六日条〉、×同月廿二日遷筑前介

中原行永

惟宗祐通　△正月廿二日転

権少外記

大江良盛

従五位下　清原弘高　◎正月廿二日任(元書博士)、×三月六日叙、即日遷山城介

中原景孝　◎三月六日任、×月日任替（依不仕）

中原家俊　◎十二月廿九日任（元無官）

建仁元年

大外記

正五位下　清原良業　助教・主水正・伊勢権守、八月十九日転博士〈「三」〉

正五位下　中原師重　助教・大炊頭・主計権助・伊予権介

少外記

従五位下　中原行永　×正月六日叙

惟宗祐通

従五位下　大江良盛　△正月廿九日転、×八月十九日叙〈「三」〉

中原家俊　△八月十九日転〈「三」〉〔「三」では宗俊とする〕

権少外記

中原景資　◎正月廿九日任（元大学允）

三善為俊　◎八月十九日任〈「三」〉

建仁二年

大外記

正五位上　清原良業　博士・主水正、正月廿一日兼安芸権守、七月廿三日兼主税頭、十一月十九日叙

正五位下　中原師重　助教・大炊頭・主計権助・伊予権介

少外記

従五位下　惟宗祐通　×正月五日叙

従五位下　中原家俊　×正月廿三日叙

従五位下　中原景資　△正月廿一日転、×十一月十九日叙

三善為俊　△正月廿三日転

中原師良　◎正月廿一日任権少（元明経得業

権少外記

生）、△十二月廿五日転

中原成資　◎正月廿三日任（元前日向介）

中原師朝　◎十二月廿五日任（元明経准得業生）

建仁三年

大外記

正五位上　清原良業　博士・主水正・主税頭・安芸権守

正五位下　中原師重　助教・大炊頭・主計権助、十月廿四日止兼国（以中原頼房任図書允）

少外記

従五位下　三善為俊　正月五日叙、×同月十三日遷筑後介

従五位下　中原師良　×七月八日叙

従五位下　中原成資　△正月十三日転、×三月二日叙、即日遷山城介

中原師朝　△四月廿五日転

中原宗平　◎正月十三日任権少、△七月八日転

権少外記

中原尚明　◎四月廿五日任

中原兼業　◎七月八日任、九月卅日兼少内記

元久元年

大外記

正五位上　清原良業　博士・主税頭・安芸権守、十二月廿八日以主水正譲任男良隆

正五位上　中原師重　助教・大炊頭・主計権助、正月十三日兼但馬権守〈「伝」〉、十一月十三日叙〈「伝」〉

少外記

中原師朝　十二月廿八日兼大学権助

従五位下　中原宗平　正月五日叙、×同月十三日遷筑前権介

中原兼業　少内記、△正月十三日転日転

権少外記

中原尚明

中原季親　◎正月十三日任(元文章生)、×三月六日停任

惟宗宣光　◎正月十三日任

元久二年

大外記

正五位上　清原良業　博士、十一月廿九日以権守譲任舎弟忠業、十二月六日去頭

正五位上　中原師重　助教・大炊頭・主計権助・但馬権守

少外記

従五位下　中原師朝　大学権助、×八月九日叙

中原兼業　少内記

惟宗宣光　四月十日兼右兵衛尉、△八月九日転

権少外記

従五位下　中原尚明　×正月十三日追爵

清原良隆　主水正、◎正月廿九日兼任

清原範業　◎八月九日任

建永元年

大外記

正五位上　清原良業　博士

正五位上　中原師重　助教・大炊頭・主計権助・但馬権守

少外記

中原兼業　少内記、×十月廿日遷民部大丞

惟宗宣光　右兵衛尉

権少外記

清原良隆　主水正

従五位下　清原範業　正月六日叙、×同月十三日遷能

登介
中原経成　◎正月十三日任

承元元年
大外記
正五位上　清原良業　博士
正五位上　中原師重　助教・大炊頭・主計権助、十月廿九日止権守(以中原定俊申任宮内丞)
少外記
惟宗宣光　右兵衛尉
従五位下　中原経成　△正月十三日転、×十月廿九日叙
三善行明　◎正月十三日任権少(元治部丞)、△十月廿九日転
権少外記
従五位下　清原良隆　主水正、×正月五日叙
惟宗盛清　◎正月十三日任
清原仲宣　◎十月廿九日任(元書博士)

承元二年
大外記
正五位上　清原良業　博士
正五位上　中原師重　助教・大炊頭・主計権助
少外記
惟宗宣光　右兵衛尉
従五位下　三善行明　正月五日叙、×同月廿日遷肥前介
惟宗盛清　△正月廿日転
権少外記
清原仲宣
中原有康　左近将監、◎四月七日兼任

承元三年
大外記
正五位上　清原良業　博士
正五位上　中原師重　助教・大炊頭・主計権助

少外記

惟宗宣光　右兵衛尉、×二月八日辞

惟宗盛清

清原仲宣　△二月八日転

権少外記

従五位下　中原有康　正月五日叙、×同月十三日遷下総権介

大江景仲　◎正月十三日任（元掃部属）

三善倫重　◎二月八日任

承元四年

大外記

正五位上　清原良業　博士、×正月十五日卒〔これ以前に辞したと思われる〕

正五位上　中原師重　博士・大炊頭、正月十七日転博士〈「伝」〉、十二月十七日譲権助於男師兼〈「伝」〉

正五位下　中原師方　◎正月十四日任（元大監物）

少外記

従五位下　惟宗盛清　×正月六日叙

清原仲宣

従五位下　大江景仲　△正月十四日転、×同月十七日叙

三善倫重　△正月十四日転

権少外記

従五位下　中原師兼　音博士、◎正月十四日兼任〈「伝」〉、×十二月十七日叙、同日遷主計権助〈「伝」〉

三善能行　◎正月十四日任、×三月十九日解官

中原盛孝　内舎人、◎三月十九日兼任

中原師胤　◎十二月十七日任

＊「外記補任」の記載に従えば、正月十四日から十七日までの間は、少外記が三人いたことになる。大江景仲の急な叙位はそのためか。

建暦元年

大外記

正五位上　中原師重　大炊頭、正月十八日兼周防権介

〈「伝」〉、同日辞博士(申任男師兼於直講)〈「伝」〉

正五位下　中原師方

少外記

清原仲宣　●本年まで記載

従五位下　三善倫重　×正月五日叙

中原盛孝　内舎人、△正月十八日転、●本年

まで記載

権少外記

中原師胤

清原宣業　玄蕃助、◎正月十八日兼任

〔第五期　建暦二年～文永十一年〕

建暦二年

大外記

正五位上　中原師重　大炊頭

中原師方　●十二月十日〈「薬」〉

外記

従五位下　中原師胤　×十一月十一日叙〈「明」同月十二日条〉

清原宣業　●十二月十三日〈「薬」〉

宗業　◇九月廿四日〈「薬」〉〔宣業か直業の誤記、もしくは大内記の誤記か〕

建保元年

大外記

（正五位上　中原師重　大炊頭）

建保二年

大外記

正五位上　中原師重　大炊頭、正月十三日兼筑前守〈「伝」〉

建保三年

大外記

正五位上　中原師重　大炊頭・筑前守

外記

従五位下　中原直業　×◇正月五日叙〈「明」正月六日条〉

建保四年

大外記

正五位上　中原師重　筑前守、正月十九日辞大炊頭
〈「伝」〉

外記

菅野成允　×◇正月五日叙〈「明」正月六日
条〉

建保五年

大外記

正五位上　中原師重　筑前守

建保六年

大外記

従四位下　中原師重　七月九日叙〈「明」・「伝」〉

正五位下　中原師季　掃部頭、◎正月十三日任〈「明」正
月十四日条〉

権少外記

中原師光　◎正月十三日任〈「明」正月十四日
条・「伝」〉

承久元年

大外記

正四位下　中原師重　四月八日叙従四位上〈「伝」〉、十
月五日叙〈「伝」〉

正五位下　中原師季　掃部頭、正月廿二日兼越前権介
〈「伝」〉

権少外記

従五位下　中原師光　×十二月十三日叙〈「伝」〉

承久二年

大外記

正四位下　中原師重

正五位上　中原師季　掃部頭・越前権介、正月六日叙
〈「伝」〉

承久三年
大外記
正四位下　中原師重　●二月五日〈「続左丞」三〉
正五位上　中原師季　掃部頭、八月廿九日兼筑前守
〈「伝」〉
少外記
大江成直　◎◇十一月廿六日任〈「大日本」五の一335〉
外記
従五位下　三善重継　◇正月五日叙〈「薬」〉
仲経　◇正月十一日〈「薬」〉〔仲信カ〕
従五位下　中原師世　×◇十一月十六日叙〈「大日本」五の一325〉
権少外記
従五位下　清原仲信　○正月廿八日〈「大日本」五の一393〉、×十一月廿九日叙〈「大日本」五の一331〉
中原定兼　◎十一月廿六日任〈「大日本」五の一335〉

貞応元年
大外記
正五位上　中原師季　掃部頭・筑前守
中原師方　博士・周防権守、◎三月一日還任〈「大日本」五の一495〉〔行方とあり〕、八月十三日〈「大日本」五の一594〉
少外記
清原良元　○正月四日〈「大日本」五の一443〉、●十月廿三日〈「大日本」五の一618〉
中原師守　◇十月廿三日〈「大日本」五の一618〉
権少外記
中原定兼　●正月七日〈「大日本」五の一454〉
中原師弘　◇四月十三日〈「大日本」五の一518〉

貞応二年
大外記
正五位上　中原師季　掃部頭・筑前守、正月廿七日兼博士〈「伝」〉
（中原師方）

元仁元年
大外記
正五位上　中原師季　博士・掃部頭・筑前守
（中原師方）
権少外記
中原俊平　○五月廿四日〈「守」貞治四年六月三日条〉

嘉禄元年
大外記
正五位上　中原師季　博士・筑前守、十一月七日辞掃部頭〈「伝」〉
（中原師方）
外記
（中原俊平）

＊本年十二月廿一日には、中原師兼の正五位上加階が許されなかったことにより、大外記中原師季をはじめ、「一門者皆辞官」したが、師季の主張も「一旦之理」として認められたため、大外記に留任している〈「明」〉。

嘉禄二年
大外記
正五位上　中原師季　博士
（中原師方）
外記
従五位下　中原師景　◇正月五日叙爵〈「明」六日条〉
（中原俊平）

安貞元年

大外記

正五位上　中原師季　博士、十月四日兼備後守〈「民」〉

（中原師方）

外記

（中原俊平）

権少外記

清原教隆　◎十二月廿五日任（元明経得業生）〈「明」廿六日条・「関東」〉

安貞二年

大外記

正五位上　中原師季　備後守、二月一日辞博士〈「伝」〉

（中原師方）

外記

（中原俊平）

権少外記

清原教隆

寛喜元年

大外記

正五位上　中原師季　備後守

（中原師方）

外記

従五位下　中原師為　主計助、◇十月九日叙〈「明」十日条〉

（中原俊平）

権少外記

従五位下　清原教隆　正月五日叙〈「関東」〉、×正月日遷相模介〈「関東」〉

中原師範　◎十月九日兼任〈「明」十日条〉

外記大夫

大江景康〈「明」十二月廿九日条〉

寛喜二年

大外記

正五位上　中原師季　備後守

（中原師方）

外記

従五位下　中原師範　●正月五日叙〈「明」六日条〉

（中原俊平）

権少外記

某　◎◇二月九日任〈「明」〉

寛喜三年

大外記

正五位上　中原師季　備後守、●正月廿六日〈「民」二月十日条〉、正月廿九日辞カ

中原師方　●正月廿七日〈「民」〉、正月廿九日辞カ

正五位上　中原師兼　博士、◎正月廿九日兼任〈「民」・「明」卅日条〉

中原師員　助教、◎正月廿九日兼任〈「民」・「明」卅日条〉〔「関東」に二月十九日とあるのは誤記であろう〕、五月三日兼摂津守〈「民」・「関東」〉、×六月六日辞〈「関東」〉

清原頼尚　助教、◎六月六日兼〈「民」〉

外記

（中原俊平）

従五位下　大江景頼　◇正月六日叙〈「民」・「明」正月七日条〉

権少外記

清原信秀　◎正月廿九日任〈「民」〉、●三月廿五日兼大学権助〈「民」・「明」廿六日条〉

＊中原師兼の位階について、『地下家伝』は師兼の正五位下への昇叙を二度記しているが、二度目の昇叙は正五位上の誤りである。

貞永元年

大外記

正五位上　中原師兼

清原頼尚　二月六日辞助教（申任男仲宣於直講）〈「民」〉

少外記

中原俊平　十月四日「少外記」〈「民」〉

権少外記

中原成家　右近将監、◎二月六日兼任〈「民」〉、●四月二日〈「民」〉

天福元年

大外記

正五位上　中原師兼

清原頼尚　正月日〔廿五日カ〕兼備前権介〈「押」62〉

少外記

中原俊平

権少外記

清原祐業　◎◇正月廿五日兼任〈「民」〉

文暦元年

大外記

（正五位上　中原師兼）

（清原頼尚）

少外記

中原俊平

嘉禎元年

大外記

正五位上　中原師兼

清原頼尚

少外記

（中原俊平）

外記
中原盛俊　◇×正月廿三日遷山城守〈「明」廿四日条〉
従五位下　清原隆尚　◇×十一月廿日叙〈「明」〉

嘉禎二年

大外記
正五位上　中原師兼
(清原頼尚)
少外記
(中原俊平)
権少外記
中原師連　◎十二月十九日任(元明経得業生)〈「関東」〉

嘉禎三年

大外記
正五位上　中原師兼
清原頼尚
少外記
(中原俊平)
権少外記
従五位下　中原師連　七月廿七日兼掃部権助〈「関東」〉、×十一月廿九日叙〈「関東」〉
三善倫長　◎正月廿四日任(元兵庫允)〈「関東」〉

暦仁元年

大外記
正五位上　中原師兼　十二月卅日兼下総守〈「伝」〉
清原頼尚
少外記
(中原俊平)
三善倫長　△正月十二日転〈「関東」〉

延応元年

大外記

正五位上　中原師兼　八月廿九日兼河内守〈「伝」〉

清原頼尚　●三月五日〈『吾妻鏡』〉

少外記

（中原俊平）

従五位下　三善倫長　正月五日叙〈「関東」〉、×同月廿四日遷筑前介〈「関東」〉〔倫忠とも〕

権少外記

清原為尚　◇正月三日〈「大日本」五の一二220〉

清原康業　◇正月三日〈「大日本」五の一二220〉

仁治元年

大外記

正五位上　中原師兼　河内守

五位　中原師朝　○正月廿二日〈「大日本」五の一二734〉

少外記

（中原俊平）

外記

従五位下　中原佐盛　◇×十一月十二日叙〈「平戸」〉

仁治二年

大外記

正五位上　中原師兼　十月十三日兼備後守〈「伝」〉

（五位　中原師朝）

少外記

中原俊平

仁治三年

大外記

正五位上　中原師兼　備後守カ
五位　中原師朝　●十月廿四日〈「民」〉
少外記
従五位下　中原俊平　×三月十五日叙〈「民」〉
中原為真　○正月五日〈「民」〉
惟宗能国　○正月廿日「外記」〈「民」〉、△十月十八日転〈「平戸」〉
権少外記
従五位下　中原師種　◇正月五日叙〈「民」〉
磯部信俊　◎六月十五日任〈「平戸」〉
中原範基　◎十月十八日任〈「平戸」〉

＊「民経記」正月五日条（叙位記）には、「外記為真・師種・能国」と記される。この時、中原為真は少外記であり、惟宗能国は権少外記であるが、中原師種はいずれとも明記されていない。だが、定員二名の少外記には中原俊平が在任しているため、師種は権少外記と推定した。

寛元元年
大外記
正五位上　中原師兼　備後守カ
正五位下　中原師光　掃部頭、◎二月二日兼任〈「伝」〉
少外記
（中原為真）
（惟宗能国）
権少外記
磯部信俊
（中原範基）

＊中原師光の兼任について、『地下家伝』には兼官とは記さないが、寛元二年には掃部頭兼帯を確認できるので、このように判断した。師光は建長二年にも掃部頭兼任を確認できるが、寛元四年には掃部頭として師為の名が見えるので、継続して兼官していたわけではないかもしれない。

寛元二年
大外記

正五位上　中原師兼　備後守カ
正五位下　中原師光　掃部頭・越中権守〈「平戸」十月十四日条〉
少外記
（中原為真）
（惟宗能国）
権少外記
外従五位下　磯部信俊　正月五日叙〈「平戸」〉、×正月廿三日遷豊前介〈「平戸」〉
（中原範基）

寛元三年

大外記
正五位上　中原師兼
正五位下　中原師光　掃部頭、正月十三日兼周防権守〈「平戸」・「伝」〉
少外記
（中原為真）
（惟宗能国）
権少外記
中原範基
中原師村　◇正月五日「少外記」〈「大日本」五の一八330〉

＊中原師村の官職について、史料には「少外記」と記されるが、定員二名の少外記には、この時は中原為真・惟宗能国が在職している可能性が高いので、権少外記であると判断した。

寛元四年

大外記
正五位上　中原師兼　五月廿八日兼安房守〈「伝」〉
正五位上　中原師光　掃部頭・周防権守、正月十八日叙〈「葉黄」・「伝」〉
少外記
中原為真　左衛門尉〈「大日本」五の二〇463〉

従五位下　惟宗能国　三月八日叙〈「平戸」〉、●三月十日〈「大日本」五の二〇51〉

権少外記

中原範基　右衛門尉〈「大日本」五の二〇463〉

＊中原為真と中原範基の衛門尉兼帯については、本年以外には確認できない。だが、後の六位外記や同時期の太政官史の事例を鑑みると、相当長期にわたって兼帯していたものと推測される。

宝治元年

大外記

正五位上　中原師兼　安房守

正五位上　中原師光　掃部頭・周防権守

少外記

（中原為真）

外記

（中原範基）

宝治二年

大外記

正五位上　中原師兼　安房守

正五位上　中原師光　掃部頭・周防権守

少外記

中原為真　●十一月十七日〈「葉黄」〉

外記

（中原範基）

権少外記

中原師宗　◎十月廿九日任〈「大日本」五の二七174・「伝」〉

建長元年

大外記

正五位上　中原師兼　安房守

正五位上　中原師光　掃部頭

外記
（中原範基）
権少外記
種兼　◇三月五日〈「民」〉
従五位下　中原師宗　×十一月一日〔十日カ〕叙〈「伝」〉

建長二年

大外記
正五位上　中原師兼　安房守
正五位上　中原師光　掃部頭〈「岡」五月十七日条〉
外記
（中原範基）

建長三年

大外記
（正五位上　中原師兼　安房守）
（正五位上　中原師光）
外記
（中原範基）

建長四年

大外記
正五位上　中原師兼　安房守〈「押」78〉、十二月九日兼紀伊守〈「伝」〉
（正五位上　中原師光）
外記
（中原範基）

建長五年

大外記
正五位上　中原師兼　紀伊守、×正月廿七日出家〈『百練抄』・「伝」〉
正五位上　中原師光　二月十九日兼越中守〈「伝」〉
中原師弘　◎二月日任〈「押」61〉

少外記
中原範基　正月廿六日「少外記」〈「壬生」2522号〉

建長六年

大外記
従四位上　中原師光　正月十三日叙従四位下〈「伝」〉、十一月十七日叙〈「伝」〉
少外記
中原師弘　正月日兼越前介〈「押」61〉
(中原範基)

建長七年

大外記
従四位上　中原師光　越中守
(中原師弘　越前介)
少外記
(中原範基)

康元元年

大外記
従四位上　中原師光　越中守
中原師弘　越前介
少外記
中原範基　×七月二日辞（補検非違使）〈「検非違使補任」〉
外記
惟資　○十月一日「六位外記」〈「民」〉
権少外記
清原隆宣　◎◇四月五日任〈「経俊」〉

正嘉元年

大外記
正四位下　中原師光　越中守、十二月卅日叙〈「伝」〉

外記
中原師弘　越前介
（惟資）

権少外記
清原俊隆　◇三月廿八日任〈「経俊」〉

正嘉二年

大外記
（正四位下　中原師光）
（中原師弘）

外記
（惟資）

正元元年

大外記
正四位下　中原師光
中原師弘　正月日兼土佐権守〈「押」61〉

少外記
惟資
重継　○閏十月廿五日〈「民」〉

権少外記
資国　○十月一日〈「民」〉
従五位下　中原師益　◎閏十月廿五日任〈「民」〉、×十二月廿五日叙〈「民」〉

*惟資・重継・資国は「六位外記」としかわからないが、上位二名が少外記と判断した。

文応元年

大外記
正四位下　中原師光　×三月廿九日辞〈「伝」〉
中原師弘　土佐権守
清原頼尚　○五月廿五日〈「妙槐」〉

少外記
（惟資）

権少外記　（重継）
（資国）

弘長元年

大外記
中原師弘　土佐権守
清原頼尚　×七月廿一日辞〈「仁部記」〉
清原良季　◎七月廿一日任〈「仁部記」〉

少外記
（惟資）
重継

権少外記
（資国）
惟宗有基　○二月廿九日〈「民」〉、×七月廿一日辞〈「仁部記」〉
清原仲尚　◎七月廿一日任〈「仁部記」〉

弘長二年

大外記
中原師弘　●二月十九日〈「仁部記」〉
正四位下　中原師光　◎十二月廿一日還任〈「伝」〉
（清原良季）

少外記
（惟資）
（重継）

権少外記
（資国）
清原仲尚　●二月五日〈「仁部記」〉

弘長三年

大外記
（正四位下　中原師光）
（清原良季）

少外記　（惟資）
　（重継）
権少外記　（資国）

文永元年

大外記
正四位下　中原師光　五月十七日兼補穀倉院別当〈「伝」・「新抄」〉
（清原良季）
少外記
惟資　●二月十二日〈「民」〉
重継　●三月二日〈「民」〉
権少外記
（資国）

文永二年

大外記
正四位下　中原師光　×二月日辞〈「伝」〉
清原良季
清原教隆　◎三月廿八日任〈「新抄」・「関東」〉、×七月十八日辞〈「新抄」・「関東」〉
中原師顕　博士、◎七月日兼任〈「押」61〉
権少外記
資国　●正月廿日〈「新抄」〉
清原秀隆　○三月十一日〈「新抄」〉、●閏四月七日〈「新抄」〉
清原仲業　◇四月廿五日〈「新抄」〉

文永三年

大外記
清原良季
中原師顕　博士

少外記　大江有保　○正月十五日「権少外記」〈「新抄」〉、六月十日「少外記」〈「新抄」〉
権少外記　清原長尚　○五月廿五日〈「新抄」〉、●九月廿三日〈「新抄」〉
　清原良任　○十月廿二日〈「新抄」〉

文永四年

大外記　清原良季
　中原師顕　博士
少外記　（大江有保）
権少外記　（清原良任）

文永五年

大外記　清原良季
　（中原師顕　博士）
少外記　（大江有保）
権少外記　（清原良任）

文永六年

大外記　清原良季
　中原師顕　博士、三月日兼但馬権守〈「押」61〉
少外記　（大江有保）
権少外記　（清原良任）

文永七年
大外記　（清原良季）
　　　　（中原師顕　博士・但馬権守）
少外記　（大江有保）
権少外記　（清原良任）

文永八年
大外記　清原良季
　　　　中原師顕　博士・但馬権守
少外記　（大江有保）
権少外記　（清原良任）

文永九年
大外記　清原良季
　　　　（中原師顕　博士・但馬権守）
少外記　（大江有保）
権少外記　（清原良任）

文永十年
大外記　清原良季
　　　　中原師顕　博士
少外記　大江有保

権少外記　清原良任

文永十一年

大外記　清原良季

中原師顕　博士

少外記　大江有保

外記　清原良任　●三月廿六日〈「妙槐」〉

権少外記　中原利重　○二月八日「外記」〈「兼仲卿記暦記」〉

清原良綱　◎十月四日任〈「兼仲卿記暦記」〉

〔第六期　建治元年～康暦元年〕

建治元年

大外記
正五位上　清原良季　×九月七日辞、◎十二月廿六日
還任
正五位上　中原師顕　博士、正月十八日兼越前権守
〈「押」61〉、十月八日叙

少外記
大江有保　右衛門尉
清原良綱　△十月八日転

権少外記
従五位下　中原師国　○正月六日叙、×同月十八日遷
筑前権介
中原利重　左兵衛尉
中原佐能　左兵衛尉、◎十月八日兼任

建治二年

大外記
正五位上　清原良季
正五位上　中原師顕　博士・越前権守

少外記
大江有保　右衛門尉
清原良綱

権少外記
中原利重　左兵衛尉
中原佐能　左兵衛尉
清原頼季　◎三月六日任

建治三年

大外記
正五位上　清原良季
正五位上　中原師顕　博士・越前権守
少外記
大江有保　右衛門尉
従五位下　清原良綱　●正月廿九日叙
中原利重　左兵衛尉、△十二月十二日転
権少外記
中原佐能　左兵衛尉
清原頼季
清原俊宣　書博士、◎十二月十二日兼任

弘安元年

大外記
正五位上　清原良季
正五位上　中原師顕　博士・越前権守
少外記
大江有保　右衛門尉
中原利重　左兵衛尉
権少外記
中原佐能　左兵衛尉
（清原頼季）
従五位下　清原俊宣　書博士、×十一月六日叙
清原季尚　◎十一月六日任

＊「外記補任」には、本年は清原頼季の名が見えない。書き漏らしたものと考えられる。

弘安二年

大外記
正五位上　清原良季
正五位上　中原師顕　博士
少外記
大江有保　右衛門尉
中原利重　左兵衛尉

権少外記
中原佐能　左兵衛尉
清原頼季
清原季尚

弘安三年

大外記
正五位上　清原良季　十月一日兼補穀倉院別当
正五位上　中原師顕　博士、十月一日兼任大隅守

少外記
大江有保　右衛門尉
中原利重　左兵衛尉

権少外記
中原佐能　左兵衛尉
従五位下　清原頼季　×四月六日叙
清原季尚

弘安四年

大外記
正五位上　清原良季　穀倉院別当
正五位上　中原師顕　博士・大隅守

少外記
大江有保　右衛門尉
中原利重　左兵衛尉

権少外記
中原佐能　左兵衛尉、●本年まで記載
清原季尚
中原師古　縫殿権助、◎十二月五日兼任

弘安五年

大外記
正五位上　清原良季　穀倉院別当
正五位上　中原師顕　博士・大隅守

少外記

大江有保　右衛門尉

中原利重　左兵衛尉

権少外記

従五位下　清原季尚　×十一月廿五日叙〈「勘」では泰尚〉

従五位下　中原師古　縫殿権助、×十二月十二日叙〈「勘」〉

中原師鑒　掃部権助、◎十一月廿五日兼任

〈「勘」〉

清原教宣　◎十二月十二日任〈「勘」〉

弘安六年

大外記

正五位上　清原良季　穀倉院別当

正五位上　中原師顕　博士・大隅守

少外記

大江有保　右衛門尉

中原利重　左兵衛尉

権少外記

従五位下　中原師鑒　掃部権助、×三月廿八日叙〈「勘」廿九日条では師誉〉

従五位下　清原教宣　×十二月卅日叙

従五位下　清原季兼　○三月廿八日復任、×九月十二日叙〈「公衡」〉

従五位下　中原師緒　木工助、◎三月廿八日兼任、×十二月卅日叙

清原頼秀　◎九月十二日任〈「公衡」〉

清原重尚　◎十二月卅日任カ

＊清原季兼は、三月廿八日に「復任」とあるので、これ以前にも在職していたものと考えられるが、それがいつかは明確にし得ない。

弘安七年

大外記

従四位下　清原良季　穀倉院別当、十一月廿五日叙

正五位上　中原師顕　博士・大隅守

少外記

大江有保　右衛門尉

中原利重　左兵衛尉

権少外記

清原頼秀

清原重尚

中原師蔭　大炊権助、◎正月十三日兼任

〈「伝」〉

弘安八年

大外記

従四位下　清原良季　穀倉院別当

正五位上　中原師顕　博士・大隅守

少外記

大江有保　右衛門尉

中原利重　左兵衛尉

権少外記

清原頼秀

清原重尚

従五位下　中原師蔭　大炊権助、×十一月三日叙〈「伝」〉

清原業尚　◎十一月日任

弘安九年

大外記

従四位下　清原良季　穀倉院別当

正五位上　中原師顕　博士・大隅守、六月三日兼任弾正少弼

少外記

大江有保　右衛門尉

中原利重　左兵衛尉

権少外記

従五位下　清原頼秀　×二月三日叙

清原重尚

清原業尚

弘安十年

大外記

従四位下　清原良季　穀倉院別当、×正月日辞

正五位上　中原師顕　大隅守・弾正少弼、二月一日辞博士(申任男師富於直講)

正五位上　中原師宗　掃部頭、◎二月一日兼任(辞助教)〈「勘」・「伝」〉

少外記

大江有保　右衛門尉

中原利重　左兵衛尉

権少外記

従五位下　清原重尚　×四月七日叙

清原業尚

中原利義　左衛門尉、◎四月七日兼任

正応元年

大外記

正五位上　中原師顕　大隅守・弾正少弼

正五位上　中原師宗　掃部頭、二月十日兼越前権介〈「伝」〉

少外記

大江有保　右衛門尉

中原利重　左兵衛尉、正月日転兼左衛門尉

権少外記

従五位下　清原業尚　×四月七日叙〈「勘」〉

中原利義　左衛門尉、×月日辞

紀　兼直　◎四月七日兼任〈「勘」〉

従五位下　清原教俊　◎四月七日任〈「勘」〉、×五月五日叙

中原師名　◎八月廿五日任〈「勘」〉

中原宗光　◎十二月廿日任(元右兵衛尉)、即日兼左衛門尉

＊中原師名について、「外記補任」は少外記に任じたとするが、

外記補任（正応二年～正応三年）

「勘仲記」には権少外記とあり、少外記に欠員も生じていないので、権少外記に改めた。

正応二年

大外記

正五位上　中原師顕　大隅守、閏十月十八日止少弼

正五位上　中原師宗　越前権介、九月廿三日譲頭於男師蔭〈「伝」〉

正五位上　中原師冬　博士・越後権守、◎正月十三日兼任〈「勘」〉

少外記

大江有保　右衛門尉、×三月日卒

中原利重　左衛門尉

紀　兼直　△十月十八日転〈「勘」〉

権少外記

従五位下　中原師名　五月五日叙、×同月十三日遷豊前権介

中原宗光　左衛門尉

中原師夏　◎四月廿九日任

従五位下　清原宗尚　主水正、◎十月十八日兼任〈「勘」〉、×十二月廿二日叙

中原利義　左衛門尉、◎十二月廿二日還任

正応三年

大外記

正五位上　中原師顕　大隅守

正五位上　中原師宗　越前権介

正五位上　中原師冬　博士・越後権守、×六月廿九日卒

少外記

中原利重　左衛門尉

従五位下　紀　兼直　正月五日叙、×同月十三日遷豊前介

中原宗光　左衛門尉、△正月十三日転

権少外記

中原師夏
中原利義　左衛門尉
紀　兼氏　◎正月十三日任

正応四年

大外記
正五位上　中原師顕　大隅守
正五位上　中原師宗　越前権介
少外記
中原利重　左衛門尉
中原宗光　左衛門尉
権少外記
中原師夏
中原利義　左衛門尉
紀　兼氏　×二月廿五日辞
従五位下　清原教元　◎二月廿五日兼任、×三月廿五日叙
従五位下　清原教宗　◎三月廿五日任、×四月廿五日叙
従五位下　清原教宣　◎四月廿五日任、×十月十五日叙
中原師枝　音博士、◎十二月廿日兼任

正応五年

大外記
正五位上　中原師顕　大隅守
正五位上　中原師宗
少外記
中原利重　左衛門尉
中原宗光　左衛門尉
権少外記
中原師夏
中原利義　左衛門尉
従五位下　中原師枝　音博士、×六月二日叙

中原師世　掃部権助、◎七月廿八日兼任

永仁元年

大外記

正五位上　中原師顕　大隅守

正五位上　中原師宗　正月十三日兼備後介〈「伝」〉

少外記

中原利重　左衛門尉

中原宗光　左衛門尉

権少外記

中原師夏　十二月十三日兼大学権助

中原利義　左衛門尉

従五位下　中原師世　掃部権助、×四月九日叙

永仁二年

大外記

正五位上　中原師顕　九月廿二日兼補穀倉院別当、十月三日去守

正五位上　中原師宗　備後介

少外記

中原利重　左衛門尉

中原宗光　左衛門尉

権少外記

従五位下　中原師夏　大学権助、×七月二日叙

中原利義　左衛門尉

永仁三年

大外記

正五位上　中原師顕　穀倉院別当

正五位上　中原師宗　備後介

少外記

中原利重　左衛門尉

中原宗光　左衛門尉

権少外記

中原利義　左衛門尉

永仁四年

大外記

正五位上　中原師顕　穀倉院別当

正五位上　中原師宗　備後介

少外記

中原利重　左衛門尉

中原宗光　左衛門尉

権少外記

中原利義　左衛門尉、×九月六日卒

清原仲方　書博士、◎四月十三日兼任

中原佐利　右兵衛尉、◎十月廿四日兼任

永仁五年

大外記

正五位上　中原師顕　穀倉院別当

正五位上　中原師宗

少外記

中原利重　左衛門尉

中原宗光　左衛門尉

権少外記

従五位下　清原仲方　書博士、×正月廿日叙

中原佐利　右兵衛尉

永仁六年

大外記

正五位上　中原師顕　穀倉院別当

正五位上　中原師宗

少外記

中原利重　左衛門尉

中原宗光　左衛門尉

権少外記

中原佐利　右兵衛尉

中原資忠　左兵衛尉、◎四月廿七日兼任

正安元年

大外記

正五位上　中原師顕　穀倉院別当

正五位上　中原師宗

少外記

中原利重　左衛門尉

中原宗光　左衛門尉

権少外記

中原佐利　右兵衛尉

中原資忠　左兵衛尉

中原政有　◎十二月廿七日任

正安二年

大外記

従四位下　中原師顕　穀倉院別当、十一月十日叙

正五位上　中原師宗

少外記

中原利重　左衛門尉

中原宗光　左衛門尉

権少外記

中原佐利　右兵衛尉

中原資忠　左兵衛尉

中原政有

正安三年

大外記

従四位下　中原師顕　穀倉院別当

正五位上　中原師宗

少外記

中原利重　左衛門尉

中原宗光　左衛門尉

権少外記

中原佐利　右兵衛尉、十月廿六日転左衛門尉
中原資忠　左兵衛尉、十月廿六日転左衛門尉
中原政有

乾元元年

大外記
従四位上　中原師顕　穀倉院別当、七月廿一日叙
正五位上　中原師宗
少外記
中原利重　左衛門尉
中原宗光　左衛門尉
権少外記
中原佐利　左衛門尉
中原資忠　左衛門尉
中原政有

嘉元元年

大外記
従四位上　中原師顕　穀倉院別当
正五位上　中原師宗
少外記
中原利重　左衛門尉
中原宗光　左衛門尉
権少外記
中原佐利　左衛門尉
中原資忠　左衛門尉
中原政有

嘉元二年

大外記
従四位上　中原師顕　穀倉院別当
正五位上　中原師宗　六月二日兼造酒正〈「伝」〉

少外記
中原利重　左衛門尉
中原宗光　左衛門尉

権少外記
中原佐利　左衛門尉、×三月七日辞
中原資忠　左衛門尉、×三月七日辞、◎七月八日還任
中原政有
従五位下　中原師彦　木工助、◎三月七日兼任、×七月八日叙
中原師音　大炊権助、◎三月七日兼任〈「伝」〉

嘉元三年

大外記
正四位下　中原師顕　穀倉院別当、正月廿二日叙
正五位上　中原師宗　造酒正
正五位下　清原良枝　博士・越中守、◎正月廿二日兼任

少外記
中原利重　左衛門尉
中原宗光　左衛門尉

権少外記
中原政有
従五位下　中原師音　大炊権助、×三月八日叙〈「伝」〉
中原資忠　左衛門尉
中原佐利　左衛門尉、◎三月八日還任

徳治元年

大外記
正四位下　中原師顕　穀倉院別当
正五位上　中原師宗　二月五日兼掃部頭（去造酒正）〈「伝」〉
正五位下　清原良枝　博士・越中守

少外記
中原利重　左兵衛尉

中原宗光　左衛門尉

権少外記

従五位下　中原政有　×七月二日叙

中原資忠　左衛門尉

中原佐利　左衛門尉、×三月十一日卒

清原頼元　◎三月卅日任

中原利康　左衛門尉、◎十二月廿二日兼任

＊政有について、「外記補任」は本年に叙した旨を記すが、延慶元年まで引き続き記載されている。要検討。

徳治二年

大外記

正四位下　中原師顕　穀倉院別当

正五位上　中原師宗　掃部頭

正五位下　清原良枝　博士、正月廿九日兼伊予介、十月二日兼主計頭、十二月二日止介

少外記

中原利重　左兵衛尉

中原宗光　左衛門尉

権少外記

中原資忠　左衛門尉

清原頼元

中原利康　左衛門尉

延慶元年

大外記

正四位上　中原師顕　穀倉院別当、三月十日叙

正五位上　中原師宗　五月九日譲掃部頭於男師音〈「伝」〉

正五位下　清原良枝　博士・主計頭

少外記

中原利重　左兵衛尉

中原宗光　左衛門尉

権少外記

中原資忠　左衛門尉

清原頼元　二月七日兼音博士
中原利康　左衛門尉

延慶二年

大外記
正四位上　中原師顕　穀倉院別当、×三月廿三日遷肥後守
正五位上　中原師宗
正五位上　清原良枝　博士、三月廿三日兼土佐権守、同月廿九日叙、四月廿日去主計頭
正五位上　中原師淳　◎三月廿三日任(元前大隅守)

少外記
中原利重　左兵衛尉、×四月八日辞
中原宗光　左衛門尉
中原資忠　△四月十三日転、×十月十五日辞
清原頼元　音博士、△十月十五日転

権少外記
中原利康　左衛門尉
従五位下　中原師貫　右近将監、◎四月八日兼任、十月十五日転左近将監、×十二月十五日叙
従五位下　清原元隆　左近将監、◎十月十五日兼任、×十一月十二日叙
清原繁隆　◎十月十五日任
従五位下　清原教秀　◎十二月二日任、×同月九日叙
中原利延　左兵衛尉、◎十二月六日兼任

＊本年十一月廿六日から一年は、中原利康が母の服仮となっているので、六位外記の人数が増えている。
＊「外記補任」のとおりだと、十二月六日の利延任官により、六位外記は五人となる。利康の服仮を考慮しても、一人多い。教秀の急な叙位はそのためか。
＊清原繁隆については、転出年月日がまったく記されていない。おそらくは、十二月二日の清原教秀の任官もしくは、翌三年十月廿五日の大江久秀の任官の際（もしくはその直前）に転出したものと推定される。

延慶三年

大外記

正五位上　中原師宗　二月廿一日兼大隅守〈「伝」〉

正五位上　中原師淳　十月九日兼日向守、×同月廿五日辞

正五位上　清原良枝　博士・土佐権守、三月十七日兼補穀倉院別当

正五位上　中原師古　助教・大炊頭、◎十月廿五日兼任〈「魚」七〉

少外記

中原宗光　左衛門尉

清原頼元　音博士、二月八日兼右近将監

権少外記

中原利康　左衛門尉

中原利延　〔この年、左衛門尉へ転じたものと推定される〕

大江久秀　左衛門尉、◎十月廿五日兼任

＊大江久秀の兼任について、「外記補任」本年条には久秀の兼任を記さないが、応長元年条には左衛門尉兼帯を記す。脱漏と推定した。

応長元年

大外記

従四位下　中原師宗　大隅守、七月廿日叙〈「伝」〉

正五位上　清原良枝　穀倉院別当、二月三日止権守、閏六月廿九日辞博士（申任教宣於助教）

正五位上　中原師古　助教・大炊頭、三月卅日兼伊予権介〈「魚」巻七〉、閏六月廿九日転博士

少外記

中原宗光　左衛門尉

従五位下　清原頼元　音博士・右近将監、×正月十七日叙

中原利康　左衛門尉、△正月十七日転

権少外記

中原利延　左衛門尉

大江久秀　左衛門尉、×十月八日辞

中原師右　◎正月十七日任（元大炊権助）、
即日兼右近将監

清原元宣　右近将監、◎十月八日兼任

正和元年

大外記

従四位下　中原師宗　大隅守

正五位上　清原良枝　穀倉院別当

正五位上　中原師古　博士・大炊頭・伊予権介

少外記

中原宗光　左衛門尉、×十月廿九日辞

中原利康　左衛門尉

中原利延　左衛門尉、△十一月十八日転

権少外記

中原師右　右近将監

清原元宣　右近将監

中原利重　右衛門尉、◎十月廿九日還任

正和二年

大外記

従四位下　中原師宗　大隅守

正五位上　清原良枝　穀倉院別当

正五位上　中原師古　博士・大炊頭・伊予権介

少外記

中原利康　左衛門尉

中原利延　左衛門尉

権少外記

従五位下　中原師右　右近将監、×八月七日叙、同日
遷主計権助〈「魚」七〉

清原元宣　右近将監

中原利重　右衛門尉

正和三年

大外記

従四位下　中原師宗　九月廿八日兼河内守〈「伝」〉

正五位上　清原良枝　穀倉院別当

正五位上　中原師古　大炊頭・伊予権介、八月十一日辞博士（申任師右於直講）

少外記

中原利康　左衛門尉

中原利延　左衛門尉

権少外記

従五位下　清原元宣　右近将監、×正月五日叙

中原利重　右衛門尉

中原師盛　縫殿権助、◎六月三日兼任

清原良兼　◎八月十一日任

正和四年

大外記

従四位下　中原師宗　八月廿六日止守〈「伝」〉

正五位上　清原良枝　穀倉院別当

正五位上　中原師古　大炊頭

少外記

中原利康　左衛門尉

中原利延　左衛門尉

権少外記

中原利重　右衛門尉

中原師盛　縫殿権助

清原良兼

正和五年

大外記

従四位下　中原師宗　×四月十三日辞〈「伝」〉

正五位上　清原良枝　穀倉院別当、×四月十三日辞（譲男宗尚）、◎七月二日再任

正五位上　中原師古　大炊頭、×六月廿一日卒
正五位上　中原師名　造酒正・越後権守、◎四月十三日兼任(元博士)、八月廿三日兼弾正少弼、十二月七日辞造酒正
正五位下　清原宗尚　助教・主水正、◎四月十三日兼任、×七月二日辞
正五位上　清原教元　宮内少輔、◎七月廿二日兼任、閏十月四日叙(元正五位下)

少外記

中原利康　左衛門尉、×二月一日辞
中原利延　左衛門尉、×閏十月四日辞
中原利重　左衛門尉、△二月一日転、×同月廿九日辞
従五位下　清原良兼　△二月廿九日転、八月十二日兼主水正、×八月十日叙
中原師春　縫殿権助、◎三月十三日兼任権少外記、△八月十八日転
三善秀綱　◎二月一日任権少外記、△閏十月四日転

権少外記

従五位下　中原師盛　縫殿権助、×正月五日叙
従五位下　清原氏隆　◎二月廿九日任、×四月八日叙
中原利重　左衛門尉、◎四月八日還任、×十二月七日辞
清原種宣　音博士、◎八月十八日兼任
中原康綱　左衛門尉、◎閏十月四日兼任(元前左少史)
大江有尚　◎十二月七日任

文保元年

大外記

正五位上　清原良枝　穀倉院別当
正五位上　中原師名　弾正少弼・越後権守
正五位上　清原教元　宮内少輔、二月廿二日兼博士、

三月廿七日兼伊予権介

少外記

中原師春　縫殿権助、×三月廿五日卒

三善秀綱

中原康綱　△三月廿七日転(止衛門尉)

権少外記

従五位下　清原種宣　音博士、正月五日叙、×三月廿七日遷筑前介

大江有尚

従五位下　清原元尚　書博士、◎正月九日兼任、×三月廿七日叙

従五位下　中原師俊　◎三月廿七日任(元造酒正)、×十一月五日叙

従五位下　中原師茂　◎三月廿七日任、×十一月五日叙

中原師孝　◎十一月六日任、同日兼左近将監

中原師郷　◎十二月廿二日任

文保二年

大外記

正五位上　清原良枝　穀倉院別当、×十二月廿八日辞

正五位上　中原師名　弾正少弼・越後権守、×三月廿六日辞

正五位上　中原師緒　◎三月廿六日任(元前助教)

正五位上　清原教元　博士・宮内少輔・伊予権介、九月廿六日去少輔、十月廿二日去権介、×十二月廿三日辞

正五位上　清原宗尚　◎十二月廿八日任(元前博士)

少外記

従五位下　三善秀綱　×八月二日叙

中原康綱

大江有尚　△八月二日転、十一月九日兼右近将監

権少外記

従五位下　中原師孝　三月廿二日叙、×四月十四日辞

中原師郷
中原師栄　◎四月十四日任
清原宣方　◎八月二日兼任

元応元年

大外記
正五位上　中原師緒　三月九日兼周防権介、九月廿一日辞権介
正五位上　清原宗尚　三月九日兼備後権介

少外記
中原康綱　三月九日兼采女正
大江有尚　右近将監

権少外記
中原師郷
中原師栄　×月日解官
従五位下　清原宣方　×三月九日叙
中原師利　◎三月九日任

元応二年

大外記
正五位上　中原師緒　五月十日兼周防権介、九月五日兼助教
正五位上　清原宗尚　備後権介

少外記
中原康綱　采女正
大江有尚　右近将監

権少外記
従五位下　中原師郷　×九月五日叙
中原重尚　◎六月六日任
中原師栄　◎九月五日還任
従五位下　中原師利　×二月九日叙
中原師治　◎二月九日任

元亨元年

大外記
正五位上　中原師緒　周防権介、四月六日辞助教
正五位上　清原宗尚　備後権介
少外記
中原康綱　采女正
大江有尚　右近将監
権少外記
中原重尚
中原師栄
中原師治

＊「外記補任」には、大外記の二名のみしか記されないが、前後より残りの職員を推定した。

元亨二年

大外記
従四位下　中原師緒　周防権介、四月五日叙、閏五月廿三日兼博士、九月四日兼掃部頭
正五位上　清原宗尚　備後権介、二月十一日兼主計頭
少外記
中原康綱　采女正
大江有尚　右近将監
権少外記
中原重尚　×十二月廿五日辞
中原師栄
中原師治
中原師言　◎四月五日任（元縫殿権助）
三善康貞　◎六月七日兼任
中原師梁　◎十二月廿二日任（元主計助）〈「伝」〉、同日兼造酒正〈「伝」〉、同月廿五日兼主計助〈「伝」〉

＊中原師治について、「外記補任」は本年四月五日に少外記に転じた旨を記すが、翌年も権少外記として記されている。少外記の二人に異動はないので、権少外記のままとした。

元亨三年

大外記
従四位下　中原師緒　博士・掃部頭
正五位上　清原宗尚　主計頭、月日兼穀倉院別当
少外記
中原康綱　采女正
大江有尚　右近将監
権少外記
従五位下　中原師栄　正月五日叙、×四月十四日遷伊予権介
従五位下　中原師治　×三月廿日叙
中原師言
三善康貞
中原師梁　造酒正・主計助
中原重尚　左兵衛尉、◎三月廿日還任

正中元年

大外記
従四位下　中原師緒　博士・掃部頭、正月十三日兼越後権介、同日辞掃部頭（譲男師治）、×五月二日辞
正五位上　清原宗尚　主計頭・穀倉院別当、正月十三日兼土佐権守
少外記
中原康綱　采女正
大江有尚　右近将監
権少外記
従五位下　中原師言　正月五日叙、×同月十三日遷肥前介
三善康貞
中原師梁　造酒正・主計助
中原重尚　左兵衛尉
中原利雄　◎正月十三日任、×月日（同日カ）有子細被止
佐伯為豊　大炊権助、◎四月九日兼任

正中二年

大外記

正五位上　清原宗尚　主計頭・穀倉院別当・土佐権守、×五月廿三日卒

正五位上　清原教宗　博士・越後権守、◎五月廿四日兼任、九月廿一日兼主計頭

正五位上　中原師枝　大炊頭、◎五月廿四日兼任（元音博士）、七月十七日叙（元正五位下）

正五位下　清原頼元　周防介、◎九月九日兼任（元図書頭）、七月九日兼補穀倉院別当、九月廿一日兼直講

少外記

中原康綱　采女正

大江有尚　右近将監

権少外記

三善康貞

中原師梁　造酒正、正月廿九日去助〈「伝」〉

中原重尚　左兵衛尉

佐伯為豊　大炊権助

中原宗村　◎九月廿一日任

嘉暦元年

大外記

正五位上　清原教宗　博士・主計頭・越後権守

正五位上　中原師枝　大炊頭、二月十九日兼伊予権介

正五位下　清原頼元　周防介・穀倉院別当、六月十四日転助教

少外記

中原康綱　采女正

大江有尚　右近将監、●本年まで記載

権少外記

三善康貞　×二月十九日辞

従五位下　中原師梁　造酒正、×正月五日叙〈「伝」〉

中原重尚　左兵衛尉

佐伯為豊　大炊権助

中原宗村

清原教氏　◎二月十九日任

嘉暦二年

大外記

正五位上　清原教宗　博士・主計頭・越後権守

正五位上　中原師枝　大炊頭・伊予権介

正五位下　清原頼元　助教・穀倉院別当

少外記

中原康綱　采女正

権少外記

中原重尚　左兵衛尉

佐伯為豊　大炊権助

中原宗村　×十一月十日辞

従五位下　清原教氏　正月五日叙、×三月廿四日遷越中権介

清原良氏　◎三月廿四日任

清原宗元　音博士、◎十一月十日兼任

嘉暦三年

大外記

正五位上　清原教宗　主計頭、十一月廿七日去博士

正五位上　中原師枝　大炊頭・伊予権介、×三月十六日遷大隅守

正五位上　清原頼元　助教、月日止穀倉院別当、三月十六日兼備後権介、四月三日叙、六月十三日兼補穀倉院別当、十一月廿七日転博士

正五位下　中原師利　直講・丹波権介、◎三月十六日兼任

少外記

中原康綱　八月廿七日去采女正

権少外記

中原重尚　左兵衛尉
佐伯為豊　大炊権助
清原良氏
従五位下　清原宗元　音博士、×三月十六日叙
三善親信　◎三月十六日任

元徳元年

大外記

正五位上　清原教宗　四月一日去主計頭、×月日〔五月ごろ〕辞
正五位上　清原頼元　博士・備後権介・穀倉院別当
正五位上　中原師利　二月十二日兼弾正少弼（去助教）、六月廿八日叙
正五位下　中原師右　大炊頭、◎九月廿六日兼任（元安芸介）

少外記

中原康綱　二月十一日兼隼人正、翌日為采女正

権少外記

中原重尚　左兵衛尉
佐伯為豊　大炊権助
従五位下　清原良氏　×三月十四日叙
三善親信
従五位下　清原冬隆　◎二月十二日任、×四月九日叙
従五位下　清原成宣　◎三月十四日任、×九月廿六日叙
中原師千　◎九月廿六日任（元主税助）〔「伝」では元主計助〕

＊中原師利の兼官について、嘉暦三年の任官時には直講であったが、本年には助教となっている。明確にしえない。

元徳二年

大外記

正五位上　清原頼元　備後権介・穀倉院別当、二月三日辞博士

正五位上　中原師利　弾正少弼、正月十三日兼周防権介

正五位上　中原師右　大炊頭、正月十三日兼美作介、三月廿九日叙

少外記

中原康綱　三月一日去采女正

権少外記

中原重尚　左兵衛尉

佐伯為豊　大炊権助

三善親信

従五位下　中原師千　正月五日叙〈「伝」〉、×同月十三日遷肥前権介〈「伝」〉

従五位下　清原直方　◎正月十三日任（元主税権助）、同月十九日兼主税権助、×十月五日叙

清原康基　◎三月一日任、同月五日兼左衛門尉

元徳三年（元弘元年）

大外記

正五位上　清原頼元　博士・備後権介・穀倉院別当、×八月七日辞カ、◎十月五日還任、同月廿八日兼造酒正

正五位上　中原師利　弾正少弼・周防権介、×十月五日辞

正五位上　中原師右　美作介、八月十三日止大炊頭

正五位下　中原師治　直講・掃部頭・長門権介、◎八月七日兼任、×十月五日辞

少外記

中原康綱　正月十三日兼隼人正、十月廿八日止正

中原重尚　左兵衛尉、△正月十三日転

権少外記

従五位下　佐伯為豊　大炊権助・左衛門尉、正月六日兼左馬権助、×八月七日叙

三善親信
清原康基　左衛門尉
中原師為　◎正月十三日任(元主税助)、×月日辞カ
中原利顕　◎十月十八日任(元左兵衛尉)

正慶元年(元弘二年)

大外記
正五位上　清原頼元　博士・穀倉院別当、十一月八日譲正於男頼清カ
正五位上　中原師右　美作介
少外記
中原康綱　正月卅日復隼人正
中原重尚　左兵衛尉、二月廿二日兼雅楽頭、某月十日辞頭
権少外記
従五位下　三善親信　×九月廿七日叙、◎十一月廿八日任(止位記)
従五位下　清原康基　左衛門尉、×三月十八日叙
中原利顕　左兵衛尉
中原致右　◎正月十九日任、同月廿日兼右近将監
中原宗村　◎四月十五日任
中原師香　◎九月十日任(元大炊権助)〈「伝」〉
清原頼清　◎九月廿七日任、十一月八日兼造酒正

＊中原利顕について、「外記補任」には本年九月廿七日に少外記へ転じた旨を記すが、少外記に欠員がなく、翌年も権少外記として記されている。

正慶二年(元弘三年)

大外記
正五位上　清原頼元　博士・穀倉院別当、八月五日兼加賀守

正五位上　中原師利　◎五月日当職如元（元弾正少弼・周防権介）、八月五日兼助教、同月廿三日兼備後守

正五位上　中原師右　美作介、×五月十七日職停

正五位下　中原師治　直講・掃部頭、◎五月日当職如元、十一月廿九日兼備後権介

少外記

中原康綱　隼人正

中原重尚　左兵衛尉

権少外記

三善親信

清原康基　左衛門尉、〇本年より記載

中原師為　〇本年より記載

中原利顕　左兵衛尉、●本年まで記載

中原致右　右近将監、●本年まで記載

中原宗村　×月日辞

中原師香　×月日辞〈「伝」〉

清原頼清　造酒正、●本年まで記載

＊清原頼元について、「外記補任」には本年五月十七日に還任した旨を記すが、いつ辞したかを明示しない。師利・師治が復したのも十七日付か。いづれにせよ、これらは鎌倉幕府滅亡後に帰洛した後醍醐天皇が発した、元弘元年九月以降の叙任を無効とする命によるものであろう。

建武元年

大外記

正五位上　清原頼元　博士・加賀守

正五位上　中原師利　助教・備後守

正五位上　中原師治　直講・掃部頭・備後権介、正月五日叙、×九月廿四日去職

正五位上　中原師右　主税頭・薩摩守、◎九月廿四日還任

権大外記

中原康綱　隼人正、九月十四日兼日向守、△十二月十七日転

少外記
　中原重尚　四月十三日兼采女正(去衛門尉)
権少外記
従五位下　三善親信　正月五日叙、×同月十三日遷下野介
　清原康基　左衛門尉
　中原師為
　中原師廉　◎正月十三日任、四月十三日兼左近将監

*「建武年間記」には、清原康基が左少史として記されている。権少外記の清原康基と同一人物かは未詳。

建武二年

大外記
正五位上　清原頼元　博士・鋳銭次官、正月十三日兼備中守(去加賀守)、×十一月六日去職
正五位上　中原師利　助教・備後守
正五位上　中原師右　薩摩守、三月五日兼大炊頭
権大外記
　中原康綱　隼人正
少外記
　中原重尚　采女正、×七月二日辞
権少外記
　清原康基　左衛門尉、●本年まで記載
　中原師為　×四月七日辞
　中原師廉　左近将監
　清原頼清　◎四月七日任〔本年のみ記載〕
　中原師守　◎五月廿三日任(元大炊権助)

*清原頼清の権少外記任官は二度目である。一度目の任官は、後醍醐の政策により無効とされたので、この時に補任され直したのであろう。

建武三年

大外記

正五位上　中原師利　二月二日転博士、三月二日止備後守、同月十九日兼補穀倉院別当

正五位上　中原師右　大炊頭・薩摩守

権大外記

中原康綱　隼人正〔本年中に隼人正を去るか〕

少外記

中原師廉　△三月二日転

権少外記

中原師守

中原師豊　◎三月二日任（元修理亮）、×月日止職

中原師香　◎十一月廿八日任（元大炊権助）

中原利顕　◎十一月廿八日任（元左兵衛尉）

＊中原師香・中原利顕の権少外記任官は二度目である。一度目の任官は、後醍醐の政策により無効とされたので、この時に補任され直したのであろう。

建武四年

大外記

正五位上　中原師右　大炊頭、三月十四日止薩摩守、九月十三日兼補穀倉院別当

正五位上　中原師利　博士

権大外記

中原康綱

少外記

中原師廉

権少外記

中原師守　十二月四日兼雅楽頭

中原師香

中原利顕　左兵衛尉

暦応元年

大外記

正五位上　中原師右　大炊頭・穀倉院別当

正五位上　中原師利　博士
権大外記
中原康綱　十月十日兼隼人正
少外記
中原師廉　×十一月日辞
従五位下　中原師守　十月十日止雅楽頭、十月十四日
兼主計権助、△十月十九日転、×十二月一日叙
権少外記
中原師香　十一月十九日兼掃部助
中原利顕　左兵衛尉
清原成政　◎十月十九日任
中原師躬　◎十二月一日任(元縫殿権助)

暦応二年

大外記
正五位上　中原師右　穀倉院別当、三月廿九日譲頭於
男師茂

正五位上　中原師利　博士
権大外記
中原康綱　隼人正、×六月十日卒
少外記
従五位下　中原師香　掃部助、△正月十三日転、×四月
十八日叙
中原利顕　正月十三日転左衛門尉、△八月
十二日転
権少外記
清原成政
中原師躬
中原師幸　◎四月十八日任
清原宗枝　主水正、◎八月十二日兼任

暦応三年

大外記
正五位上　中原師右　穀倉院別当

正五位上　中原師利　博士

少外記

中原利顕　左衛門尉

中原師躬　△四月廿六日転〈「守」〉

権少外記

清原成政　×月日辞

中原師幸

清原宗枝　主水正

佐伯為右　◎二月卅日任〈「守」〉、四月一日兼右近将監

＊清原成政の外記辞任は、「外記補任」では暦応二年と三年の両方に記載されている。史料上で確認できるのは、「師守記」暦応二年十一月廿二日条が最終であろう。

暦応四年

大外記

正五位上　中原師右　穀倉院別当

正五位上　中原師利　博士

少外記

中原利顕　左衛門尉

中原師躬

権少外記

中原師幸

清原宗枝　主水正

佐伯為右　右近将監

康永元年

大外記

従四位下　中原師右　穀倉院別当、三月卅日兼博士、月日辞博士、九月七日叙

正五位上　中原師利　三月卅日去博士、七月十七日兼博士

少外記

中原利顕　左衛門尉

権少外記　　中原師躬　三月卅日兼音博士

中原師幸

従五位下　清原宗枝　主水正、正月五日叙、×三月卅日

遷筑前介

佐伯為右　右近将監

清原直尚　◎三月卅日任

＊「師守記」本年七月十四日条によると、中原師利の博士兼任は本年七月三日付の宣旨で伝達されたことがわかる。

康永二年

大外記

従四位上　中原師右　穀倉院別当、八月廿七日叙

正五位上　中原師利　正月廿五日去博士

少外記

中原利顕　左衛門尉

中原師躬　音博士

権少外記

中原師幸

佐伯為右　右近将監

従五位下　清原直尚　×二月三日叙

清原教澄　◎正月廿八日任（元右近将監）、

三月十九日兼右近将監

三善時能　◎七月廿日任

＊清原教澄は「外記補任」では「教隆」と記されている。

康永三年

大外記

従四位上　中原師右　穀倉院別当

正五位上　中原師利

少外記

中原利顕　左衛門尉

中原師躬　音博士

権少外記

中原師幸　九月廿三日兼大炊権助〈「園」〉
佐伯為右　〔本年、右近将監を辞すか〕
清原教澄　右近将監
三善時能

貞和元年

大外記
従四位上　中原師右　穀倉院別当、×二月六日卒〈「園」〉
正五位上　中原師利　三月三日兼補穀倉院別当
正五位上　中原師茂　助教・大炊頭・三河介、◎四月十六日兼任〈「園」〉

少外記
中原師躬　音博士

権少外記
中原師幸　大炊権助
佐伯為右
清原教澄　×月日辞
三善時能
中原利顕　左衛門尉、◎正月廿一日還任

＊中原利顕は、康永二年十一月廿二日に父利延の服仮となったが、復任しないままになっていたため、この年に権少外記として還任した。

貞和二年

大外記
正五位上　中原師利　穀倉院別当
正五位上　中原師茂　助教・大炊頭

少外記
従五位下　中原師躬　音博士、正月六日叙、●二月廿一日〈「園」〉

権少外記
従五位下　中原師幸　大炊権助、正月六日叙〈「園」〉、×二月廿一日遷筑前介〈「園」〉
佐伯為右

三善時能
中原利顕　左衛門尉
従五位下　中原師仲　◎二月廿一日任〈「園」〉、×十月十六日叙
中原康隆　隼人正、◎十月十六日任（元左少史）
清原澂隆　◎十二月廿八日任

*中原師躬の叙爵は、本年正月六日付とあるが、「園太暦」では確認できない。下﨟の師幸が先に叙爵したことにより、後日に「追賜此位記」（「外記補任」）ものであろう。

*中原師躬の外記在職について。明確に「外記師躬」と示してはいないが、「師守記」五月十二日条の「外史」は師躬と比定されている。

貞和三年

大外記
正五位上　中原師利　穀倉院別当
正五位上　中原師茂　助教・大炊頭、三月廿九日兼備後権守〈「園」〉

権少外記
佐伯為右
三善時能
中原利顕　左衛門尉
中原康隆　隼人正
清原澂隆　×月日辞

貞和四年

大外記
正五位上　中原師利　穀倉院別当
正五位上　中原師茂　助教・大炊頭・備後権守

少外記
佐伯為右　△十二月廿四日転〈「園」〉
中原利顕　左衛門尉、△十二月廿四日転〈「園」〉

権少外記
三善時能　●本年まで記載

中原康隆　隼人正

三善重行　◎十二月廿四日任〈「園」〉

貞和五年

大外記

正五位上　中原師利　二月十一日辞別当、×十月十六日遷下総守

正五位上　中原師茂　助教・大炊頭・備後権守、二月十七日兼補穀倉院別当

正五位上　中原師言　◎十一月廿五日任〈「守」廿六日条〉、十二月九日叙

少外記

佐伯為右　×十二月日辞

中原利顕　左衛門尉

権少外記

中原康隆　隼人正

三善重行

中原師興　◎十二月十三日任（元大学権助）〈「守」〉

観応元年

大外記

正五位上　中原師茂　大炊頭・備後権守・穀倉院別当、三月廿九日転博士〈「園」〉

正五位上　中原師言　三月廿九日兼周防介〈「園」〉

少外記

中原利顕　左衛門尉

権少外記

中原康隆　隼人正

三善重行

中原師興

清原仲氏　◎十月十二日任〈「園」〉

観応二年

大外記

正五位上　中原師茂　大炊頭・備後権守・穀倉院別当、
　月日辞博士

正五位上　中原師言　周防介、月日候南朝

少外記

中原利顕　左衛門尉

権少外記

中原康隆　隼人正

三善重行

中原師興

清原仲氏　×月日止職

＊この年の五月に南北朝の講和が決裂し、十一月には足利尊氏が南朝に降伏している。中原師言の南朝入りは、これらの政治的動向に連動したものであろう。

文和元年

大外記

正五位上　中原師茂　大炊頭・穀倉院別当

正五位上　中原師言　周防介、×八月日停任カ

少外記

中原利顕　左衛門尉

権少外記

中原康隆　隼人正

三善重行

中原師興

＊前年十一月以降にとだえていた北朝は、本年八月に後光厳天皇の即位により再興される。南朝入りしていた中原師言の停任は、これによるものか。

文和二年

大外記

正五位上　中原師茂　大炊頭・穀倉院別当

少外記

中原利顕　月日去左衛門尉

権少外記
中原康隆　隼人正
三善重行　×月日止職
中原師興
安威親脩　◎正月廿二日任、×月日止職
中原師秀　主計権助、◎十二月十二日兼任
清原良賢　◎十二月十二日任、同日兼主水正

文和三年

大外記
正五位上　中原師茂　大炊頭・穀倉院別当、三月廿八日兼土佐権守、十月廿二日兼弾正少弼
正五位下　中原師連　助教・越後権介、◎四月十五日兼任、十一月十六日譲造酒正於男師説

少外記
中原利顕
中原康隆　隼人正、△三月廿八日転

権少外記
中原師興　四月十四日兼采女正
中原師秀　主計権助
清原良賢　主水正
三善倫義　◎六月卅日任

文和四年

大外記
従四位下　中原師茂　大炊頭・土佐権守・穀倉院別当、十二月八日叙(去少弼)
正五位下　中原師連　越後権介、四月十三日転博士

少外記
中原利顕
中原康隆　八月十二日止隼人正

権少外記
中原師興　采女正

中原師秀　主計権助
清原良賢　主水正
三善倫義

延文元年

大外記
従四位上　中原師茂　大炊頭・土佐権守・穀倉院別当、十二月廿五日叙
正五位上　中原師連　博士・越後権介、十二月廿五日叙
少外記
中原利顕
中原康隆　正月二日兼隼人正
権少外記
中原師興　采女正
従五位下　中原師秀　主計権助、●正月六日叙
従五位下　清原良賢　主水正、×二月十七日叙
三善倫義
清原良種　◎二月十七日任

延文二年

大外記
従四位上　中原師茂　大炊頭・土佐権守・穀倉院別当
正五位上　中原師連　月日辞博士カ
少外記
中原利顕　●本年まで記載
中原康隆　隼人正、四月十五日兼日向守
権少外記
中原師興　采女正
三善倫義
清原良種
中原師有　縫殿権助、◎十一月十四日兼任

延文三年

大外記

正四位下　中原師茂　大炊頭・穀倉院別当、四月十五日叙

正五位上　中原師連　三月卅日兼越前介

少外記

中原康隆　隼人正・日向守

権少外記

中原師興　采女正

三善倫義

清原良種

中原師有　縫殿権助

延文四年

大外記

正四位下　中原師茂　大炊頭・穀倉院別当

正五位上　中原師連　越前介

少外記

中原康隆　隼人正・日向守、正月五日兼少内記

権少外記

中原師興　采女正

三善倫義

清原良種

従五位下　中原師有　縫殿権助、●四月廿一日叙〈「園」〉

延文五年

大外記

正四位下　中原師茂　大炊頭・穀倉院別当、三月十三日兼下総守

正五位上　中原師連　越前介

少外記

中原康隆　隼人正・少内記、四月十六日日向守改任

権少外記

中原師興　采女正
三善倫義
清原良種

康安元年
大外記
正四位下　中原師茂　大炊頭・下総守・穀倉院別当
正五位上　中原師連　越前介
少外記
中原康隆　隼人正・少内記
権少外記
中原師興　采女正
三善倫義
清原良種

貞治元年
大外記
正四位下　中原師茂　大炊頭・下総守・穀倉院別当
正五位上　中原師連
少外記
中原康隆　隼人正・少内記
権少外記
中原師興　采女正
三善倫義
清原良種

貞治二年
大外記
正四位下　中原師茂　大炊頭・下総守・穀倉院別当
正五位上　中原師連　正月廿八日兼長門介
少外記
中原康隆　隼人正・少内記
権少外記
中原師興　正月廿八日兼音博士（去采女正）

三善倫義
清原良種

貞治三年

大外記
正四位下　中原師茂　大炊頭・下総守・穀倉院別当
正五位上　中原師連　長門介
少外記
中原康隆　隼人正・少内記
中原師興　音博士、△閏三月廿九日転
権少外記
三善倫義
清原良種

貞治四年

大外記
正四位下　中原師茂　大炊頭・下総守・穀倉院別当
正五位上　中原師連　長門介
少外記
中原康隆　隼人正・少内記〈「守」六月五日条〉
中原師興　音博士
権少外記
三善倫義
清原良種　書博士〈「守」五月廿日条〉

貞治五年

大外記
正四位上　中原師茂　大炊頭・下総守・穀倉院別当、
正月六日〔五日カ〕叙
正五位上　中原師連　長門介
少外記
中原康隆　隼人正
中原師興　音博士
権少外記

三善倫義
清原良種　書博士
三善康冬　◎二月廿一日任

＊「愚管記」などによると、本年の正月叙位は五日に行なわれている。

貞治六年

大外記
正四位上　中原師茂　大炊頭・下総守・穀倉院別当
正五位上　中原師連
少外記
中原康隆　隼人正
中原師興　音博士
権少外記
三善倫義
清原良種　書博士〈「守」四月十五日条〉
三善康冬

（南朝正平廿二年）
権少外記
清原頼治　◇◎七月廿五日任〈『五条家文書』19〉

応安元年

大外記
正四位上　中原師茂　大炊頭・下総守・穀倉院別当
正五位上　中原師連　×二月廿一日辞〈「愚管」〉
正五位上　中原師香　掃部頭・越中権守、◎二月廿一日兼任〈「愚管」〉
正五位上　清原宗季　博士・主計頭、◎二月廿一日兼任〈「愚管」〉
少外記
中原康隆　隼人正
中原師興　音博士
権少外記

三善倫義
清原良種
三善康冬

応安二年

大外記

正四位上　中原師茂　大炊頭・下総守・穀倉院別当
正五位上　中原師香　掃部頭、三月卅日兼越前権介
正五位上　清原宗季　博士・主計頭、三月卅日兼備後権介

少外記

中原康隆　隼人正
中原師興　音博士

権少外記

三善倫義
清原良種
三善康冬

応安三年

大外記

正四位上　中原師茂　大炊頭・下総守・穀倉院別当
正五位上　中原師香　掃部頭・越前権介
正五位上　清原宗季　博士・主計頭・備後権介

少外記

中原康隆　隼人正
中原師興　音博士

権少外記

三善倫義　×十二月廿一日辞
清原良種
三善康冬
中原師豊　◎十二月廿一日任（元大炊権助）

＊「後愚昧記」等によれば、十二月の京官除目は廿二日である。

応安四年
大外記
正四位上　中原師茂　大炊頭・下総守・穀倉院別当
正五位上　中原師香　掃部頭・越前権介
正五位上　清原宗季　博士・主計頭・備後権介
少外記
中原康隆　隼人正
中原師興　音博士
権少外記
清原良種
三善康冬
中原師豊
中原師胤　大炊権助、◎四月十四日兼任
門真周清　○七月九日〈「花営」〉

応安五年
大外記
正四位上　中原師茂　大炊頭・下総守・穀倉院別当
正五位上　中原師香　掃部頭・越前権介
正五位上　清原宗季　博士・主計頭・備後権介
少外記
中原康隆　隼人正
中原師興　音博士
権少外記
従五位下　清原良種　×八月九日叙、同日遷直講
三善康冬
中原師豊
中原師胤　大炊権助
清原季宣　◎八月九日任
門真周清

応安六年
大外記
正四位上　中原師茂　大炊頭・下総守・穀倉院別当

正五位上　中原師香　掃部頭

正五位上　清原宗季　博士・主計頭

権大外記

中原康隆　隼人正、△四月廿三日転

少外記

中原師興　音博士

権少外記

三善康冬

中原師豊

中原師胤　大炊権助

清原季宣

門真周清

雑賀　某　◇三月十八日〈「花営」〉

応安七年

大外記

正四位上　中原師茂　大炊頭・下総守・穀倉院別当

正五位上　中原師香　掃部頭

正五位上　清原宗季　博士・主計頭

権大外記

中原康隆　隼人正

少外記

中原師興　音博士

権少外記

三善康冬

中原師豊　十二月十三日兼雅楽頭

中原師胤　大炊権助

清原季宣

門真周清

永和元年

大外記

正四位上　中原師茂　大炊頭・下総守・穀倉院別当

正五位上　中原師香　掃部頭、三月廿九日兼但馬権守、

十二月廿五日止権守
正五位上　清原宗季　博士・主計頭、三月廿九日兼尾張権守
権大外記
中原康隆　隼人正
少外記
中原師興　音博士
権少外記
三善康冬　×十月二日止職
中原師豊　雅楽頭
中原師胤　大炊権助
清原季宣　六月廿六日兼書博士
清原尚顕　◎十月二日任（元書博士）
門真周清

永和二年

大外記
正四位上　中原師茂　大炊頭・下総守・穀倉院別当
正五位上　中原師香　掃部頭
正五位上　清原宗季　博士・主計頭・尾張権守
権大外記
中原康隆　隼人正
少外記
中原師興　音博士
権少外記
従五位下　中原師豊　雅楽頭、×二月廿二日叙
従五位下　中原師胤　大炊権助、×十二月廿三日叙
清原季宣
清原尚顕　×二月廿五日辞
従五位下　清原頼季　主水正、◎二月廿五日兼任、×月日叙
中原師夏　◎二月廿二日任（元大炊権助）
門真周清

永和三年
大外記
正四位上　中原師茂　大炊頭・下総守・穀倉院別当
正五位上　中原師香　六月日譲掃部頭於師胤
正五位上　清原宗季　博士・尾張権守、十一月五日辞
主計頭
権大外記
中原康隆　隼人正
少外記
中原師興　音博士
権少外記
清原季宣　書博士
中原師夏
清原頼兼　◎十二月廿五日任、同日兼右近
将監
門真周清

永和四年
大外記
正四位上　中原師茂　大炊頭・下総守・穀倉院別当、
×月日辞
正五位上　中原師香　掃部頭
正五位上　清原宗季　月日辞博士、月日兼任下総守
権大外記
中原康隆　隼人正
少外記
中原師興　音博士
清原季宣　△月日転
権少外記
従五位下　中原師夏　×月日叙
清原頼兼　右近将監
門真周清

＊「外記補任」は永和四年の記事を欠いているので、前後より作成した。

康暦元年

大外記

正五位上　中原師香

正五位上　清原宗季　下総守

権大外記

中原康隆　隼人正

少外記

中原師興　音博士、×十月五日卒

清原仲季　十月一日季宣より仲季に改名

権少外記

清原頼兼　右近将監

門真周清　五月十一日兼左衛門尉〈「花営」〉

＊清原季宣は本年に仲季と改名した旨が「外記補任」に見える。だが、「荒暦」永徳元年七月廿四日条には、まだ「季宣」と記されており、改名の時期はもっと後である可能性もある。

〔第七期　康暦二年以後〕

康暦二年

大外記　中原師香　穀倉院別当〈「外記」〉
（清原宗季）
権大外記　（中原康隆　隼人正）
少外記　（清原仲季）
権少外記　（清原頼兼）
門真周清　左衛門尉、●十二月十五日〈「花営」〉

永徳元年

大外記　中原師香
清原宗季　●二月十四日〈「良賢」〉
権大外記　中原康隆　隼人正
少外記　清原仲季
権少外記　清原頼兼　●十月十一日〈「愚管」〉
中原師仲　○二月十四日〈「良賢」〉

永徳二年

大外記
四位　中原師香

正五位上　清原良賢　◎閏正月十七日任〈「康富」文安五年七月十六日条〉
権大外記
中原康隆　隼人正
少外記
清原仲季
外記
（中原師仲）

永徳三年
大外記
四位　中原師香
従四位下　清原良賢　十二月廿三日叙〈「康富」文安五年七月十六日条〉
権大外記
（中原康隆　隼人正）
少外記
外記補任（永徳二年～至徳二年）

清原仲季
外記
（中原師仲）

至徳元年
大外記
四位　中原師香　二月十五日兼博士〈「良賢」〉
（清原良賢）
権大外記
中原康隆　隼人正、●二月廿七日〈「良賢」〉
少外記
清原仲季　●二月廿四日〈「良賢」〉
中原師仲　●二月廿三日〈「良賢」〉
権少外記
中原師胤　◇二月廿五日〈「良賢」〉

至徳二年

大外記
（四位　中原師香）
（従四位下　清原良賢）

至徳三年
大外記
四位　中原師香
従四位下　清原良賢　×十二月十三日辞〈「康富」文安五年七月十六日条〉

嘉慶元年
大外記
四位　中原師香
中原師連　◎正月廿八日任〈「実冬」〉
少外記
清原季教　◇八月六日〈「良賢」〉

＊本年正月廿八日には、中原師豊が三河権介を、中原師胤が周防権介をそれぞれ兼任している（「実冬公記」）。いずれも本官がわからないが、両人とも外記在職中で、権介を兼ねた可能性も高い。

嘉慶二年
大外記
中原師香　●六月十二日〈「兼宣」〉
（中原師連）

康応元年
大外記
（中原師連）

明徳元年
大外記
中原師連　●四月廿五日〈『後鑑』〉
五位　中原師豊　○二月九日〈「良賢」〉

権少外記
中原師胤　掃部頭、○三月廿六日〈「良賢」〉
中原重貞　隼人正、○正月廿八日〈「良賢」〉
中原師野　○三月廿六日〈「良賢」〉

明徳二年

大外記
（五位　中原師豊）
（中原師胤　掃部頭）

外記
（中原重貞　隼人正）

権少外記
中原師野

明徳三年

大外記
五位　中原師豊
（中原師胤　掃部頭）

権大外記
中原重貞　隼人正、△閏十月三日転〈「平田」K3〉

権少外記
中原師野　閏十月五日〈「大日本」七の一1〉

明徳四年

大外記
正五位上　中原師豊　正五位上〈「大日本」七の一292〉
中原師胤　掃部頭

権大外記
中原重貞　隼人正

少外記
中原師野　八月十四日〈「大日本」七の一290〉

応永元年

外記補任（応永元年～応永三年）

大外記
（中原師豊）
（中原師胤　掃部頭）
権大外記
（中原重貞　隼人正）
少外記
中原師野
権少外記
中原師世　○二月廿三日「少外記」〈「大日本」七の一485〉

応永二年

大外記
中原師豊　博士
中原師夏　◇四月九日〈「大日本」七の二13、『後鑑』〉
中原師胤　掃部頭

正五位上　清原頼季　○四月九日〈「大日本」七の二13、『後鑑』〉
権大外記
中原重貞　隼人正
少外記
中原師邦　○九月廿日〈「新撰座主伝」第145尊道親王〉
中原師野
権少外記
中原師世

応永三年

大外記
中原師豊　●七月廿八日〈「大日本」七の二600〉
中原師胤　掃部頭、●七月廿八日〈「大日本」七の二488〉

正五位上　清原頼季　博士〈「大日本」七の二587〉

中原師邦　△八月日転〈「押」61〉

権大外記　中原重貞　四月廿日兼日向守〈「大日本」七の二420〉

少外記　中原師野　雅楽助〈「大日本」七の二508〉

権少外記　（中原師世）

＊本年二月の県召除目で、中原師藤（六歳）の権少外記拝任が推挙されていたが、叶わなかった〈「大日本」七の二357〉。

＊七月廿八日、局務中原師豊の籠居による公事停滞を避けるため、位階のまさる中原師胤をさしおいて下臈の清原頼季に新局務が仰せ下されている〈「大日本」七の二488・600〉。これによって師豊・師胤は辞任し、中原師邦が昇進したものと考えられる。

応永四年

大外記

正五位上　清原頼季　博士・越中権守〈「大日本」七の二907〉

（中原師邦）

権大外記　（中原重貞　日向守）

少外記　中原師野

権少外記　（中原師世）

応永五年

大外記

正五位上　清原頼季　博士・越中権守

中原師夏　○三月廿一日〈「大日本」七の三238〉

（中原師邦）

権大外記

中原重貞　日向守

少外記

中原師野

権少外記

中原師世

外記

清原業盛　○十一月十二日〈「大日本」七の三592〉

応永六年

大外記

正五位上　清原頼季

（中原師夏）

（中原師邦）

権大外記

中原重貞　日向守

少外記

中原師野

中原師世　●△三月廿七日転、同日兼補施薬院使〈「大日本」七の三890〉

外記

（清原業盛）

応永七年

大外記

（正五位上　清原頼季）

（中原師夏）

中原師邦　三月日〔廿八日カ〕兼越前権介〈「押」61〉

権大外記

中原重貞

少外記

（中原師野）

外記

権少外記　（清原業盛）
中原師郷　大炊権助、◎四月廿七日兼任〈「大日本」七の四520〉
清原宗種　◎十二月日任（元主計権助）〈「師郷」永享五年紙背〉

応永八年
大外記
正五位上　清原頼季　三月廿四日兼越前権守〈「大日本」七の四950〉
中原師夏　七月日兼博士〈「押」〉
権大外記　中原師邦　越前権介
少外記　中原重貞
中原師野

外記補任（応永七年〜応永九年）

外記　清原業盛
権少外記　中原師郷
（清原宗種）

応永九年
大外記
正五位上　清原頼季　越前権守
中原師夏　博士・大炊頭、●六月六日〈「大日本」七の二〇403〉
（中原師邦　越前権介）
権大外記　中原重貞　●四月七日〈「大日本」七の五452〉
少外記　中原師野
外記

清原業盛
中原師郷
権少外記
清原宗種
中原英隆　隼人正、◎八月廿一日兼任〈「平田」K3 368〉

応永十年

大外記
従四位下　清原頼季　越前権守、正月六日叙〈「大日本」七の六9〉
（中原師邦　越前権介）
少外記
中原師野
外記
清原業盛　●二月四日〈「大日本」七の六33〉
中原師郷　●十一月十七日〈「大日本」七の六

権少外記
清原宗種
（中原英隆　隼人正）

応永十一年

大外記
四位　清原頼季　越前権守
（中原師邦　越前権介）
少外記
（中原師野）
権少外記
（清原宗種）
（中原英隆　隼人正）

応永十二年

大外記

四位　清原頼季　●七月日〈「薩」応永卅二年四月廿七日条〉
（中原師邦）
五位　清原宗業　◎十二月日任〈「大日本」七の二二143〉
少外記
（中原師野）
清原宗種　△三月日〔十七日カ〕転〈「師郷」永享五年紙背〉
権少外記
（中原英隆）　隼人正

応永十三年

大外記
従四位下　中原師胤　○六月廿九日〈「教言」〉
（中原師邦）
五位　清原宗業　三月廿四日兼備中権介〈「大日本」七の七886〉
少外記
（中原師野）
（清原宗種）
権少外記
（中原英隆）　隼人正

応永十四年

大外記
従四位上　中原師胤　正月五日叙〈「大日本」七の八692〉、三月廿九日兼但馬権守〈「大日本」七の八884〉
中原師邦　●七月十九日〈「大日本」七の八972〉
五位　清原宗業　備中権介
外記
中原師勝　○正月五日〈「大日本」七の八692〉
少外記
中原師野

（清原宗種）

権少外記

（中原英隆　隼人正）

応永十五年

大外記

（四位　中原師胤　但馬権守）

（五位　清原宗業　備中権介）

外記

（中原師勝）

少外記

（中原師野）

権少外記

（清原宗種）

（中原英隆　隼人正）

応永十六年

大外記

四位　中原師胤　但馬権守

（五位　清原宗業　備中権介）

外記

（中原師勝）

少外記

（中原師野）

権少外記

（清原宗種）

（中原英隆　隼人正）

中原康富　◎閏三月廿三日任〈「平田」K3〉

応永十七年

大外記

四位　中原師胤　但馬権守

五位　清原宗業　正月廿八日兼長門権守〈「大日本」七の一三45〉

中原師勝　正月廿八日兼美作介〈「大日本」七の一三45〉

少外記

（中原師野）

（清原宗種）

権少外記

（中原英隆　隼人正）

（中原康富）

応永十八年

大外記

正四位下　中原師胤　正四位下〈「大日本」七の一四564〉

正五位上　清原宗業　長門権守、正五位上〈「大日本」七の一四564〉

正五位上　中原師勝　正五位上〈「大日本」七の一四564〉

権大外記

中原師野　十一月一日〈「大日本」七の一四559〉

従五位下　中原英隆　隼人正、正月廿八日兼日向守〈「平田」K3〉、△十二月十四日転、同日叙〈「平田」K3〉

少外記

清原宗種

権少外記

中原康富　十一月一日兼右衛門少尉〈「大日本」七の一四559〉〔「平田」K3では廿八日とする〕

応永十九年

大外記

正四位　中原師胤　肥後守〈「大日本」七の一五297〉

清原宗業　長門権守

中原師勝

権大外記

中原師野

（従五位下　中原英隆　隼人正）

少外記

清原宗種

中原康富　△●正月廿八日転〈「平田」K3〉

応永廿年

大外記

正四位　中原師胤　肥後守

（清原宗業　長門権守）

（中原師勝）

権大外記

（中原師野）

（従五位下　中原英隆　隼人正）

少外記

（清原宗種）

応永廿一年

大外記

正四位　中原師胤　肥後守

（清原宗業）

中原師勝　三月十六日兼越中権守〈「大日本」七の一九428〉

権大外記

（中原師野）

（従五位下　中原英隆　隼人正）

少外記

（清原宗種）

応永廿二年

大外記

正四位　中原師胤　肥後守

清原宗業　三月廿六日兼伊勢権守〈「大日本」七の二二90〉

（中原師勝　越中権守）

権大外記

中原師野

従五位上　中原英隆　隼人正〈「大日本」七の二三42〉、
●十一月廿日叙〈「平田」K8〉

少外記

清原宗種　五月日兼書博士〈「師郷」永享五年紙背〉

清原親種　（三月廿六日兼大学権助〈「大日本」七の二二89〉）、〇十月廿九日〈「大日本」七の二三45・『後鑑』〉

＊「平田家文書」には、英隆が従五位上に昇叙した際の官職を記さないので、権大外記であるとは確認できないが、このように推定した。応永十八年に従五位下となった直後に外記を辞している可能性もある。

応永廿三年

大外記

正四位　中原師胤　肥後守〈「大日本」七の二五240〉

（清原宗業　伊勢権守）

権大外記

（中原師勝　越中権守）

（中原師野）

少外記

（清原宗種　書博士）

（清原親種　大学権助）

権少外記

中原康富　◎三月廿五日還任〈「大日本」七の二四329〉

応永廿四年

大外記

正四位　中原師胤　肥後守

四位　清原宗業　伊勢権守、八月四日〈「康富」〉

中原師勝　越中権守

権大外記

中原師野

少外記
（清原宗種　書博士）
清原親種　大学権助
権少外記
中原康富

応永廿五年

大外記
正四位　中原師胤　肥後守
四位　清原宗業　伊勢権守
中原師勝　×月日辞
正五位上　中原師世　助教、○七月廿三日〈「康富」〉
権大外記
中原師野
少外記
清原宗種　書博士
清原親種　大学権助
権少外記
中原康富　隼人正〈「康富」十二月七日条〉

応永廿六年

大外記
正四位上　中原師胤　肥後守〈「康富」二月五日条〉
従四位下　清原宗業　×二月三日遷少納言〈「康富」五日
条〉
中原師勝　◎三月十日還任〈「康富」〉
正五位上　中原師世　助教
権大外記
中原師野
少外記
清原宗種　書博士
清原親種　大学権助
権少外記
中原康富　隼人正

応永廿七年

大外記

正四位上　中原師胤　肥後守、●十二月五日〈「康富」〉

従四位下　中原師勝

正五位上　中原師世　助教

権大外記

中原師野

少外記

清原宗種　書博士

清原親種　大学権助

権少外記

中原康富　隼人正

応永廿八年

大外記

（正四位上　中原師胤　七月八日辞カ）

従四位　中原師勝　博士・土佐権守〈「薩」十一月宣外消息〉、七月八日兼補穀倉院別当〈「小西家所蔵文書」〉

従四位下　中原師世　十二月廿七日叙（辞助教）〈「薩」十二月宣外消息・「康富」応永廿九年二月一日条〉

（正五位上　中原師郷　助教〈「康富」応永廿九年二月一日条〉、月日兼任カ）

権大外記

（中原師野）

少外記

（清原宗種　書博士）

（清原親種　大学権助）

権少外記

（中原康富　隼人正）

応永廿九年

大外記

従四位上　中原師勝　三月廿七日辞博士〈「康富」〉
従四位下　中原師世　三月廿七日兼博士〈「康富」〉
正五位上　中原師郷　助教、〇正月五日〈「康富」〉
権大外記
　中原師野
少外記
　清原宗種　書博士
　清原親種　大学権助
権少外記
　中原康富　隼人正・大学助〈「康富」三月廿四日条〉

応永卅年

大外記
正四位下　中原師勝　八月廿七日兼大隅守〈「薩」〉
従四位　中原師世
　中原師郷　助教〈「康富」八月九日条〉
権大外記
　中原師野
少外記
　清原宗種　書博士
　清原親種　大学権助
権少外記
　中原康富　隼人正

応永卅一年

大外記
正四位下　中原師勝　大隅守
従四位　中原師世
　中原師郷
権大外記
　中原師野
少外記
　清原宗種　書博士

権少外記　清原親種　大学権助
　　　　　中原康富　隼人正

応永卅二年

大外記
正四位下　中原師勝　大隅守
従四位　中原師世
　　　　中原師郷
権大外記　中原師野
少外記　清原宗種　書博士
　　　　清原親種　大学権助
権少外記　中原康富　隼人正

応永卅三年

大外記
正四位下　中原師勝　大隅守
従四位　中原師世
　　　　中原師郷
権大外記　中原師野
少外記　清原宗種　書博士
　　　　清原親種　大学権助
権少外記　中原康富　隼人正

応永卅四年

大外記
正四位　中原師勝
従四位　中原師世

権大外記　中原師郷
　　　　　中原師野
少外記　　清原宗種　書博士
　　　　　清原親種　大学権助
権少外記　中原康富　隼人正

正長元年

大外記
正四位　中原師勝　大隅守、●四月廿日〈「押」79〉
従四位　中原師世
　　　　中原師郷
　　　　清原業忠　◎四月日任〈「押」62〉
権大外記　中原師野
少外記　　清原宗種　正月去博士〈「師郷」永享五年紙背〉
　　　　　清原親種　大学権助
権少外記　中原康富　隼人正

永享元年

大外記
従四位　中原師世
　　　　中原師郷
　　　　清原業忠　三月日兼備後権介〈「押」62〉
権大外記　中原師野　×八月廿六日卒〈「康富」〉
少外記　　清原宗種
　　　　　清原親種　大学権助
権少外記

中原康富　隼人正

永享二年

大外記

従四位上　中原師世　従四位上〈「管見」正月六日〉

中原師郷

清原業忠

少外記

清原宗種

清原親種　大学権助

権少外記

中原康富　隼人正

清原忠種　将監、〇十月廿六日〈「看聞」〉

永享三年

大外記

四位　中原師世

中原師郷

清原業忠

少外記

清原宗種

清原親種　大学権助

権少外記

中原康富

清原忠種　将監

永享四年

大外記

四位　中原師世

中原師郷

清原業忠

少外記

清原宗種

清原親種　大学権助

権少外記
中原康富
清原忠種　将監

永享五年
大外記
四位　中原師世
中原師郷
清原業忠
少外記
清原宗種
清原親種　大学権助
権少外記
中原康富
清原忠種　将監

永享六年
大外記
四位　中原師世　●二月一日〈「師郷」〉
正四位下　中原師勝　◎二月廿五日還任〈「師郷」〉
（中原師郷）
（清原業忠）
少外記
清原宗種
清原親種　大学権助
権少外記
中原康富
清原忠種　是冬に将監を去る〈「師郷」永享七年正月五日条〉

永享七年
大外記
正四位上　中原師勝　正月五日叙〈「師郷」永享七年裏書〉
中原師郷

少外記
清原業忠
清原宗種
清原親種　大学権助
権少外記
中原康富　少内記〈「師郷」正月十六日条〉
清原忠種

永享八年
大外記
正四位上　中原師勝
中原師郷
清原業忠
少外記
清原宗種
清原親種　大学権助
権少外記

中原康富　少内記
清原忠種

永享九年
大外記
正四位上　中原師勝
中原師郷
清原業忠
少外記
清原宗種
清原親種　大学権助
権少外記
中原康富　少内記
清原忠種

永享十年
大外記

外記補任（永享十年～永享十二年）

正四位上　中原師勝
中原師郷
清原業忠
少外記
清原宗種
清原親種　大学権助
権少外記
中原康富　少内記
清原忠種

永享十一年

大外記
正四位上　中原師勝
中原師郷
清原業忠
少外記
清原宗種
清原親種　大学権助
権少外記
中原康富　少内記
清原忠種

永享十二年

大外記
正四位上　中原師勝　×三月卅日辞〈「師郷」〉
四位　中原師世　◎三月卅日還任〈「師郷」〉
中原師郷
清原業忠
少外記
清原宗種
清原親種　大学権助
権少外記
中原康富　少内記
清原忠種

中原康顕　○十一月九日「五薦」〈「師郷」〉

嘉吉元年

大外記

四位　中原師世　三月十六日兼下総守〈「建内」〉

正四位下　中原師郷　十二月十九日叙〈「伝」〉

清原業忠

少外記

清原宗種

清原親種　大学権助

権少外記

中原康富　少内記

清原忠種

中原康顕

中原家久　○二月十五日「六薦」〈「師郷」〉

嘉吉二年

大外記

四位　中原師世　下総守、×十二月廿二日辞〈「康富」〉

正四位下　中原師郷

清原業忠

少外記

清原宗種　●十二月廿二日〈「康富」〉

清原親種　大学権助

権少外記

中原康富　少内記・日向守〈「康富」六月廿六日条〉

清原忠種

中原康顕

中原家久

＊前大外記　中原師益〈「康富」十一月八日条〉〔師興の誤りカ〕

＊「師郷記」嘉吉三年二月八日条によれば、中原師世の辞任は、目の所労によるという。

嘉吉三年

大外記

四位　中原師郷　二月十二日兼補穀倉院別当

清原業忠

少外記

従五位下（清原宗種）　正月日叙カ

清原親種　大学助〈「康富」四月十四日条〉

中原康富　少内記・日向守、月日転カ、六月一日〈「康富」〉

外記

中原師葛　〈「看聞」正月十日条〉

権少外記

清原忠種

中原康顕

中原家久

＊前大外記　中原師興〈「管見」正月十八日条〉

＊清原宗種の叙爵については、嘉吉二年十二月廿二日に勅許が出ているが、「明年叙位之時可被申爵也」とある。

＊中原康富の少外記転任は、清原宗種の叙爵の後任と考えられるが、明確でない。六月一日に「少外記」とあり、十一月十六日にも「少外記」となっているが、権少外記と記している箇所もある。

文安元年

大外記

正四位下　中原師郷　穀倉院別当

清原業忠

少外記

清原親種

中原康富　少内記

権少外記

清原忠種

中原康顕　隼人正

中原家久　三月廿九日兼采女正〈「康富」・「平田」K3〉

＊中原康顕の隼人正兼帯について、隼人寮領を知行していること、『康富記』文安四年十一月二日条で康顕の兼帯を確認できることより判断した。

文安二年

大外記

正四位上　中原師郷　穀倉院別当、正月五日叙〈「伝」〉

清原業忠

少外記

清原親種

中原康富　少内記

外記

中原師孝　◇十二月廿七日〈「百合」イ81〉

権少外記

清原忠種

中原康顕　隼人正

中原家久

文安三年

大外記

正四位上　中原師郷　穀倉院別当、×十月廿三日辞〈「師郷」廿五日条〉

従四位下　清原業忠

権大外記

中原康富　正月五日〈「師郷」〉

少外記

清原親種　●三月廿七日〈「師郷」〉

権少外記

清原忠種

中原康顕　隼人正・正月廿八日兼少内記〈「師郷」廿九日条〉

中原家久　×九月廿九日辞〈「師郷」〉

＊中原康富の権大外記任官について、管見の限りでは、康富の権大外記就任の年月日を明記した史料は見あたらないが、文安二年末から本年初頭のことと考えてよいと思われる。

文安四年

大外記

従四位下　清原業忠

権大外記

従五位下　中原康富　日向守〈「康富」八月廿六日条〉、十二月十五日叙〈「康富」・「師郷」文安五年正月一日条〉

少外記

清原忠種　三月十五日〈「師郷」〉

中原康顕　隼人正・少内記、四月廿三日〈「康富」〉

権少外記

中原康継　◎七月十二日任（元修理権亮）〈「康富」〉

＊中原康継の任官は、十二日に勅許されているが、五日付で宣下されている。

文安五年

大外記

従四位上　清原業忠　正月五日叙〈「康富」・「土代」〉、十二月廿日兼大炊頭〈「師郷」廿六日条〉

権大外記

従五位下　中原康富

少外記

清原忠種

中原康顕　隼人正・少内記

権少外記

中原康継

宝徳元年

大外記

従四位上　清原業忠　大炊頭、×十一月十九日遷少納言〈「公卿」康正元年・「康富」廿日条〉

正五位下　中原師幸　掃部頭、◎三月廿七日兼任〈「康富」・「師郷」廿八日条〉、×十一月廿四日辞〈「康富」〉

正五位下　清原宗賢　助教・主水正、◎十一月廿一日兼任〈「公卿」康正元年・「康富」廿三日条〉

権大外記

従五位下　中原康富

少外記

清原忠種

中原康顕　隼人正・少内記

権少外記

中原康純　四月廿六日兼右少史〈「康富」・「平田」K3〉、十二月廿五日康継から康純へ改名〈「康富」〉

＊中原康継の改名は、改めて中原康純を権少外記に任じるという手続きをとっている。

宝徳二年

大外記

正五位下　清原宗賢　助教・主水正

権大外記

従五位下　中原康富

少外記

清原忠種

中原康顕　隼人正・少内記

権少外記

中原康純　右少史

宝徳三年

大外記

正五位下　清原宗賢　助教・主水正・弾正少弼〈「康富」

三月廿一日条〉

権大外記
従五位下　中原康富

少外記
清原忠種　少内記〈「康富」七月六日条〉、七月二日兼主計権助〈「康富」六日条〉
中原康顕　隼人正・少内記、三月廿日兼右大史〈「康富」廿一日条〉

権少外記
中原康純　三月廿六日転左少史〈「康富」〉

享徳元年

大外記
正五位上　清原宗賢　助教・主水正、正月五日叙〈「土代」〉

権大外記
従五位下　中原康富

少外記
清原忠種　少内記
中原康顕　隼人正・少内記

権少外記
中原康純　左少史

享徳二年

大外記
正五位上　清原宗賢　助教・大炊頭・主水正・備後権介〈「康富」五月十一日条〉

権大外記
従五位上　中原康富

少外記
清原忠種　少内記
中原康顕　隼人正・少内記

権少外記
中原康純　左少史

享徳三年
大外記
正五位上　清原宗賢　大炊頭・主水正・下総守〈「康富」七月一日条〉、三月廿三日転博士〈「土代」正五位上〉
権大外記
従五位上　中原康富　中務権少輔〈「押」62〉
少外記
清原忠種　主計権助・少内記〈「康富」七月廿七日条・「押」62〉
中原康顕　隼人正・少内記
権少外記
中原康純　左少史

康正元年
大外記

従四位下　清原宗賢　博士・下総守、九月廿二日譲主水正於季業〈「康富」廿四日条〉、同月廿四日譲大炊頭於季業〈「康富」〉、十月一日叙〈「土代」〉
権大外記
従五位上　中原康富　中務権少輔
少外記
清原忠種　少内記
中原康顕　隼人正・少内記
権少外記
中原康純　左少史
＊宗賢の従四位下叙位について、十一月一日付で大外記叙留の宣旨が出されている〈「康富」六日条〉。『歴名土代』で十月とあるのは十一月の可能性もある。

康正二年
大外記
従四位下　清原宗賢　博士、×三月廿九日遷少納言〈「土

代」従四位下〉

正五位上　中原師藤　◎三月廿九日任〈「押」62・「土代」
正五位上〉、十一月八日叙〈「土代」〉

権大外記

従五位上　中原康富　中務権少輔

少外記

清原忠種　少内記

中原康顕　隼人正・少内記

権少外記

中原康純　左少史

長禄元年

大外記

従四位下　中原師藤　正月五日叙〈「土代」〉

権大外記

正五位下　中原康富　中務権少輔、正月五日叙〈「土代」〉、
×二月十六日卒〈「土代」正五位下〉

少外記

清原忠種　少内記

中原康顕　隼人正・少内記

権少外記

中原康純　左少史

長禄二年

大外記

従四位　中原師藤　三月廿四日兼兵庫頭・但馬権守
〈「押」62・「土代」従四位下〉

少外記

清原忠種　少内記、●二月十九日〈「師郷」〉

中原康顕　隼人正・少内記

権少外記

中原康純　左少史

長禄三年

大外記
従四位　中原師藤　兵庫頭・但馬権守、四月九日兼博士〈「土代」従四位下〉
正五位下　中原師富　◎◇五月十八日任〈「押」62・「土代」正五位下〉
少外記
中原康顕　隼人正・少内記
権少外記
中原康純　左少史

寛正元年
大外記
従四位　中原師藤　博士・兵庫頭・但馬権守
少外記
中原康顕　隼人正
権少外記
中原康純　左少史

寛正二年
大外記
従四位　中原師藤　博士・兵庫頭・但馬権守
少外記
中原康顕　隼人正
権少外記
中原康純　左少史
清原賢親　〇四月十三日〈『砂巌』三〉

寛正三年
大外記
従四位　中原師藤　博士・兵庫頭
少外記
中原康顕　隼人正
権少外記
中原康純　左少史

（清原賢親）

寛正四年

大外記
従四位　中原師藤　博士・兵庫頭
権大外記　中原康顕　隼人正、△三月十八日転〈「平田」K3〉
権少外記　中原康純　左少史、三月廿三日兼少内記〈「平田」K3・K8〉
（清原賢親）

寛正五年

大外記
従四位　中原師藤　博士・兵庫頭
権大外記　中原康顕　隼人正
権少外記　中原康純　少内記・左少史
（清原賢親）

寛正六年

大外記
（従四位　中原師藤　博士・兵庫頭）
権大外記　中原康顕　隼人正
少外記　中原康純　少内記・左少史、△三月廿四日〈「平田」K3〉
権少外記
（清原賢親）

文正元年

大外記
正四位下　中原師藤　博士・兵庫頭、三月十五日叙〈「土代」〉
権大外記
中原康顕　隼人正
少外記
中原康純　少内記・左少史
権少外記
清原賢親

応仁元年

大外記
正四位下　中原師藤　●五月十日〈「大日本」八の一213〉
中原師有　◇九月一日〈「続史」〉
権大外記
中原康顕　隼人正
少外記
中原康純　少内記・左少史
権少外記
清原賢親　●四月廿六日〈「大日本」八の一185〉

応仁二年

権大外記
中原康顕　隼人正
少外記
中原康純　少内記・左少史

文明元年

権大外記
中原康顕　隼人正
少外記
中原康純　少内記・左少史〈「大日本」八の二764〉

文明二年

権大外記　中原康顕　隼人正

少外記　中原康純　左少史

文明三年

大外記

従四位上　中原師富　掃部頭・造酒正、◎八月廿五日還任、同日兼補穀倉院別当〈「伝」〉

権大外記　中原康顕　隼人正

少外記　中原康純　左少史

文明四年

大外記

従四位上　中原師富　博士・掃部頭・造酒正〈『後鑑』八月十七日条〉

権大外記　中原康顕　隼人正

少外記　中原康純　左少史

清原賢親　◎八月日還任〈「親長」八月十七日条〉

＊「平田家文書」K3では、文明七年八月十七日に清原賢親が少外記に任じた旨を記すので、文明四年に権少外記に還任し、同七年に少外記に昇進したとも考えられる。

文明五年

大外記

従四位上　中原師富　博士・掃部頭・造酒正

権大外記　中原康顕　隼人正

少外記
中原康純　左少史
清原賢親　八月廿一日兼少内記〈「平田」K3〉

文明六年
大外記
従四位上　中原師富　博士・掃部頭・造酒正
権大外記
従五位下　中原康顕　隼人正、三月十六日叙〈「土代」〉
〔「平田」K8では文明元年とする〕
少外記
中原康純　左少史
清原賢親　少内記

文明七年
大外記
従四位上　中原師富　博士・掃部頭・造酒正
権大外記
従五位下　中原康顕　隼人正
少外記
中原康純　左少史
清原賢親　少内記

文明八年
大外記
正四位下　中原師富　博士・掃部頭・造酒正、正月六日叙〈「親長」・「土代」〉
権大外記
従五位下　中原康顕　隼人正
少外記
中原康純　少内記〈「実隆」八月廿八日条〉・左少史
清原賢親

文明九年

大外記
正四位下　中原師富　博士・掃部頭・造酒正
権大外記
従五位上　中原康顕　隼人正、三月廿日叙〈「土代」・「平田」K8〉
少外記
中原康純　少内記・左少史
清原賢親
権少外記
清原賢親
安倍盛俊　左少史、◎正月一日兼任〈「親長」・「晴富」廿日条・「平田」K3〉

文明十年

大外記
正四位下　中原師富　博士・掃部頭・造酒正
権大外記
従五位上　中原康顕　隼人正
少外記
中原康純　少内記・左少史

文明十一年

大外記
正四位下　中原師富　博士・掃部頭・造酒正
権大外記
従五位上　中原康顕　隼人正
少外記
中原康純　少内記、閏九月五日転右大史〈「平田」K3〉
清原賢親
権少外記
安倍盛俊　左少史

文明十二年

大外記

正四位下　中原師富　博士・掃部頭・造酒正

権大外記

従五位上　中原康顕　隼人正、三月廿九日兼中務権少輔〈「宣胤」・「政家」四月二日条〉

少外記

中原康純　右大史・少内記

清原賢親

権少外記

安倍盛俊　左少史

文明十三年

大外記

正四位下　中原師富　博士・掃部頭・造酒正

権大外記

従五位上　中原康顕　隼人正

少外記

中原康純　右大史・少内記

清原賢親

高橋俊職　右大史、◎◇十二月四日兼任〈「長興」〉

権少外記

安倍盛俊　左少史

清原賢秀　◎◇十二月十一日任〈「押」78〉

＊高橋俊職の外記兼任は、本年十二月一日に勅許があったが、安倍盛俊との座次の関係上、文明九年十二月付で宣下されている（「長興」同日条参照）。

文明十四年

大外記

正四位下　中原師富　博士・掃部頭・造酒正

権大外記

（従五位上　中原康顕　隼人正）

少外記

中原康純　右大史

清原賢親　●二月十九日〈「長興」〉

権少外記

（安倍盛俊　史）

中原　某　◇三月三日〈「長興」〉

文明十五年

大外記

正四位下　中原師富　博士・掃部頭・造酒正

権大外記

（従五位上　中原康顕　隼人正）

少外記

中原康純　右大史

権少外記

（安倍盛俊　史）

文明十六年

大外記

正四位下　中原師富　博士・掃部頭・造酒正

権大外記

（従五位上　中原康顕　隼人正）

少外記

中原康純　右大史

権少外記

（安倍盛俊　史）

文明十七年

大外記

正四位下　中原師富　博士・掃部頭・造酒正

権大外記

（従五位上　中原康顕　隼人正）

少外記

中原康純　右大史

権少外記
（安倍盛俊　史）
文明十八年
大外記
正四位下　中原師富　博士・掃部頭・造酒正
権大外記
正五位下　中原康顕　隼人正、四月廿八日叙〈「土代」・「平田」K8〉
少外記
中原康純　右大史
権少外記
安倍盛俊　右大史
長享元年
大外記
正四位下　中原師富　博士・掃部頭・造酒正
権大外記
（正五位下　中原康顕　隼人正）
少外記
中原康純　右大史、●五月廿一日〈「長興」〉
権少外記
安倍盛俊　右大史
長享二年
大外記
正四位下　中原師富　博士・掃部頭・造酒正〈「政家」十二月十九日条〉
権大外記
正五位上　中原康顕　十一月三日譲正於康友〈「実隆」廿七日条〉、同月九日叙〈「土代」〉、×同月十五日出家〈「土代」〉
少外記
安倍盛俊　左少史・少内記、△八月廿六日

転〈「実隆」九月七日条〉

権少外記

中原康友　◎七月日任〈「平田」K3〉、十一月三日兼隼人正〈「実隆」廿七日条〉

安倍盛遠　左少史、◎八月廿三日兼任〈「親長」〉〔廿三日に勅許が出たが、口宣は七月九日付で出されている〈「実隆」九月七日条〉〕

延徳元年

大外記

正四位下　中原師富　掃部頭・造酒正

少外記

（安倍盛俊　右大史・少内記）

外記

（中原康友　隼人正）

権少外記

（安倍盛遠）

延徳二年

大外記

正四位下　中原師富　掃部頭・造酒正

少外記

安倍盛俊　右大史・少内記

外記

（中原康友　隼人正）

権少外記

安倍盛遠　右少史〈「大日本」八の三七314〉

延徳三年

大外記

正四位下　中原師富　掃部頭・造酒正

少外記

（安倍盛俊　右大史・少内記）

外記

（中原康友　隼人正）
（安倍盛遠）

明応元年

大外記
正四位下　中原師富　掃部頭・造酒正
少外記
安倍盛俊　右大史・少内記
外記
（中原康友　隼人正）
（安倍盛遠）
清原康俊　◇正月十六日〈「親長」〉

明応二年

大外記
正四位下　中原師富　掃部頭・造酒正〈「政家」三月廿八日条〉
少外記
安倍盛俊　右大史・少内記、四月廿八日〈「晴富」〉
外記
中原康友　隼人正
（安倍盛遠）

明応三年

大外記
正四位下　中原師富
少外記
安倍盛俊　右大史
中原康友　隼人正、正月一日「少外記」〈「京大壬生」〉
安倍盛遠　正月一日「少外記」〈「京大壬生」〉

明応四年

大外記
正四位下　中原師富
少外記
安倍盛俊　右大史・少内記
（中原康友　隼人正）
安倍盛遠
権少外記
中原康貞　○正月十五日〈「晴富」〉

明応五年

大外記
正四位下　中原師富
少外記
（安倍盛俊）
中原康友　隼人正、十二月廿八日兼右少史〈「下請符集」雑々記〉
（安倍盛遠）
権少外記
（中原康貞）

明応六年

大外記
正四位下　中原師富
権大外記
正五位下　中原師親　大炊頭、○十一月五日「大外記」〈「壬生」1082〉
少外記
安倍盛俊　少内記、●十月廿三日「六位外記」〈「和長」〉
（中原康友　隼人正・右少史）
外記
中原康純　◇正月九日〈「実隆」〉（康友の誤りか）
安倍盛遠　●十月廿三日〈「和長」〉

権少外記　（中原康貞）

＊中原師親の大炊頭兼帯について、「壬生家文書」にはその旨を明記しないが、大炊寮領を知行していることから、こう判断した。

明応七年

大外記
正四位下　中原師富
権大外記
（正五位下　中原師親　大炊頭）
少外記　（中原康友　隼人正・右少史）
権少外記　（中原康貞）

明応八年

外記補任（明応六年～明応九年）

大外記
（正四位下　中原師富）
権大外記
（正五位下　中原師親　大炊頭）
少外記　（中原康友　隼人正・右少史）
権少外記　（中原康貞）

明応九年

大外記
正四位下　中原師富
権大外記
（正五位下　中原師親　大炊頭）
少外記
中原康友　隼人正・右少史、●十一月廿三日〈「明応凶事記」〉

権少外記　（中原康貞）

外記考証

凡例

〈人名〉

・姓は一般的な読み方によって配列し、同姓者の配列は、諱の音によった。
・カバネを（　）で囲み、姓と区別した。
・在職中に改姓・改名している場合は新姓名で示し、旧姓名の位置にも新姓名を示した。

〈考証内容〉

・考証内容は、①在職期間、②出自・縁戚、③生歿・主要経歴、④参考文献とした。
・①では、権少・少・大外記の別なく示したが、大夫外記には「(＊)」を付した。
・②と③の記述は主要なものに止め、本人にかかわるまとまった史料がある場合、その旨がわかるように付言した。また本書「外記系図」に含まれる場合、②に（系図）と記した。
・本書補任表で在職期間を確認できなかった人物も取り上げた。その場合、①には「未詳」と記し、在職を確認できる史料名をあげた。
・その人物を主にあつかった説話があれば、③に記した。
・次の辞書類に項目として採られている場合、④に示した。その場合③は最少に止めた。なお、参考文献のうち、

本書「解説」であげた個別論文は省いた。

『国史大辞典』（吉川弘文館・一九七九〜九七年）……国史

『国書人名辞典』（岩波書店・一九九三〜九九年）……国書

『日本古代人名辞典』（吉川弘文館・一九五八〜七七年）……古代

『平安時代史事典』（角川書店・一九九四年）……平安

『平安人名辞典―長保二年―』（高科書店・一九九三年）……長保

『鎌倉・室町人名辞典』（新人物往来社・一九八五年）……鎌室

『吾妻鏡人名総覧』（吉川弘文館・一九九八年）……吾妻

・考証内容の典拠は、〈　〉内に示した。次のもの以外は、原則として本書補任表と同じである。

外記（「外記補任」）

尊卑（『尊卑分脈』）

集成（『古代氏族系譜集成』）

中系（「中原系図」）

清系（「清原系図」）

ア

安威親脩

①文和二年（一三五三）。

②神宿禰姓。室町幕府奉行人・安威資脩（性遵）の子〈外記〉。

秋篠（朝臣）安人

①延暦元（七八二）～六～十年（＊）。

②父・土師宇庭、弟・菅原古人〈尊卑〉。父・土師千村〈集成〉。秋篠京子（嵯峨天皇更衣）は娘か。

③延暦九年（七九〇）に宿禰姓から朝臣姓に改め〈外記〉、少納言・勘解由長官・右大弁などを経て、延暦廿四年に従四位下で参議に昇進し、弘仁十一年（八二〇）まで在職。詳しい経歴は『公卿補任』を参照。『続日本紀』『弘仁格』の撰進に参画。

④国史・古代・平安。

秋篠（朝臣）五百河

①承和元（八三四）～五年。

③承和八年（八四一）十一月廿日、叙従五位下〈「続後紀」〉。

秋篠（朝臣）船長

①延暦廿二年（八〇三）。

③もと中内記（少内記）〈外記〉。

朝原（宿禰）三行

①延長六年（九二八）～承平二年（九三二）。

朝原（忌寸）道永

①延暦元（七八二）～四年（＊）。

②父・秦（忌寸）真成、子・諸坂、孫・良道〈集成〉。

③天応元年（七八一）十一月に外従五位下となった後、大夫外記・大学助をへて大学頭になる。延暦元年（七八二）には、陰陽を解する識者十三人の一人に選ばれている〈「続紀」〉。なお弘仁二年（八一一）七月廿九日には、諸坂が宿禰姓に改賜姓されている〈「後紀」〉。

④国書・平安。

朝原（宿禰）良道

①承和十一年（八四四）～嘉祥元（八四八）～三年（＊）。

②祖父・道永、父・諸坂〈集成〉。
③六位史から外記に転じ、大夫外記を二年つとめた後、左京亮・豊前守〈「続後」〉。

阿刀（宿禰）春正
①延喜六（九〇六）～十六年（＊）。
③寛平五年（八九三）二月に右少史、同十年正月に左大史となり、延喜元年（九〇一）正月五日に叙爵。右京亮をへて大夫外記になる〈外記〉。
④平安。

我孫（宿禰）孝道
①寛弘七（一〇一〇）～八年。
④長保。

安倍（朝臣）安直
①寛平二（八九〇）～六年。
③もと文章得業生〈外記〉。

安倍（朝臣）資忠
①文治元（一一八五）～三年。
②院庁年預を世襲した安倍氏の一族であろう。

③もと後白河院主典代〈外記〉。

安倍（朝臣）衆与
①天暦七年（九五三）～天徳元年（九五七）。
③もと蔵人所出納〈外記〉。

安倍（朝臣）真能
①天慶六（九四三）～九年。
③もと文章生〈外記〉。

安倍（朝臣）盛遠
①長享二年（一四八八）～明応六年（一四九七）。
②父・盛俊、妻・高橋丹後守の女〈「晴富」明応二年六月十四日条〉。

安倍（朝臣）盛俊
①文明十年（一四七八）～明応六年（一四九七）。
②子・盛遠、盛輔。近世に六位史を世襲した山口氏（安倍姓）は、この子孫であろう。
③文明十年（一四七八）正月一日、左少史〈晴富〉。小槻（壬生）晴富の家臣。

安倍（朝臣）通貞

①延久元年（一〇六九）。

安倍（朝臣）董永

①永観二年（九八四）～寛和二年（九八六）。

③正暦二年（九九一）正月、任対馬守〈外記〉。

④長保。

安倍（朝臣）有春

①天慶二（九三九）～七年。

②女・菅原雅規妻〈尊卑〉。

③因幡守〈尊卑〉。

安倍（朝臣）有親

①正暦四年（九九三）～長徳元年（九九五）。

③長保二年（一〇〇〇）正月に任下野守〈外記〉。寛弘初年ごろ、下野守任中に卒〈「符宣」八〉。

④長保。

安倍（朝臣）祐頼

①寛仁四年（一〇二〇）～治安三年（一〇二三）。

②父・源延幹、兄・源兼行〈尊卑〉。父兄はともに能書で知られた人物。旧姓・源朝臣。祐基から祐頼に改名したと考える。

③従五位下・石見守〈尊卑〉。

④長保。

安倍（朝臣）利見

①天暦九年（九五五）～天徳二年（九五八）。

③もと文章生〈外記〉。

安倍（朝臣）良明

①天徳元年（九五七）～応和元年（九六一）。

③もと蔵人所出納〈外記〉。

阿保（朝臣）懐之

①応和三年（九六三）～康保三年（九六六）。

③安和元年（九六八）に任安房守〈外記〉。

海（宿禰）広澄

①寛和元年（九八五）～永延二年（九八八）。

②（系図6―1）

③寛弘元年（一〇〇四）十二月に清原真人に改姓。寛弘六年七月五日歿、七十六歳〈尊卑〉。正五位下・大隅守・助教・直講・博士〈尊卑〉。

④平安（清原広澄）・長保（清原広澄）。

海（宿禰）正澄

①天徳三年（九五九）〜応和三年（九六三）。

②（系図6—1）

③康保二年（九六五）正月卅日、任淡路守〈外記〉。

④長保（清原正澄）。

粟田（朝臣）良連

①治承四年（一一八〇）〜養和元年（一一八一）。

イ

伊吉（連）益麻呂

①天平宝字七年（七六三）（＊）。

③遣渤海副使で、帰国後に外従五位下に叙され、大外記となる。

④古代。

伊吉（連）子人

①和銅四年（七一一）。

③令師。

④古代。

伊岐（宿禰）実政

①長元九年（一〇三六）〜長暦元年（一〇三七）。

池原（公）諸梶

①延暦八（七八九）〜十二年。

池原（公）禾守

①天平宝字五（七六一）〜七年（＊）、神護景雲元（七六七）〜三年（＊）、宝亀八年（七七七）（＊）。

③もと上毛野君姓。名は粟守とも。遠江員外少目から紫微中台少疏（坤宮官少疏）を経て大外記を兼ね、その後も、造西隆寺次官・修理次官・主計頭などを歴任。

④古代。

出雲有時

①天慶九年（九四六）〜天暦四年（九五〇）。

磯部信俊

①仁治三年（一二四二）〜寛元二年（一二四四）。

伊福部（宿禰）安近

①承平七年（九三七）〜天慶五年（九四二）。

斎部（宿禰）孝友

①承安三（一一七三）～四年。

ウ

卜部（宿禰）兼弘

①嘉承二年（一一〇七）～天仁元年（一一〇八）。

③保延三年（一一三七）正月卅日、任伊勢守〈「中」〉。

オ

淡海（朝臣）有守

①元慶二（八七八）～六年。

③もと永世朝臣姓。貞観十五年（八七三）五月廿九日に、文章生・正八位上で淡海朝臣姓を与えられている〈「三実」〉。

多（朝臣）入鹿

①延暦十二（七九三）～十五年。

②父・権中納言鈴鹿。

③外記を経た後、少納言・民部少輔などを経て、大同四年（八〇九）に従四位下で山陽道観察使となり、翌年参議となるが、年内に解任される。弘仁七年（八一六）に歿。詳しい経歴は『公卿補任』を参照。

④平安。

大枝（朝臣）永丘

①延暦十七（七九八）～廿二年。

大江（朝臣）以孝

①保元元（一一五六）～三年。

大江（朝臣）以通

①元永二年（一一一九）。

②（系図7）。

大江（朝臣）以平

①大治元年（一一二六）。

③久安五年（一一四九）三月十八日、皇后宮大属〈「本」〉。永暦元年（一一六〇）正月廿七日、任大和守〈「槐」除目部類〉。

大江（朝臣）以隆

①仁平二年（一一五二）～久寿二年（一一五五）。

③保元二年（一一五七）八月十九日、重代上官として任大
臣大饗で勧杯〈「兵」〉。

大江（朝臣）為清

①寛弘八年（一〇一一）。

②（系図7）。

③もと文章生。長和元年（一〇一二）七月八日、大内記〈「小」〉。従四位下・文章生・大内記〈尊卑〉。

④長保。

大江（朝臣）惟景

①治承二（一一七八）～四年。

大江（朝臣）遠兼

①天徳元（九五七）～四年。

③もと文章生〈外記〉。

大江（朝臣）季広

①康治元（一一四二）～二年。

③仁平三年（一一五三）閏十二月廿四日、女院侍として歿〈「本」〉。

大江（朝臣）久秀

①延慶三年（一三一〇）～応長元年（一三一一）。

大江（朝臣）景兼

①大治二（一一二七）～四年。

③久安五年（一一四九）三月廿日、皇后宮属〈「本」〉。同年八月三日、任美福門院主典代〈「本」〉。平治元年（一一五九）二月廿一日、従五位上・大蔵大輔として兼中宮大属〈「槐」除目部類〉。

大江（朝臣）景康

①未詳（寛喜元年〈一二二九〉以前）。

大江（朝臣）景佐

①保延元（一一三五）～四年。

③久安四年（一一四八）正月三日、能書ではないが橘氏是定で名簿を書く〈「台」〉。

大江（朝臣）景仲

①承元三（一二〇九）～四年。

②父・左衛門志長正（官下宿）〈外記〉。

大江（朝臣）景忠

①長寛元（一一六三）～二年。

③もと文章生〈外記〉。
大江（朝臣）景頼
①寛喜三年（一二三一）。
大江（朝臣）景良
①仁安二年（一一六七）。
③もと文章生〈外記〉。
大江（朝臣）公資（キミヨリ）
①長和元（一〇一二）～三年。
②（系図7）。妻・相模（慶滋保章外孫）、女・藤原永相室。
③万寿元年（一〇二四）十一月十三日、相模守〈「小」〉。長久元年（一〇四〇）十一月七日歿。従四位下・遠江守・兵部権大輔〈尊卑〉。五位外記を望んだが叶わなかった逸話が『十訓抄』一〇の七八に見える。邸宅は五条東洞院にあった。
④福田以久生「相模守大江公資とその妻」（『日本歴史』三三四号・一九七六年）。国書・平安・長保。
大江（朝臣）広元 → 中原（朝臣）広元
大江（朝臣）高行
①大治元（一一二六）～三年。
大江（朝臣）康貞（ヤスサダ）
①保安元年（一一二〇）。
③もと白河院主典代。仁平二年（一一五二）正月廿八日、任大隅守〈「槐」・「兵」〉。
大江（朝臣）国業
①文治三（一一八七）～五年。
大江（朝臣）国兼
①未詳（大治五年〈一一三〇〉以前）。
②子・国通。
③長承元年（一一三二）十一月廿三日、筑後守〈「中」〉。
大江（朝臣）国通
①未詳（大治五年〈一一三〇〉以前）。
②父・国兼。
③大治五年正月廿八日、鳥羽院主典代として任肥前守〈「中」〉。天養元年（一一四四）七月廿三日、三十九歳で歿〈「本」〉。
大江（朝臣）今人

①寛平元年（八八九）。

大江（朝臣）佐国

①未詳。在任は『系図綜覧』による。

②（系図7）。子・大学頭通国、主計助家国。

③従五位上・文章生・掃部頭〈尊卑〉。詩文の才で知られる。権中納言藤原通俊の「師匠」（漢籍）という（『中右記』嘉保元年〈一〇九四〉九月六日条）。

④国史・国書・平安・長保。

大江（朝臣）佐平

①久安六年（一一五〇）～仁平二年（一一五二）。

③仁平二年三月十四日、鳥羽院主典代〈「兵」〉。

大江（朝臣）師季

①未詳（元永二年〈一一一九〉以前）。

②（系図7）。

③元永二年四月廿三日、佐渡守〈「長」〉。文章生〈尊卑〉。

④長保。

大江（朝臣）時棟

①寛弘元年（一〇〇四）～五年。

②（系図7）。

③文章生から大学允を経て六位外記に。安房守・出羽守・大学頭を歴任し、長元四年（一〇三一）十一月十六日に叙正五位下。詩文の才を有したことが諸書に見える。『今昔物語集』二八の二六、『江談抄』一の四九、『十訓抄』一の四九。

④国書・平安・長保。

大江（朝臣）重綱

①康平三年（一〇六〇）。

大江（朝臣）俊時

①治暦三（一〇六七）～四年。

③応徳元年（一〇八四）正月十七日、大臣家大饗で勧杯〈「水」〉。同二年、任豊後守〈「魚」七〉。

大江（朝臣）成直

①承久三年（一二二一）。

大江（朝臣）政景

①永久四年（一一一六）。

大江（朝臣）政賢

①康治元年（一一四二）。
③仁平二年（一一五二）四月十三日、「三位殿（藤原基実）」の侍所司〈「兵」〉。保元二年（一一五七）八月十九日、重代上官として任大臣大饗で勧杯〈「兵」〉。

大江（朝臣）政国
①天永三年（一一一二）。
③源俊房家の家令〈「東山文庫記録」・「押」64〉。

大江（朝臣）政職
①承安三（一一七三）～四年。
③寿永二年（一一八三）十一月廿四日、九条兼実の侍〈「葉」〉。

大江（朝臣）清言
①長保三年（一〇〇一）～寛弘元年（一〇〇四）。
②（系図7）。弟・文章博士以言、対馬守嘉言。
③文章生から式部少録を経て六位外記に。叙爵後、寛弘六年（一〇〇九）正月に薩摩守になるが、長和二年（一〇一三）三月十五日に辞す〈「小」〉。従五位下・文章生・薩摩守〈尊卑〉。
④長保。

大江（朝臣）清佐
①永久二（一一一四）～四年。

大江（朝臣）宗貞
①康平三年（一〇六〇）。
②（系図4）。
③従五位下・大隅守（承暦五年正月任）〈尊卑〉。

大江（朝臣）知政
①康治二年（一一四三）～久安元年（一一四五）。

大江（朝臣）仲俊
①康和元（一〇九九）～四年。

大江（朝臣）仲宣 → 弓削仲宣

大江（朝臣）通景
①嘉保元年（一〇九四）～承徳元年（一〇九七）。
②（系図7）。子・以成（藤原〈疋田〉為盛養子）。
③もと文章生。永久元年（一一一三）正月十六日、大臣家大饗で勧杯〈「殿」〉。保安元年（一一二〇）正月廿八日、任伊勢守〈「中」〉。天治元年（一一二四）十月廿一日、院主典代〈「高野御幸記」〉。織部正〈尊卑〉。

大江（朝臣）通清
①元永二年（一一一九）。
②（系図7）。
大江（朝臣）敦国
①寛治元年（一〇八七）。
②（系図7）。
大江（朝臣）範兼
①康和五年（一一〇三）～嘉承二年（一一〇七）。
大江（朝臣）有尚
①正和五年（一三一六）～嘉暦元年（一三二六）。
大江（朝臣）有保
①文永三年（一二六六）～正応二年（一二八九）。
③正応二年三月に歿〈外記〉。
大江（朝臣）良盛
①正治元年（一一九九）～建仁元年（一二〇一）。
大春日（朝臣）安守
①貞観十一（八六九）～十六年。
③もと左近将曹〈外記〉。外記在職中、存問渤海客使をつとめる。
大春日（朝臣）安名
①元慶元（八七七）～五年。
③外記在職中に存問渤海客使をつとめる。
大春日（朝臣）穎雄
①弘仁二（八一一）～五年。
大春日（朝臣）仲明
①永延二年（九八八）～正暦四年（九九三）。
④長保。
大蔵（朝臣）高行
①永延元年（九八七）～正暦二年（九九一）。
②父・弼邦。
③藤原（小野宮）実資やその子の方違先として、高行の邸宅が使われている。
④長保。
大蔵（朝臣）真明
①延喜十三（九一三）～十六年。
②父・善行〈集成〉。

大蔵（朝臣）是明

①延喜二（九〇二）～六年。

②父・善行〈集成〉。

③延喜十九年（九一九）に前但馬介〈「別聚」〉。

大蔵（朝臣）善行

①元慶六年（八八二）～仁和三年（八八七）～寛平八年（八九六）（＊）、寛平九年～延喜二年（九〇二）（＊）。

②子・真明、是明〈集成〉。旧姓大蔵忌寸。

③藤原時平と親しく、『日本三代実録』『延喜格』『延喜式』の撰進に参画。延喜元年（九〇一）七月に「七十賀」が開かれている〈紀略〉。『政事要略』九五には、延喜十七年（九一七）に八十七歳で子を成したことが記されている。

④国史・国書・平安。「解説」註7・註9参照。

大蔵（朝臣）中貫

①延長八年（九三〇）～承平二年（九三二）。

大蔵（朝臣）弼邦

①康保三年（九六六）～安和二年（九六九）、天禄二年（九七一）～天元三年（九八〇）（＊）。

②叔父・真明、是明〈集成〉。子・高行、高元〈外記〉。

③もと文章生。天元三年（九八〇）四月廿日歿〈外記〉。藤原兼通家の家司。

④平安。

大蔵（朝臣）良実

①延喜十（九一〇）～十三年。

②女・源通理室。

③もと算博士〈外記〉。

大中臣（朝臣）朝明

①天元五年（九八二）～寛和二年（九八六）～永祚元年（九八九）（＊）。

②養子・大中臣奉親〈「小」寛仁三年正月廿三日条〉。『平安時代辞典―長保二年―』では奉親を養父、朝明を養子とするが、奉親は寛弘二年（一〇〇五）には学生であることから、逆であろう。

③旧姓・中臣。もと文章生〈外記〉。

④長保。

大原忠亮

①天延元年（九七三）～貞元元年（九七六）。
大宅（朝臣）義範
①寛治六年（一〇九二）～嘉保二年（一〇九五）。
大宅（朝臣）国重
①未詳（寛治五年〈一〇九一〉以前）。
②父・大宅義資（史、『江記』寛治五年正月廿八日条）。
息長家成
①延暦十一（七九二）～十二年。
③もと少判事〈外記〉。
興世（朝臣）貞町
①貞観十六年（八七四）～元慶元年（八七七）。
小槻善言　↓　滋野善言
小野（朝臣）吉成
①寛弘八年（一〇一一）。
④長保。
小野（朝臣）五倫
①長保三年（一〇〇一）～寛弘元年（一〇〇四）。
③もと明法得業生。叙爵後に伊豆守になったらしい旨が、

『今昔物語集』二八の二七に見える。
④平安・長保。
小野（朝臣）之盛
①応和二年（九六二）～康保二年（九六五）。
小野（朝臣）時遇
①安和元年（九六八）～天延元年（九七三）。
小野（朝臣）清貫
①延喜元（九〇一）～四年。
小野（朝臣）美実
①延喜十四（九一四）～十八年。
小野（朝臣）傅説
①天徳二年（九五八）～応和二年（九六二）。
②（系図1）。弟・天台座主明尊。女・橘義通室。
④長保。
小野（朝臣）文義
①寛弘四（一〇〇七）～七年、長和四年（一〇一五）～治安二年（一〇二二）（＊）、長元二（一〇二九）～七年（＊）。
②（系図1）。

③もと明法得業生。のち明法博士・土佐守。
④平安・長保。

小野（朝臣）保衡
①昌泰元年（八九八）〜延喜三年（九〇三）。
②（系図1）。
③もと文章生・少内記〈外記〉。

小野（朝臣）峯守
①延暦廿二年（八〇三）〜大同元年（八〇六）。
②（系図1）。女・藤原敏行室。
③外記を経た後、式部少輔・内蔵頭・近江守などを経て、弘仁十三年（八二二）に従四位下で参議に昇り、天長七年（八三〇）四月十九日歿。詳しい経歴は、『公卿補任』を参照。
④国史・平安。

小野（朝臣）有隣
①永久四年（一一一六）。
②（系図1）。母・菅原有真女、女・源忠重室。
③大治四年（一一二九）十月九日、任明法博士〈「中」〉。

長承元年（一一三二）正月廿二日、兼尾張権守〈「中」〉。
久安三年（一一四七）十二月廿一日、従五位上で兼大判事〈「本」〉。
④平安。

尾張如時 → 滋野如時

尾張貞恒
①延喜廿二年（九二二）〜延長六年（九二八）。

カ

笠（朝臣）治道
①延喜廿二年（九二二）〜延長四年（九二六）。

笠（朝臣）朝望
①天徳四年（九六〇）〜康保元年（九六四）。

堅部（使主）広人 → 豊宗（宿禰）広人

堅部（使主）人主
①宝亀三（七七二）〜八年。
③左大史・修理次官から大外記を経て備前介・讃岐介へ。左大史在任中には、新羅使の応対をしている。

④古代。

門真周清

①応安四年（一三七一）～康暦二年（一三八〇）。

②本姓伴。

③室町幕府奉行人。五位〈「勅撰作者部類」〉。

④古代。

上毛野（公）穎人

①大同二（八〇七）～四年～弘仁八年（八一七）（＊）。

②父・大川〈集成〉。

③延暦廿年（八〇一）十二月に右少史、同廿五年四月に右大史、大同元年（八〇六）七月に大内記、同年八月に左大史になり、六位外記・大夫外記を経て、東宮学士に。

④国書・平安。

上毛野（公）諸嗣

①延暦十五（七九六）～廿二年。

③もと大宰少判事〈外記〉。

上毛野（公）大川

①天応元年（七八一）（＊）、延暦五年（七八六）（＊）。

②子・穎人〈集成〉。

③天平宝字元年（七五七）に少初位下、宝亀八（七七七）～九年に入唐し、帰国直後に外従五位下に叙される。延暦九年（七九〇）八月までに死去。国史編纂にも従事していた。

④平安・古代。

上毛野沢田

①貞観六（八六四）～八年。

③もと薩摩守〈外記〉。

上道為象

①正暦二年（九九一）。

③正暦二年（九九一）五月一日歿〈外記〉。

賀茂（朝臣）安国

①天慶八年（九四五）～天暦二年（九四八）。

賀茂（朝臣）光輔

①永観二年（九八四）～永延元年（九八七）。

②（系図3）。

③安和元年（九六八）八月廿二日、紀伝学生として撰国史所でつとめる〈「符宣」〉。

④長保。

賀茂（朝臣）岑雄

①天安元年（八五七）〜貞観四年（八六二）。

②（系図3）。

③斉衡二年（八五五）に任少内記、同三年正月に任大内記〈外記〉。天安元年（八五七）には、六位でありながら局務をつとめたとされている〈外記〉。

賀茂（朝臣）弟峯

①承和九年（八四二）〜嘉祥二年（八四九）。

②（系図3）。

③もと少内記〈外記〉。

賀茂保章 → 慶滋保章

賀茂（朝臣）連量

①康保四年（九六七）〜天禄三年（九七二）。

②父・徳貞〈外記〉。旧姓・鴨朝臣。

鴨（朝臣）連量 → 賀茂（朝臣）連量

賀陽宣政

①長保二（一〇〇〇）〜三年。

③もと明経得業生。長保三年（一〇〇一）七月八日歿〈外記〉。

韓室諸成

①天長九年（八三二）。

キ

紀（朝臣）為頼

①未詳。在職は『尊卑分脈』による。

②（系図4）。

③土佐介〈尊卑〉。

④長保。

紀（朝臣）延年

①延喜四（九〇四）〜八年。

③もと文章生〈外記〉。

紀（朝臣）雅定

①永保三年（一〇八三）〜応徳三年（一〇八六）。

紀（朝臣）季俊

①延久四年（一〇七二）。

紀（朝臣）兼氏
①正応三（一二九〇）～四年。
紀（朝臣）兼直
①正応元（一二八八）～三年。
②兄弟に六位史の紀定直がいる。
紀（朝臣）兼輔
①寛弘六（一〇〇九）～八年。
②（系図4）。
③文章生・刑部丞〈尊卑〉。
④長保。
紀（朝臣）守輔
①長久元年（一〇四〇）。
④長保。
紀（朝臣）重俊
①延久四年（一〇七二）。
紀（朝臣）清国
①永万元年（一一六五）～仁安元年（一一六六）。
紀（朝臣）宣輔
①承暦四年（一〇八〇）～永保元年（一〇八一）。
②（系図4）。
③文章生〈尊卑〉。
紀（朝臣）宗尚
①仁安三年（一一六八）。
紀（朝臣）宗政
①未詳（嘉承二年〈一一〇七〉以前）。
②（系図4）。
③寛治八年（一〇九四）正月七日、造酒正〈「中」〉、長治二年（一一〇五）正月廿七日、長門守を辞退〈「永」〉、嘉承二年五月十三日、安房守として歿〈「中」〉。従五位下・主計允・安房守〈尊卑〉。
紀（朝臣）宗長
①保安元年（一一二〇）。
②（系図4）。
③大蔵丞〈尊卑〉。
紀（朝臣）相門
①長徳元（九九五）～四年。

③もと林姓。長徳四年（九九八）七月に歿〈外記〉。

紀（朝臣）長谷雄

①仁和二（八八六）～四年。

②（系図4）。

③文章生から外記を経た後、文章博士・大学頭・式部大輔などを経て、延喜二年（九〇二）に従四位下で参議に昇進。延喜十二年三月十日に従三位・中納言で薨ず。『延喜格』撰進に参画。詳しい経歴は『公卿補任』を参照。「寛平御遺誡」、『江談抄』三の二七、『古今著聞集』三の七四。

④国史・国書・平安。

紀（朝臣）定重

①建久元年（一一九〇）。

紀（朝臣）貞助

①延喜十一（九一一）～十四年。

紀（朝臣）有世

①仁和元年（八八五）～寛平二年（八九〇）。

③もと文章生。寛平二年閏九月、任大炊頭〈外記〉。

紀（朝臣）有総

①元慶二（八七八）～三年。

紀（朝臣）有貞

①大治四年（一一二九）～天承元年（一一三一）。

紀（朝臣）理綱（マサツナ）

①天暦二（九四八）～七年。

②（系図4）。

③従五位下・伊賀守・三河守〈尊卑〉。

紀（朝臣）某

①未詳（康平四年以前）。在職は「東南院文書」333号による。

清内（宿禰）御薗

①承和二（八三五）～八年。

③もと音博士〈外記〉。承和八年（八四一）に歿〈外記〉。

清科（朝臣）保重

①長保元（九九九）～五年。

清原（真人）為尚

①延応元年（一二三九）。

②〈系図6—2〉。
③正五位下・大監物・掃部権助・山城守〈清系〉。

清原（真人）季教
①嘉慶元年（一三八七）。

清原（真人）季兼
①弘安六年（一二八三）。

清原（真人）季俊
①未詳。在職は「清原系図」による。
②〈系図6—2〉。

清原（真人）季尚
①弘安元（一二七八）～五年。
②〈系図6—3〉。

清原（真人）季宣→清原（真人）仲季

清原（真人）熙隆
①貞和二（一三四六）～三年。
②〈系図6—3〉。弘隆とも。
③従五位下・大膳亮・豊前守〈清系〉。

清原（真人）教元
①正応四年（一二九一）、正和五年（一三一六）～文保二年（一三一八）（＊）。
②〈系図6—3〉。母・法印珍暁女。元亨二年（一三二二）六月廿二日歿〈清系〉。
③幕府評定衆。正五位上・博士・大学助・大舎人頭・直講・宮内少輔・兵部少輔・土佐守〈清系〉。

清原（真人）教氏
①嘉暦元（一三二六）～二年。
②〈系図6—3〉。
③従五位下・大舎人頭・助教・直講・大蔵少輔・右近将監〈清系〉。

清原（真人）教秀
①延慶二年（一三〇九）。
②〈系図6—3〉。文和三年（一三五四）十二月廿二日に七十歳で歿〈清系〉。
③正五位下・備後守・直講・大蔵権大輔〈清系〉。

清原（真人）教俊
①正応元年（一二八八）。

②（系図6—3）。

③正五位下・三河守・助教〈清系〉。

清原（真人）教宣

①弘安五（一二八二）～六年。

②（系図6—3）。妻は清原仲尚女。元徳二年（一三三〇）三月四日歿〈清系〉。

③正五位下・助教・書博士・安房守〈清系〉。

清原（真人）教宗

①正応四年（一二九一）、正中二年（一三二五）～元徳元年（一三二九）（＊）。

②（系図6—3）。

③正四位下・主計頭・博士・助教・直講・主税権助〈清系〉。

清原（真人）教澄

①康永二年（一三四三）～貞和元年（一三四五）。

②（系図6—3）。

③延文五年（一三六〇）二月廿九日に出家〈清系〉。正五位下・音博士・直講・右近将監〈清系〉。

清原（真人）教隆

①安貞元年（一二二七）～寛喜元年（一二二九）、文永二年（一二六四）（＊）。

②（系図6—3）。初名・仲光。文永二年（一二六五）七月十八日に六十七歳で歿〈清系〉。

③鎌倉幕府引付衆。「関東評定衆伝」（弘長二年）に詳しい履歴がある。「貞永式目」作者の一人。北条（金沢）実時に学問を授け、金沢文庫の基礎をつくった。

④国史・鎌室・吾妻。「解説」註23参照。

清原（真人）業兼

①未詳。在職は「清原系図」による。

②（系図6—2）。

③従五位上・大和守〈清系〉

清原（真人）業綱

①文治五年（一一八九）。

②（系図6—2）。

③正治元年（一一九九）三月廿五日、任音博士〈「明」〉。嘉禄二年（一二二六）正月廿日、任縫殿頭〈「明」〉。従四位下・縫殿頭・陸奥守〈清系〉。

清原（真人）業尚
①弘安八年（一二八五）～正応元年（一二八八）。
②（系図6―2）。
③正五位下・書博士・大学権助・下総守〈清系〉。

清原（真人）業盛
①応永五（一三九八）～十年。
②（系図6―2）。
③右京亮〈清系〉。

清原（朝臣）業忠
①正長元年（一四二八）～宝徳元年（一四四九）（＊）。
②（系図6―4）。初名・良宣。
③正三位・主水正・直講〈尊卑〉。
④国史・国書・鎌室。

清原（真人）業定
①寿永元年（一一八二）～元暦元年（一一八四）。
②（系図6―2）。
③元久二年（一二〇五）十一月卅日、任大蔵権大輔〈「明」〉。正五位下・大蔵大輔・肥前権介〈清系〉。

清原（真人）近業
①仁安三年（一一六八）。
②（系図6―2）。母・大監物持貞女。初名・親業。
③嘉応二年（一一七〇）七月に任主水正、治承元年（一一七七）正月に任直講〈外記〉。後白河院の上北面に候していたが、寿永二年（一一八三）十一月十九日、法住寺合戦の際に矢に中り横死、三十二歳。
④平安〈親業〉。

清原（真人）景兼
①康治元年（一一四二）～天養元年（一一四四）。
④平安。

清原（真人）景隆
①大治五年（一一三〇）～長承元年（一一三二）。
②（系図6―2）。

清原（真人）賢秀
①文明十三年（一四八一）。

清原（真人）賢親
①寛正二年（一四六一）～応仁元年（一四六七）、文明四

（一四七二）～十四年。

清原（真人）顕俊

①未詳。在職は『尊卑分脈』による。

②（系図6—1）。女・藤原孝清室。

③文章生〈尊卑〉。

清原（真人）元尚

①文保元年（一三一七）。

②（系図6—2）。

清原（真人）元宣

①応長元年（一三一一）～正和三年（一三一四）。

②（系図6—3）。母は清原仲尚女〈清系〉。

③正五位下・大学助・書博士・右近将監・弾正忠〈清系〉。

清原（真人）元隆

①延慶二年（一三〇九）。

②（系図6—3）。文和二年（一三五三）三月十三日、歿〈清系〉。

③鎌倉幕府引付衆。正五位下・助教・直講・弾正少弼・宮内少輔・西市正・但馬守・大学権助〈清系〉。

清原（真人）広実

①寛治三（一〇八九）～五年。

②（系図6—1）。

清原（真人）広俊

①永保三年（一〇八三）～応徳二年（一〇八五）。

②（系図6—1）。

④平安。

清原（真人）広澄　→　海（宿禰）広澄

清原（真人）弘高

①正治二年（一二〇〇）。

清原（真人）弘隆　→　清原（真人）熈隆

清原（真人）行秀

①未詳。在職は『尊卑分脈』第三篇による。

②女・源清信室（資信母）。

③少外記〈「尊卑」〉。

清原（真人）行俊

①文治三（一一八七）～五年。

②（系図6—1）。

③飛騨守〈清系〉。

清原（真人）康基

①元徳二年（一三三〇）～正慶元年（一三三二）、正慶二年～建武二年（一三三五）。

清原（真人）康業

①延応元年（一二三九）。

清原（真人）康俊

①明応元年（一四九二）。

清原（真人）佐光

①仁安三年（一一六八）～嘉応二年（一一七〇）。

②（系図6—2）。

③従五位上〈清系〉。

清原（真人）氏隆

①正和五年（一三一六）。

②（系図6—3）。

③正五位下・書博士・長門守・左京亮〈清系〉。

清原（真人）種宣

①正和五年（一三一六）～文保元年（一三一七）。

②（系図6—3）。

③正五位下・音博士・隼人正・直講・筑前介〈清系〉。

清原（真人）秀隆

①文永二年（一二六五）。

②（系図6—3）。女・清原俊宣妻。

③正五位上・書博士・筑前守〈清系〉。

清原（真人）周俊

①建久四年（一一九三）。

②（系図6—1）。

清原（真人）重業

①未詳。在職は「清原系図」による。

②（系図6—2）。

③正五位下・書博士・大蔵権少輔・山城守・常陸介〈清系〉。

清原（真人）重憲

①康治二年（一一四三）～久安元年（一一四五）。

②（系図6—1）。

③日記に「清原重憲記」がある。

④平田俊春『私撰国史の批判的研究』（国書刊行会・一九

八二年）。

清原（真人）重国

①未詳。在職は「清原系図」による。

②（系図6—1）。

清原（真人）重尚

①弘安六（一二八三）～十年。

②（系図6—2）。

清原（真人）重範 → 清原（真人）重憲

清原（真人）俊安

①未詳。在職は「清原系図」による。

②（系図6—1）。

③正五位下・書博士〈清系〉。

清原（真人）俊資

①大治四年（一一二九）。

②（系図6—1）。

③大治五年（一一三〇）正月廿八日、鳥羽院主典代として任肥前守〈「中」〉。河内守〈尊卑〉。

清原（真人）俊宣

①建治三年（一二七七）～弘安元年（一二七八）。

②（系図6—3）。妻・清原秀隆女、母は清原教隆女〈清系〉。

③徳治三年（一三〇八）七月、任助教〈「押」61〉。延慶四年（一三一一）三月、兼備後権介〈「押」61〉。正五位下・助教・直講・音博士・内匠頭・大和守〈清系〉。

清原（真人）俊隆

①正嘉元年（一二五七）。

②（系図6—3）。正応三年（一二九〇）三月七日に五十歳で歿〈清系〉。

③鎌倉幕府評定衆。正五位下・直講・音博士・伯耆守〈清系〉。

④国書。

清原（真人）尚顕

①永和元（一三七五）～二年。

②（系図6—3）。

③従五位下・直講・書博士〈清系〉。

清原（真人）信安

①寿永二年（一一八二）～元暦元年（一一八四）。
②（系図6―1）。
③従五位上〈清系〉。縫殿頭〈『古今著聞集』一六の五六一〉。

清原（真人）信憲
①長承三年（一一三四）～保延三年（一一三七）。
②（系図6―1）。
③天養元年（一一四四）十月五日、主税助として兼穀倉院別当〈「本」〉。久安二年（一一四六）正月廿三日、兼直講〈「本」〉。従五位下・直講〈尊卑〉。

清原（真人）信秀
①寛喜三年（一二三一）。
②（系図6―1）。
③従五位上・大学頭〈清系〉。

清原（真人）信重
①建久八（一一九七）～九年。
②（系図6―1）。

清原（真人）信俊（サネトシ）
①承徳元年（一〇九七）～康和二年（一一〇〇）、大治五年（一一三〇）～康治元年（一一四二）（＊）。
②（系図6―1）。
③康和五年（一一〇三）二月卅日、直講として兼主税助〈「本」〉。天永二年（一一一一）八月廿日、従五位上・土佐介〈「朝」第八〉。永久四年（一一一六）正月廿四日、助教・丹波介〈「間」三〉。保安二年（一一二一）正月十九日、主税権助〈「間」七〉。天養元年（一一四四）十月五日、辞肥後守〈「本」〉。久安元年（一一四五）十月二日歿、六十九歳。正五位下・肥後守〈尊卑〉。「本朝新修往生伝」32。
④平安。

清原（真人）信直
①未詳。在職は「清原系図」による。
②（系図6―1）。

清原（真人）親業 → 清原（真人）近業

清原（真人）親種
①応永廿二年（一四一五）～文安三年（一四四六）。

清原（真人）正綱

①天永元年（一一一〇）～永久元年（一一一三）。
②（系図6―1）。

清原（真人）正隆（マサタカ）
①寛治五年（一〇九一）～嘉保元年（一〇九四）。
②（系図6―1）。

清原（真人）成政
①暦応元（一三三八）～三年。
②（系図6―3）。

清原（真人）成宣
①元徳元年（一三二九）。
②（系図6―3）。
③正五位下・主水正・助教・直講〈清系〉。南朝に従う。
延文六年（一三六一）八月に歿〈清系〉。

清原（真人）清遠
①承安四年（一一七四）～安元元年（一一七五）。

清原（真人）清重
①天永三年（一一一二）～永久二年（一一一四）。
②（系図6―1）。

清原（真人）清俊　→　清原（真人）清遠

清原（真人）盛業
①元暦元年（一一八四）。

清原（真人）宣業
①建暦元（一二一一）～二年。
②（系図6―2）。
③正五位下・大監物・伯耆守・壱岐守〈清系〉。

清原（真人）宣方
①文保二年（一三一八）～元応元年（一三一九）。
②（系図6―3）。
③従五位下・書博士・右近将監〈清系〉。

清原（真人）善定
①未詳。在職は「清原系図」による。
②（系図6―1）。

清原（真人）宗季
①暦応二年（一三三九）～康永元年（一三四二）、応安元年（一三六八）～永徳元年（一三八一）（＊）。
②（系図6―4）。初名・宗枝。妻・丹波行定女。

③貞和三年（一三四七）三月、任直講〈「押」61〉。従四位上・内昇殿・主計頭・下総守・博士・主水正〈尊卑〉。永徳三年（一三八三）四月十六日に歿、六十一歳〈尊卑〉。

④国書。

清原（真人）宗業

①応永十二（一四〇五）～廿六年（＊）。

②（系図6―4）。

③応永五年（一三九八）三月、任直講〈「押」61〉。少納言・主水正〈尊卑〉。

清原（朝臣）宗賢

①宝徳元年（一四四九）～康正二年（一四五六）（＊）。

②（系図6―4）。

③寛正二年（一四六一）正月五日に叙正四位下〈「土代」〉。正三位（贈従二位）、宮内卿・少納言・直講・主水正〈尊卑〉。文亀三年（一五〇三）十月廿九日に歿。

清原（真人）宗元

①嘉暦二（一三二七）～三年。

②（系図6―3）。母は清原仲尚女。

③正五位下・書博士・直講・隼人正〈清系〉。文和四年（一三五五）四月十八日歿〈清系〉。

清原（真人）宗枝 → 清原（真人）宗季

清原（真人）宗種

①応永七年（一四〇〇）～嘉吉三年（一四四三）。

②（系図6―4）。

③正五位下・書博士・土佐守〈清系〉。

清原（真人）宗尚

①正応二年（一二八九）、正和五年（一三一六）（＊）、文保二年（一三一八）～正中二年（一三二五）（＊）。

②（系図6―4）。妻・二階堂行継女、清原教尚女、清原教元女〈清系〉。

③正五位上・得業生・直講・主水正・主計頭・助教・博士・穀倉院別当〈尊卑〉。正中二年（一三二五）五月廿三日に四十八歳で歿〈「船橋家譜」〉。

清原（真人）致隆

①永保三年（一〇八三）～応徳二年（一〇八五）。

②（系図6―1）。

清原（真人）仲季

①応安五年（一三七二）～至徳元年（一三八四）。

②（系図6―3）。初名・季宣。

③書博士〈清系〉。

清原（真人）仲基

①建久七（一一九六）～九年。

②（系図6―2）。

③建久九年（一一九八）に歿〈外記〉。

清原（真人）仲業

①文永二年（一二六五）。

②（系図6―2）。

③従五位下・大学助・書博士・山城守〈清系〉。

清原（真人）仲氏

①観応元（一三五〇）～二年。

清原（真人）仲尚

①弘長元（一二六一）～二年。

②（系図6―3）。

③正応三年（一二九〇）九月、任直講〈「押」62〉。正五位下・博士・書博士・助教・直講〈清系〉。

清原（真人）仲信

①承久三年（一二二一）。

②（系図6―1）。

清原（真人）仲宣

①承元元年（一二〇七）～建暦元年（一二一一）。

②（系図6―3）。

③正五位下・博士・助教・直講・書博士〈尊卑・清系〉。

清原（真人）仲方

①永仁四（一二九六）～五年。

②（系図6―3）。

③正五位下・図書頭・直講・書博士・助教〈清系〉。

清原（真人）仲隆

①安元二年（一一七六）～治承二年（一一七八）。

②（系図6―2・3）。初名・隆業。

③正治元年（一一九九）三月廿五日、任出雲介〈「明」〉。嘉禄元年（一二二五）四月廿五日歿（七十一歳）。従四位下・直講・筑後守・助教・書博士〈尊卑〉。正五位下

〈清系〉。

清原（真人）忠業

①元暦元年（一一八四）～文治四年（一一八八）。

②（系図6―2）。

③建久九年（一一九八）正月六日、叙従五位上〈「明」〉。

従五位下・安芸権守〈尊卑・清系〉。

清原（真人）忠種

①永享二年（一四三〇）～長禄二年（一四五八）。

②（系図6―4）。

③少内記・左近将監〈清系〉。

清原（真人）長尚

①文永三年（一二六六）。

②（系図6―4）。

③従五位上・大和守〈清系〉。

清原（真人）直尚

①康永元（一三四二）～二年。

②（系図6―3）。

③正五位下・直講・書博士〈清系〉。

清原（真人）直方

①元徳二年（一三三〇）。

②（系図6―3）。

③正五位下・直講・書博士・刑部少輔〈清系〉。

清原（真人）直隆

①未詳。在職は「清原系図」による。

②（系図6―3）。正元元年（一二五九）八月七日に六十七歳で歿〈清系〉。

③正五位下・助教・淡路守〈清系〉。

清原（真人）定安

①天治元（一一二四）～二年。

②（系図6―1）。

③久安二年（一一四六）正月廿三日、従五位上・助教として兼越後介〈「本」〉。仁平四年（一一五四）十二月廿八日、任明経博士〈「兵」〉。

④平安。

清原（真人）定安

①保延二（一一三六）～四年。

清原（真人）定兼
①未詳。在職は『尊卑分脈』による。
②（系図6―1）。

清原（真人）定康（サダミチ）
①延久四年（一〇七二）。
②（系図6―1・2）。
③承保元年（一〇七四）十二月、従五位下・直講〈「間」十〉。寛治三年（一〇八九）十月四日、従五位上〈「朝」第廿一〉。天永三年（一一一二）四月二日、従四位下〈「朝」第廿二〉。同年七月廿三日、任河内守〈「中」〉。同年中に出家し、同四年正月四日歿（七十二歳）。従四位下・明経得業生・弾正忠・上総介・河内守・助教など〈尊卑〉。『中外抄』上48。
④平安。

清原（真人）定資
①天永三年（一一一二）。
②（系図6―1）。

清原（真人）定滋
①未詳。在職は『尊卑分脈』による。
②（系図6―1）。
③従五位下・得業生・上総権守・長門守〈尊卑〉。天喜二年（一〇五四）十月八日歿、五十二歳〈尊卑〉。

清原（真人）定俊
①承暦二年（一〇七八）～応徳三年（一〇八六）（＊）、寛治五年（一〇九一）～康和三年（一一〇一）（＊）。
②（系図6―1）。
③従四位下・越中守・博士〈尊卑〉。長治元年（一一〇四）十二月廿四日歿〈「永」〉。
④平安。

清原（真人）定信
①大治四年（一一二九）～長承元年（一一三二）。

清原（真人）定政
①寛治七年（一〇九三）～永長元年（一〇九六）。
②（系図6―2）。

清原（真人）定友
①未詳。在職は『尊卑分脈』による。

②〈系図6―1〉。
③壱岐守〈尊卑〉。
清原（真人）定雄
①応保元年（一一六一）～長寛元年（一一六三）。
②〈系図6―1〉。
③山城守〈清系〉。
清原（真人）定隆
①未詳。在職は『尊卑分脈』による。
②〈系図6―1〉。
③従五位上・明経得業生・石見守・助教〈尊卑〉。延久四年（一〇七二）七月十一日歿。
清原（真人）冬隆
①元徳元年（一三二九）。
②〈系図6―3〉。
③従五位上・左近将監・大学権助〈清系〉。
清原（真人）敦宣
①正応四年（一二九一）。
②〈系図6―3〉。

③正五位下・大学助・隼人正・主税助・弾正少弼・備中守〈清系〉。
清原（真人）範業
①元久二年（一二〇五）～建永元年（一二〇六）。
②〈系図6―4〉。
③正五位下・書博士・大膳亮〈清系〉。
清原（真人）繁隆
①延慶二年（一三〇九）。
②〈系図6―3〉。
③文和三年（一三五四）二月七日に出家。正五位下・博士・隼人正・助教・刑部大輔・因幡守・大蔵権大輔〈清系〉。
清原（真人）祐安
①仁平三年（一一五三）～久寿二年（一一五五）。
②〈系図6―2〉。
③応保元年（一一六一）十一月三日、造酒正〈「槐」〉。正五位下・音博士・造酒正〈尊卑・清系〉。一時、中原師元の養子となる。

清原（真人）祐業

①天福元年（一二三三）。

②（系図6―2）。

③従五位上・修理亮〈清系〉。

清原（真人）祐職

①嘉応元（一一六九）〜二年。

②清原祐隆猶子、実父は河内権守（中原季忠カ）。

清原（真人）祐隆

①嘉承二年（一一〇七）〜天仁元年（一一〇八）。

②（系図6―2）。女・中原師業室。

③長承元年（一一三二）正月廿二日、任越後権介〈「中」〉。康治二年（一一四三）十二月十九日歿、六十四歳〈「本」〉。正五位下・大蔵少輔・助教・直講・音博士〈尊卑〉。

④国書・平安（資隆）。

清原（真人）頼安

①久寿二年（一一五五）〜保元元年（一一五六）。

②（系図6―1）。

③長寛二年（一一六四）七月一日、関白（藤原基実）家文殿に奉仕〈「平」三二八七号〉。

清原（真人）頼季

①建治二年（一二七六）〜弘安三年（一二八〇）。

②（系図6―4）。

③正五位下・美作守・壱岐守・木工頭・左近将監〈清系〉。

清原（真人）頼季

①永和二年（一三七六）、応永二（一三九五）〜十二年。

②（系図6―4）。

③内昇殿・大膳大夫・得業生・少納言・主水正〈尊卑〉。応永廿六年（一四一九）二月八日歿〈看聞〉。

清原（真人）頼業

①康治元年（一一四二）、仁安元年（一一六六）〜文治五年（一一八九）（＊）。

②（系図6―2）。初名顕長・頼滋。室・中原師遠女。女・藤原光範室、清原信弘室、高倉院女房（大弐局）。

③文治五年（一一八九）閏四月十四日歿（六十八歳）。正五位上・明経得業生・東市正・穀倉院別当・大舎人頭・越中権守など〈尊卑〉。『古今著聞集』一八の六三一。詳

しい履歴は、『車折神社御祭神記』（一九八八刊）にあり。
④国史・国書・平安・鎌室。「解説」註19参照。

清原（真人）頼兼
①永和三年（一三七七）～永徳元年（一三八一）。
②（系図6―4）。

清原（真人）頼元
①徳治元年（一三〇六）～応長元年（一三一一）、正中二年（一三二五）～元弘元年（一三三一）（＊）、元弘元年（一三三一）～建武二年（一三三五）（＊）。
②（系図6―4）。
③明経博士・穀倉院別当・勘解由次官・図書頭・少納言など〈尊卑〉。南朝に属し、懐良親王の補佐役として九州に赴く。貞治四年（一三六五）に出家、同六年五月廿八日に筑前国で歿す（七十八歳）。子孫は九州に土着して五条を称し、近世には柳川の立花家に仕え、「五条家文書」を残す。
④国書。史料纂集『五条家文書』（続群書類従完成会）。「解説」註26参照。

清原（真人）頼弘
①仁安元（一一六六）～二年。

清原（真人）頼治
①貞治六年（一三六七）。
②（系図6―4）。

清原（真人）頼秀
①弘安六（一二八三）～九年。

清原（真人）頼尚
①元久二年（一二〇五）～承元元年（一二〇七）、寛喜三年（一二三一）～延応元年（一二三九）（＊）、文応元年（一二六〇）～弘長元年（一二六一）（＊）。
②（系図6―4）。初名・良隆。母・藤原頼尚女。
③文永元年（一二六四）七月十一日歿、六十九歳。正五位上・長門権守・主水正・得業生・直講・助教・主計頭・博士〈尊卑〉。
④吾妻。

清原（真人）頼清
①正慶元（一三三二）～二年、建武二年（一三三五）。

②（系図6—4）。

清原（真人）頼直

①未詳。在職は「清原系図」による。

②（系図6—3）。

③正五位下・書博士・山城守〈清系〉。

清原（真人）頼定

①未詳。在職は「清原系図」による。

②（系図6—2）。

清原（真人）頼方

①未詳。在職は「清原系図」による。

②（系図6—2）。

③正五位下・書博士〈清系〉。

清原（真人）頼隆

①長和四（一〇一五）～五年、治安二年（一〇二二）～長元二年（一〇二九）（＊）、長元七年～長久二年（一〇四一）（＊）。

②（系図6—1）。

③長元元年（一〇二八）四月十八日、中風を病む〈「春」〉。長元三年正月、任筑前守〈「朝」第九〉。同年三月、任主計頭〈「朝」第九〉。同年七月九日、助教〈「左」〉。天喜元年（一〇五三）七月廿八日歿、七十五歳〈尊卑〉。主税権頭・河内守・伊予権助・助教・囚獄正・筑前守・次侍従・少内記・大炊頭・得業生・直講・博士・主計頭〈尊卑〉。『中外抄』下9。

④平安・長保。

清原（真人）隆業　→　清原（真人）仲隆

清原（真人）隆重

①未詳。在職は「清原系図」による。

②（系図6—3）。妻・清原教隆女。

③正五位下・直講〈清系〉。文永九年（一二七二）十月十七日歿、四十七歳〈清系〉。

清原（真人）隆尚

①嘉禎元年（一二三五）。

②（系図6—3）。

③正五位下・書博士・直講〈清系〉。

清原（真人）隆信

①応保二年（一一六二）～長寛二年（一一六四）。
②〈系図6―1〉。
③元久二年（一二〇五）正月卅日、任大和守〈「明」〉。従五位上〈清系〉。

清原（真人）隆宣
①康元元年（一二五六）。
②〈系図6―3〉。
③正五位下・助教・直講・壱岐守・書博士〈清系〉。弘安十一年（一二八八）三月十四日歿、五十八歳〈清系〉。

清原（真人）良英
①未詳。在職は「清原系図」による。
②〈系図6―2〉。
③正五位下・木工助・音博士・壱岐守〈清系〉。永仁五年（一二九七）五月廿六日歿〈清系〉。

清原（真人）良季
①弘長元年（一二六一）～建治元年（一二七五）（＊）、建治元年～弘安十年（一二八七）（＊）。
②〈系図6―4〉。室・中原師守女。初名・良尚。

③正応四年（一二九一）六月六日歿、七十一歳〈尊卑〉。従四位下・博士・助教・直講・豊前守・主計頭・主水正など〈尊卑〉。
④国書。

清原（真人）良業
①治承元（一一七七）～三年、建久四年（一一九三）～承元四年（一二一〇）。
②〈系図6―2・4〉。妻・藤原仲教女。
③承元四年（一二一〇）正月十九日歿〈四十七歳〉。正五位下・大舎人頭・博士・助教・直講・主水正・主税頭など〈尊卑〉。
④国書・鎌室。『歴代残闕日記』巻34（臨川書店）。

清原（真人）良兼
①正和三（一三一四）～五年。
②〈系図6―4〉。母・二階堂行継女。
③延文六年（一三六一）三月晦日に五十五歳で歿す〈「船橋家譜」〉。正五位下・主水正・直講・大舎人頭〈清系〉。
④国書。

清原（真人）良賢
①文和二年（一三五三）～延文元年（一三五六）、永徳二年（一三八二）～至徳三年（一三八六）（＊）。
②〈系図6—4〉。妻・橘知兼女、母・丹波行定女。
③永和元年（一三七五）四月、任主税頭〈「押」62〉。贈従三位・博士・少納言・主水正・大膳大夫・主税頭・内昇殿〈清系〉。日記に「大外記清原良賢真人記」がある。
④国史・国書。『歴代残闕日記』巻69（臨川書店）。

清原（真人）良元
①貞応元年（一二二二）。
②〈系図6—4〉。のち良広。
③大監物〈清系〉。

清原（真人）良綱
①文永十一年（一二七四）～建治三年（一二七七）。
②〈系図6—2〉。
③正五位下・隼人正・音博士・大蔵少輔〈清系〉。

清原（真人）良氏
①嘉暦二年（一三二七）～元徳元年（一三二九）。
②〈系図6—4〉。
③正五位下・直講・得業生・主水正〈清系〉。

清原（真人）良枝
①嘉元三年（一三〇五）～正和五年（一三一六）（＊）、正和五年～文保二年（一三一八）（＊）。
②〈系図6—4〉。母・中原師守女。
③文永九年（一二七二）十二月、任直講。正応三年（一二九〇）九月、任助教〈ともに「押」61〉。元亨三年（一三二三）に出家し、元弘元年（一三三一）十一月十二日歿、七十九歳〈尊卑〉。正四位下・博士・助教・直講・大膳大夫・主計頭・主水正など〈尊卑〉。
④国書。

清原（真人）良種
①延文元年（一三五六）～応安五年（一三七二）。
②〈系図6—4〉。
③正五位上・助教・直講・書博士〈清系〉。

清原（真人）良尚 → 清原（真人）良季
清原（朝臣）良宣 → 清原（朝臣）業忠

清原（真人）良任
①文永三（一二六六）～十一年。
②〈系図6—4〉。
③正五位下・得業生・隼人正〈清系〉。
清原（真人）良隆 → 清原（真人）頼尚

ク

国（宿禰）雅重
①寛和二年（九八六）～永祚元年（九八九）。
③もと朱雀院主典代〈外記〉。
④長保。
国（宿禰）雅章
①天元元年（九七八）～永観二年（九八四）。
国（宿禰）公真
①天暦十年（九五六）～天徳三年（九五九）。
内蔵（宿禰）惟直
①承平四年（九三四）～天慶元年（九三八）。
内蔵（宿禰）賀茂麻呂

①延暦二（七八三）～九年、延暦十六年。
③もと式部少録。後に遣渤海使をつとめる。
④平安。
内蔵（宿禰）時景
①承平二（九三二）～六年。
内蔵（宿禰）秀嗣
①天長十年（八三三）。
②もと内蔵忌寸姓。
内蔵（忌寸）全成
①宝亀三（七七二）～五年（＊）。
③大学少属から遣渤海使などを経て外記就任。以後も外交で活躍し、延暦四年（七八五）六月に宿禰姓を得た後、内蔵頭・讃岐守などを歴任。
④古代。

コ

桑原（公）広田麻呂 → 都（宿禰）広田麻呂
巨勢（朝臣）舒節

①天延三年（九七五）～天元三年（九八〇）。

巨勢（朝臣）文宗

①元慶四年（八八〇）～仁和元年（八八五）。

③もと文章生〈外記〉。

巨勢（朝臣）文任

①長和五年（一〇一六）～寛仁元年（一〇一七）。

③もと内御所所寄人。長元二年（一〇二九）三月二日、薩摩守〈「小」〉。藤原（小野宮）実資に仕えており、その使者としても見える。

④長保。

惟宗（朝臣）為経

①長元七年（一〇三四）。

②父・大隅守行利〈「勅撰作者部類」〉。

③治安二年（一〇二二）、任少判事〈「勅撰作者部類」〉。

④国書・平安・長保。

惟宗（朝臣）為賢

①建久六（一一九五）～八年。

②父・大宰大監為忠〈外記〉。

惟宗（朝臣）季孝

①未詳（久寿二年〈一一五五〉以前）。

惟宗（朝臣）季高

①仁安二（一一六七）～三年、仁安三年～嘉応元年（一一六九）。

惟宗（朝臣）基言

①承徳二年（一〇九八）～康和三年（一一〇一）。

②（系図9）。

惟宗（朝臣）基親

①寛治四（一〇九〇）～五年。

③康和元年（一〇九九）正月廿三日、任安房守〈「本」〉。

惟宗（朝臣）基忠

①未詳。在職は「惟宗氏系図」による。

②（系図9）。

惟宗（朝臣）義定

①延久元年（一〇六九）。

惟宗（朝臣）経弘

①久寿元年（一一五四）～保元元年（一一五六）。

惟宗（朝臣）景通
①長寛二年（一一六四）。
惟宗（朝臣）兼職
①天永二年（一一一一）〜永久元年（一一一三）。
惟宗（朝臣）広信
①寛治五年（一〇九一）〜嘉保元年（一〇九四）。
惟宗（朝臣）行利
①寛弘元（一〇〇四）〜四年。
②旧姓宗岡（宗岳）。子・為経〈勅撰作者部類〉。
③明経得業生・少判事を経て六位外記。叙爵後、治安元年（一〇二一）十月八日には大隅守であった〈「小」〉。
④長保（惟宗行利・宗岳行利）。
惟宗（朝臣）康弘
①久寿二年（一一五五）〜保元二年（一一五七）。
惟宗（朝臣）国憲
①保安四年（一一二三）。
③仁平三年（一一五三）正月廿二日、任薩摩守〈「槐」〉。
惟宗（朝臣）時重
①寛治元（一〇八七）〜二年。
②（系図9）。
惟宗（朝臣）重実
①大治四年（一一二九）。
惟宗（朝臣）俊弘
①大治五年（一一三〇）。
③長承三年（一一三四）三月十九日、皇后宮大属〈「中」〉。
仁平三年（一一五三）六月十三日、高陽院主典代〈「兵」〉。
保元二年（一一五七）三月廿六日、任大隅守〈「兵」〉。
惟宗（朝臣）順孝
①寛仁二年（一〇一八）〜治安元年（一〇二一）。
④長保（姓不明者の部）。
惟宗（朝臣）親盛
①応保二年（一一六二）。
②（系図9）。
惟宗（朝臣）成兼
①天養元年（一一四四）。
惟宗（朝臣）成親

①寛弘五（一〇〇八）～六年
④長保。

惟宗（朝臣）清光
①建久元（一一九〇）～五年。
②子・宣光〈外記〉。

惟宗（朝臣）清真
①寛治四（一〇九〇）～七年。

惟宗（朝臣）清忠
①承安元年（一一七一）。

惟宗（朝臣）盛清
①承元元（一二〇七）～四年。
②父・民部大夫盛信〈外記〉。

惟宗（朝臣）宣光
①元久元年（一二〇四）～承元三年（一二〇九）。
②（系図9）。「外記補任」には父・清光とある。

惟宗（朝臣）宣俊
①未詳。在職は「惟宗氏系図」による。
②（系図9）。

惟宗（朝臣）仲信
①寛治元（一〇八七）～二年。

惟宗（朝臣）忠義
①未詳。在職は「惟宗氏系図」による。
②（系図9）。

惟宗（朝臣）忠業
①康治元年（一一四二）～久安元年（一一四五）。

惟宗（朝臣）忠兼
①未詳。在職は「惟宗氏系図」による。
②（系図9）。

惟宗（朝臣）忠弘
①天養元年（一一四四）～久安二年（一一四六）。
②（系図9）。
③久寿二年（一一五五）十二月十七日、高陽院主典代〈「兵」〉。

惟宗（朝臣）忠光
①久安元年（一一四五）。
②（系図9）。

惟宗（朝臣）長基

①久安三年（一一四七）。
②（系図9）。
惟宗（朝臣）長言
①久安四（一一四八）～五年。
②（系図9）。
惟宗（朝臣）長俊
①長寛元年（一一六三）。
②（系図9）。
惟宗（朝臣）能国
①仁治三年（一二四二）～寛元四年（一二四六）。
惟宗（朝臣）範季
①承暦三年（一〇七九）。
惟宗（朝臣）輔兼
①康和四年（一一〇二）～長治二年（一一〇五）。
惟宗（朝臣）有基
①弘長元年（一二六一）。
惟宗（朝臣）祐通
①建久九年（一一九八）～建仁二年（一二〇二）。
惟宗（朝臣）頼経
①承保三年（一〇七六）。
惟良高望
①寛平二（八九〇）～六年。
惟良有之
①延喜六（九〇六）～九年。
③延喜十年（九一〇）正月、任土佐守〈外記〉。

サ

雑賀　某
①応安六年（一三七三）。
③室町幕府奉行人。
佐伯（宿禰）為豊
①正中元年（一三二四）～元弘元年（一三三一）。
②子・為右。
佐伯（宿禰）為右
①暦応三年（一三四〇）～貞和五年（一三四九）。
②父・為豊。

佐伯（宿禰）義資
①嘉承元（一一〇六）～二年。
佐伯（宿禰）久重
①安元二年（一一七六）。
佐伯（宿禰）公行
①天延二年（九七四）～貞元二年（九七七）。
③もと出納。六位外記から遠江守・信濃守・伊予守を経て、寛弘七年（一〇一〇）三月十一日に正四位下で出家しようとしたが〈「権」・「堂」〉、その後も佐渡守・土佐守などをつとめている。篤信で知られる。なお寛弘六年（一〇〇九）には、妻と三女が中宮呪詛にかかわり、追捕されている〈「紀略」〉。
④平安・長保。
佐伯（宿禰）滋並
①延長三（九二五）～八年。
佐伯（宿禰）親元
①未詳（応徳三年〈一〇八六〉以前）。
②佐伯親資と同一人物と考えられる。

佐伯（宿禰）親資
①治暦四年（一〇六八）。
③永保元年（一〇八一）十一月廿九日、治部卿藤原経季の侍〈「帥」〉。
佐伯（宿禰）政輔
①未詳（治暦四年〈一〇六八〉以前）。
佐伯（宿禰）某
①治暦四年（一〇六八）。
坂田（朝臣）永河→南淵（朝臣）永河
坂田（朝臣）弘貞→南淵（朝臣）弘貞
坂上（大宿禰）恒蔭
①延喜廿一年（九二一）～延長三年（九二五）。
③もと少内記〈外記〉。
④平安。
坂上高晴
①承平七年（九三七）～天慶四年（九四一）。
③もと文章生。
坂上（忌寸）今継

①弘仁十二（八二一）～十三年、天長元（八二四）～四年。
③もと紀伝博士。『日本後紀』の編纂にたずさわる。
④国書。「解説」註7参照。

坂上（忌寸）能文

①仁寿二年（八五二）～天安元年（八五七）。
③もと文章生・左少史〈外記〉。

坂上（大宿禰）望城

①康保四年（九六七）～天禄元年（九七〇）。
②父・大内記是則、子・厚範〈「坂上系図」〉。
③天元三年（九八〇）八月に歿〈「坂上系図」〉。従五位下・石見守・後撰集作者〈「坂上系図」〉。
④国史・国書・平安。

桜嶋（宿禰）雅親

①寛弘三（一〇〇六）～七年。
③もと出納。
④長保。

桜嶋（宿禰）忠信

①康保二年（九六五）～安和元年（九六八）。
②（系図7）。
③『十訓抄』一〇の三九。
④平安。経歴は、新日本古典文学大系27『本朝文粋』作者解説などを参照。

雀部（宿禰）是連

①天慶九年（九四六）～天暦五年（九五一）。
②子・有方〈集成〉。

雀部（宿禰）有方

①康保元（九六四）～四年。
②父・是連〈集成〉。

シ

滋野（朝臣）安成

①承和五（八三八）～十一年、嘉祥三年（八五〇）～天安元年（八五七）（＊）、天安二年～貞観六年（八六四）（＊）。
②旧姓・名草直。承和六年（八三九）に名草宿禰、仁寿二年（八五二）に滋野朝臣に改賜姓。
③もと内匠大属〈外記〉。

④平安。「解説」註9参照。

滋野（宿禰）弘基

①貞観十三（八七一）〜十八年。

滋野（朝臣）恒蔭

①貞観六（八六四）〜十年。

②祖父・貞雄、父・善淵〈集成〉。

滋野（朝臣）如時

①長保五年（一〇〇三）〜寛弘三年（一〇〇六）。

②旧姓・尾張。

③もと出納。外記から叙爵後、下総介・大隅守。寛弘二年（一〇〇五）に改賜姓。

④長保。

滋野（朝臣）善言

①永祚元年（九八九）〜正暦四年（九九三）、長徳四年（九九八）〜寛弘七年（一〇一〇）（＊）。

②旧姓・小槻。

③もと文章生。

④平安・長保。

嶋田（朝臣）惟上

①元慶七年（八八三）〜仁和元年（八八五）。

③もと文章生〈外記〉。及第〈『本朝文粋』巻七、題者大江音人〉。

嶋田（朝臣）公鑒

①延長八年（九三〇）〜承平四年（九三四）。

嶋田（朝臣）資忠

①安和二年（九六九）〜天延二年（九七四）。

嶋田（朝臣）清田

①天長元（八二四）〜六年〜承和二年（八三五）（＊）。

②（系図2）。

③『日本後紀』の編纂にたずさわる。

④国書・平安。

嶋田（朝臣）善長

①貞観二（八六〇）〜四年。

②嶋田仲平 → 嶋田仲方

嶋田（朝臣）仲方

①延喜七（九〇七）〜十年。

②延喜廿二年（九二二）三月廿日、図書頭・丹波権介〈「符宣」六〉。

嶋田（朝臣）忠臣

①貞観八（八六六）～十一年。

②（系図2）。

③もと文章生〈外記〉。大宰少弐・兵部少輔・美濃介・典薬頭などをへ、従五位上で寛平四年（八九二）に歿す。詩文集に「田氏家集」がある。

④国史・国書・平安。経歴は、新日本古典文学大系27『本朝文粋』作者解説などを参照。「解説」註19参照。

嶋田（朝臣）房年

①寛平八年（八九六）～昌泰二年（八九九）。

嶋田（朝臣）良行

①延喜廿年（九二〇）～延長二年（九二四）。

嶋田（朝臣）良臣

①貞観十五（八七三）～十八年～元慶六年（八八二）（＊）。

②（系図2）。

③もと文章生〈外記〉。『日本文徳天皇実録』の編纂にたずさわる。

④平安。

白猪（史）広成

①養老三年（七一九）。

②養老四年（七二〇）に葛井連に改姓。室・県犬養八重。

③遣新羅使・備後守などを経て正五位下・中務少輔になる。

④国書（葛井広成）・古代。

白鳥（村主）茂智麻呂 → 長峯（宿禰）茂智麻呂

ス

菅野（朝臣）惟肖

①元慶元（八七七）～四年。

④平安。

菅野（朝臣）君平

①延喜八（九〇八）～十一年。

③もと文章生〈外記〉。

菅野（朝臣）継門

①承和二（八三五）～九年、斉衡元年（八五四）～天安二

年（八五八）（＊）。

菅野（朝臣）兼孝

①承暦三年（一〇七九）～永保二年（一〇八二）。

菅野（朝臣）実国

①寛弘八年（一〇一一）～長和元年（一〇一二）。

②父・敦頼。

③長和五年（一〇一六）正月四日、主税助として任三条院主典代〈「小」〉。同六年、任主税頭〈「二」〉。

④長保。

菅野（朝臣）重忠

①長徳四年（九九八）～長保三年（一〇〇一）。

③主税権少允から六位外記に任じ、大隅守に。寛弘四年（一〇〇七）七月一日に大蔵満高（種材の子）に殺害されたため、同五年五月十六日に重忠後家が種材を訴えている〈「堂」〉。

④長保。

菅野（朝臣）助道

①貞観八（八六六）～十年。

③もと内記〈外記〉。貞観十年に歿。

菅野（朝臣）正統

①天暦元（九四七）～六年、康保四年（九六七）～天禄二年（九七一）（＊）。

④平安。

菅野（朝臣）成允

①建保四年（一二一六）。

菅野（朝臣）清方

①承平四年（九三四）～天慶二年（九三九）（＊）。

③延喜十一年（九一一）に右少史、同十六年三月に左大史に任じ、同十七年十一月十七日に叙爵（外位）。肥前守・右京亮・主税頭などを経て大夫外記に〈外記〉。

菅野（朝臣）忠輔

①天延三年（九七五）～天元元年（九七八）、天元三年～寛和二年（九八六）（＊）。

②子・敦頼、女・藤原庶政室。

③正暦元年（九九〇）、補穀倉院別当〈「二」〉。

④長保。

菅野（朝臣）敦頼
①正暦四年（九九三）～長徳二年（九九六）、寛弘七年（一〇一〇）～長和四年（一〇一五）（＊）。
②父・忠輔、子・実国、女・藤原保家室。
③寛仁三年（一〇一九）七月十三日、叙従四位〈「小」〉。寛仁四年十一月廿九日、肥後守〈「小」〉。治安三年（一〇二三）五月六日、大膳大夫〈「小」〉。万寿二年（一〇二五）十一月一日、淡路守〈「小」〉。長久元年（一〇四〇）四月廿七日、伊賀守から筑前守に転じる〈「春」〉。
④平安・長保。
菅野（朝臣）有風→菅野（朝臣）惟肖
菅原（朝臣）惟経
①治安二年（一〇二二）～万寿元年（一〇二四）。
菅原（朝臣）宗岳
①仁和元（八八五）～四年。
②（系図2）。女・菅原高視室。
③もと文章生〈外記〉。従四位上・三河守・大内記〈尊卑〉。延喜十六年（九一六）歿〈尊卑〉。
菅原（朝臣）陳経
①未詳。在職は『尊卑分脈』による。
②（系図2・3）。
③従五位上・文章生・木工允・暦博士〈尊卑〉。嘉承元年（一一〇六）に「菅家御伝記」を記す。
④国書・平安。
菅原（朝臣）利蔭
①延喜九（九〇九）～十二年。

タ

当麻有業
①延喜十九（九一九）～廿二年。
高丘（宿禰）潔門
①弘仁八（八一七）～十年。
②浄門とも。祖父・比良麻呂〈集成〉。
高丘（宿禰）五常
①元慶六年（八八二）～仁和二年（八八六）。
③もと文章得業生・左少史。寛平九年（八九七）正月、叙

従五位下〈外記〉。
④国書。経歴は、新日本古典文学大系27『本朝文粋』作者解説などを参照。

高丘（宿禰）相如
①天元四年（九八一）～寛和元年（九八五）。
②子・頼言〈集成〉。
③文章生から少内記をへて六位外記。叙爵後、飛驒守〈外記〉。藤原公任の師であり、一条天皇期の代表的な文人の一人。
④国書・平安・長保。経歴は、新日本古典文学大系27『本朝文粋』作者解説などを参照。

高丘（連）比良麻呂
①天平宝字四年（七六〇）、天平宝字八年～神護景雲二年（七六八）（*）。
②高岡、枚麻呂とも記す。祖父・沙門詠は朝鮮半島からの渡来人。父・河内が高丘連姓を得る。
③紫微中台少疏（坤宮官少疏）から大外記になり、越前介をへて再び大外記に。その後、内蔵助・法王宮亮などを兼ね、高丘宿禰に改姓。神護景雲二年（七六八）六月廿八日歿〈続紀〉。『続日本紀』同日条に略伝あり。
④国史。

高丘（宿禰）頼言
①万寿三年（一〇二六）～長元元年（一〇二八）。
②父・相如、女・左大史小槻孝信妻〈集成〉。
④国書・平安・長保（高丘頼言・〈姓不明〉頼言）

高橋（朝臣）元幹
①延長三（九二五）～七年。

高橋（朝臣）国儀
①寛仁元（一〇一七）～四年。
④長保。

高橋（朝臣）俊職
①文明十三年（一四八一）。
②子・長職〈「長興」文明十四年三月三日条〉。
③文明十年（一四七八）正月廿八日、「左一史」〈晴富〉。

高橋（朝臣）信頴
①未詳（永暦元年〈一一六〇〉以前）。

③永暦元年（一一六〇）十一月卅日、内膳奉膳〈「槐」〉。

高橋（朝臣）信弘

①永暦元年（一一六〇）。

②もと主殿允・右少史。

③永井晋編『官史補任』（続群書類従完成会・一九九八年）の「官史考証」。

高村（忌寸）田使

①延暦十（七九一）～十四年（＊）、延暦十六～十七年、大同元（八〇六）～三年（＊）。

③もと高宮村主姓。延暦三年（七八四）に春原連姓、同四年に高村忌寸姓、弘仁二年（八一一）に宿禰姓を賜る。大夫外記から陰陽頭をへて再び大夫外記に。

④国書・平安。

高村（宿禰）武人

①天長八年（八三一）。

田口（朝臣）大立

①天平宝字五年（七六一）。

③延暦二年（七八三）正月に外従五位下になる。

④古代。

多治（真人）雅清

①正暦五年（九九四）～長徳三年（九九七）。

③もと文章生。

④長保。

多治（真人）雅輔

①寛和二年（九八六）～正暦元年（九九〇）。

③出納から六位外記になり、叙爵後に長門守。

④長保。

多治（真人）実相

①承平三（九三三）～七年、天暦四（九五〇）～十年（＊）。

多治（真人）是則

①延喜三（九〇三）～六年。

③延喜九年正月、任肥後守〈外記〉。

多治（真人）宗範

①寛平六（八九四）～九年。

多治（真人）文正

①天慶四（九四一）～八年。

多治（真人）有友

①寛平六年（八九四）～昌泰元年（八九八）。

忠宗是行

①貞観十六年（八七四）～元慶二年（八七八）。

③もと文章生〈外記〉。

忠宗宗主

①承和十（八四三）～十三年。

橘（朝臣）孝親

①長和三（一〇一四）～五年。

②（系図7）。

③寛仁四年（一〇二〇）十一月十七日、少内記〈「小」〉。万寿二年（一〇二五）三月廿三日、出雲守〈「小」〉。同四年正月一日、大内記〈「小」〉。長暦三年（一〇三九）閏十二月廿日、任文章博士〈「春」〉。長久元年（一〇四〇）十二月廿一日、大内記を辞す申文を出す。『江談抄』五の一、五の五二。

④平安・長保。

立野惟実

①貞元元年（九七六）～天元四年（九八一）。

立野有頼

①天延二（九七四）～三年。

玉祖成長

①長寛二年（一一六四）。

②（系図4）。

③従五位下・山城介・右兵衛尉〈尊卑〉。

玉祖宗賢

①康和四年（一一〇二）。

②（系図4）。実は長門国一宮の玉祖宮の祀官の出身。

③康和四年（一一〇二）四月十九日、藤原忠実の家人〈「殿」〉。従五位下・大舎人允・大和守（長承三年二月任）〈尊卑〉。

多米国定

①正暦元（九九〇）～五年。

②ほぼ同時期に官史をつとめた多米国平は兄弟か。

③右京少属・左衛門少志を経て六位外記になり、叙爵後に安芸守〈外記〉。

④長保。

多米弟益
①天安二年（八五八）～貞観二年（八六〇）。
③もと左大史〈外記〉。

ツ

津（連）巨都雄 → 中科（宿禰）善雄

ト

十市（宿禰）春宗
①未詳。在職は『尊卑分脈』などに見えるが、史料上は否定できる。
②（系図5—1）。
③従五位上・明経博士〈尊卑〉。

十市（宿禰）有象 → 十市部（宿禰）有象

十市（宿禰）良忠
①未詳。在職は「中原系図」（『続群書類従』第七輯上）に見えるが、史料上は否定できる。
②（系図5—1）。
④平安。

十市部（宿禰）有象
①天慶五（九四二）～九年。
②（系図5—1）。のち中原朝臣姓。
③従四位下・治部卿・斎宮頭・算博士〈尊卑〉。詳しい経歴は『地下家伝』を参照。
④平安（中原有象）。

伴（朝臣）為国
①長和三（一〇一四）～四年。
②父・隠岐守仲信、子・豊前守佐親。
③監物から六位外記となり、叙爵後に豊前守。
④長保。

伴（朝臣）為利
①長保五年（一〇〇三）～寛弘二年（一〇〇五）。
③もと文章生。
④長保。

伴　義忠
①貞元二年（九七七）～天元五年（九八二）。

伴（宿禰）久永

①延喜十二（九一二）～十五年、延喜十六年～承平三年（九三三）（＊）。

③『延喜式』編纂にたずさわる。

④平安。

伴　興門

①貞観四（八六二）～九年。

③もと少監物〈外記〉。

伴（朝臣）重通

①長元元年（一〇二八）。

③長元四年（一〇三一）十月廿二日、叙従五位上〈「左」〉。藤原（小野宮）実資に仕えており、その前駆として見える〈「小」〉。

④長保。

伴（朝臣）定信

①応徳元（一〇八四）～三年。

③もと文章生。

豊宗（宿禰）広人

①延暦十九年（八〇〇）～弘仁七年（八一六）。

②もと堅部使主姓。大同元年（八〇六）に改賜姓。

④平安。

ナ

中科（宿禰）巨都雄　→　中科（宿禰）善雄

中科（宿禰）善雄

①延暦七（七八八）～十四～十九年（＊）。

②もと津連姓。

③『続日本紀』『官曹事類』の編纂にたずさわった。

④国書・平安。

中臣朝明　→　大中臣朝明

中臣利世

①延喜十三（九一三）～十七年。

中原（朝臣）安俊

①康治元（一一四二）～二年。

中原（朝臣）為経

①承安二（一一七二）～三年。

中原（朝臣）為重
①嘉応元年（一一六九）。
③嘉応元年（一一六九）五月十一日歿〈外記〉。
中原（朝臣）為真
①仁治三年（一二四二）～宝治二年（一二四八）。
中原（朝臣）為清
①承安四年（一一七四）。
中原（朝臣）惟国
①永万元年（一一六五）～仁安元年（一一六六）。
②弟・資茂。
③治承元年（一一七七）七月廿八日歿〈「園」文和元年二月十三日条〉。
中原（朝臣）惟長
①保安四年（一一二三）。
②保延二年（一一三六）十月十一日、大納言着座饗で勧杯〈「台」〉。
中原（朝臣）尹光
①建久九年（一一九八）～正治元年（一一九九）。

②父・俊光。
中原（朝臣）英隆
①応永九（一四〇二）～廿二年。
②（系図10）。
③初名・重隆。
中原（朝臣）家久
①嘉吉元年（一四四一）～文安三年（一四四六）。
③中原師世の後室の扶持をするため、外記を辞退している。近親者であろうか。
中原（朝臣）家俊
①正治二年（一二〇〇）～建仁二年（一二〇二）。
②父・業俊。
中原（朝臣）季親
①元久元年（一二〇四）。
②もと文章生。
中原（朝臣）義経
①長承元年（一一三二）～保延元年（一一三五）。
中原（朝臣）義顕 → 中原（朝臣）義経

中原（朝臣）業俊
①未詳（久寿二年〈一一五五〉以前）。
中原（朝臣）業俊
①長寛二年（一一六四）～永万元年（一一六五）。
②子・家俊。
中原（朝臣）業長
①保元三年（一一五八）～応保元年（一一六一）。
②（系図5―1）。
中原（朝臣）経時
①治承四年（一一八〇）～養和元年（一一八一）。
②父・正親佑経明。
中原（朝臣）経成
①建永元年（一二〇六）～承元元年（一二〇七）。
中原（朝臣）経明
①安元元年（一一七五）～治承元年（一一七七）。
中原（朝臣）景賢
①元暦元年（一一八四）～文治三年（一一八七）。
中原（朝臣）景孝
①正治二年（一二〇〇）。
中原（朝臣）景資
①建仁元（一二〇一）～二年。
中原（朝臣）景俊
①保安四年（一一二三）。
②久寿二年（一一五五）正月廿八日、任伊勢守〈「兵」〉。
中原（朝臣）景盛
①永暦元年（一一六〇）～応保元年（一一六一）。
中原（朝臣）景長
①承安元（一一七一）～二年。
中原（朝臣）景良
①仁平元年（一一五一）～久寿元年（一一五四）。
②子・俊国。
③高松院主典代〈「外記」承安三年〉。
中原（朝臣）兼業
①養和元年（一一八一）、建久二（一一九一）～六年、建仁三年（一二〇三）～建永元年（一二〇六）。
②祖父・下宿貞国、父・兼茂。

中原（朝臣）兼経→中原（朝臣）兼茂

中原（朝臣）兼茂

①安元二年（一一七六）～治承元年（一一七七）。

②父・下宿貞国、子・兼業。

中原（朝臣）元貞

①建久五（一一九四）～九年。

③中原師尚門生。

中原（朝臣）広安

①元永元年（一一一八）～保安元年（一一二〇）。

②（系図5—4）。

③久寿二年（一一五五）十月廿六日、大蔵少輔・関白（忠通）家家司〈「兵」〉。従五位下・大蔵少輔・直講〈中系〉。

中原（朝臣）広家

①保元二（一一五七）～三年。

中原（朝臣）広季

①長承三年（一一三四）～保延三年（一一三七）。

②（系図5—4）。女・藤原家綱室。

③仁平二年（一一五二）正月廿六日、内蔵助・左大臣（藤原頼長）家家司〈「兵」〉。同三年正月五日、叙従五位上〈「兵」〉。同四年十二月廿八日、任直講〈「兵」〉。保元二年（一一五七）八月十九日、関白（藤原忠通）家家司〈「兵」〉。応保二年（一一六二）正月廿七日、任越後権介〈「槐」除目部類〉。長寛二年（一一六四）七月一日、助教として関白（藤原基実）家文殿に奉仕〈「平」三二八七号〉。永万元年（一一六五）七月廿五日、叙正五位下〈「槐」〉。従四位下・博士・飛騨守〈尊卑・中系〉。

中原（朝臣）広兼

①元永元（一一一八）～二年。

中原（朝臣）広賢

①天承元年（一一三一）～長承三年（一一三四）。

③保元二年（一一五七）八月十九日、重代上官として任大臣大饗で勧杯〈「兵」〉。

中原（朝臣）広元

①嘉応二年（一一七〇）～承安三年（一一七三）。

②（系図5—4）。女・八条公国室・飛鳥井雅経室・藤原仲教室・中原師業室。

③のち大江姓。鎌倉幕府政所別当。詳しい経歴は、『尊卑分脈』四―97にあり。

④国史・国書・平安・鎌室・吾妻（いずれも大江広元）。「解説」註23参照。

中原（朝臣）広俊

①康和二（一一〇〇）～五年。

②女・藤原敦周室。

③天永二年（一一一一）三月十八日、勧学会講師〈「中」〉。同三年正月廿七日、任下野守〈「中」〉。日向守〈尊卑〉。

④平安。

中原（朝臣）広宗

①延久元年（一〇六九）。

②（系図5―4）。

③承保元年（一〇七四）十二月、従五位下・直講〈「間」十〉。康和三年（一一〇一）四月二日、正五位下・助教〈「朝」第九〉。同年十二月廿四日、補右大臣（藤原忠実）家家司〈「殿」〉。同四年七月五日、補右大臣家文殿預〈「殿」〉。同五年正月六日、石見国治国の賞によって叙従四位下〈「本」〉。長治二年（一一〇五）六月、任明経博士〈「間」五〉。同三年六月、兼因幡権守〈「間」五〉。博士〈尊卑〉。下総守・博士・玄蕃允〈中系〉。

④平安。

中原（朝臣）広忠

①嘉保元年（一〇九四）～承徳元年（一〇九七）。

②（系図5―4）。

③嘉承二年（一一〇七）十二月、任直講〈「間」五〉。天永三年（一一一二）正月、兼紀伊権介〈「間」五〉。永久元年（一一一三）三月廿八日、補関白（藤原忠実）家家司〈「殿」〉。同四年正月廿四日、従五位上〈「間」七〉。従五位上・直講〈尊卑〉。従五位上・得業生・直講・織部正・隠岐守〈中系〉。

中原（朝臣）広能

①保元三年（一一五八）～平治元年（一一五九）。

②（系図5―4）。

③従五位下・壱岐守〈中系〉。

中原（朝臣）行永

①建久九年（一一九八）～建仁元年（一二〇一）。

中原（朝臣）行兼

①文治五年（一一八九）～建久三年（一一九二）。

②子・備中守行範、孫・筑後守行実。

中原（朝臣）高季

①延久五年（一〇七三）。

中原（朝臣）康継 → 中原（朝臣）康純

中原（朝臣）康顕

①永享十二年（一四四〇）～長享二年（一四八八）。

②（系図10）。

④国書。

中原（朝臣）康綱

①正和五年（一三一六）～暦応二年（一三三九）。

②（系図10）。

③暦応二年（一三三九）六月十日歿〈外記〉。

中原（朝臣）康純

①文安四年（一四四七）～長享元年（一四八七）。

②（系図10）。初名康継、幼名亀若丸。

③修理権亮から権少外記に。

中原（朝臣）康宗

①嘉応二年（一一七〇）～承安元年（一一七一）。

中原（朝臣）康直

①嘉応二年（一一七〇）。

中原（朝臣）康貞

①明応四年（一四九五）～永正六年（一五〇九）以後。

②（系図10）。

中原（朝臣）康富

①応永十六（一四〇九）～十九年、応永廿三年（一四一六）～長禄元年（一四五七）。

②（系図10）。

③長禄元年（一四五七）二月十六日歿〈「士代」〉。日記に「康富記」がある。

④国史・国書・鎌室。『史料大成　康富記』一～四（臨川書店）。「解説」註25・註27参照。

中原（朝臣）康友

①長享二年（一四八八）～明応九年（一五〇〇）以後。

②（系図10）。

中原（朝臣）康隆

①貞和二年（一三四六）～至徳元年（一三八四）。

②（系図10）。

中原（朝臣）佐盛

①仁治元年（一二四〇）。

中原（朝臣）佐能

①建治元年（一二七五）～弘安四年（一二八一）。

②子・佐利。

中原（朝臣）佐利

①永仁四年（一二九六）～嘉元二年（一三〇四）、嘉元三年～徳治元年（一三〇六）。

②父・佐能。

③中原師宗の門生。徳治元年三月十一日歿〈外記〉。

中原（朝臣）在俊

①久安五年（一一四九）～仁平元年（一一五一）。

中原（朝臣）師安

①長治二年（一一〇五）～天仁元年（一一〇八）、保延五年（一一三九）～久安四年（一一四八）（＊）。

②（系図5―1）。

③正四位下〈尊卑〉。正四位下・博士・主計頭〈中系〉。「中外抄」を著す。

④国書・平安。詳しい経歴は『地下家伝』を参照。

中原（朝臣）師為

①寛喜元年（一二二九）。

②（系図5―5）。母は三善長衡女。室は中原友景女。

③正五位下・助教・大炊助〈中系〉。正応二年（一二八九）七月十日に歿、七十歳〈中系〉。

中原（朝臣）師為

①元弘元年（一三三一）、正慶二年（一三三三）～建武二年（一三三五）。

中原（朝臣）師胤

①承元四年（一二一〇）～建暦二年（一二一二）。

中原（朝臣）師胤

①応安四年（一三七一）～永和二年（一三七六）、至徳元年（一三八四）、明徳元年（一三九〇）～応永三年（一

三九六）、応永十三～廿八年。
②〈系図5—3〉。
③正四位上・肥後守・掃部頭〈尊卑・中系〉。
④詳しい経歴は『地下家伝』を参照。

中原（朝臣）師員
①建久八（一一九七）～九年、寛喜三年（一二三一）（＊）。
②〈系図5—4〉。
③鎌倉幕府評定衆。建長三年（一二五一）六月廿二日歿〈中系〉。「関東評定衆伝」（建長三年）に詳しい履歴がある。『古今著聞集』二〇の六九二。
④国史・国書・鎌室・吾妻。「解説」註23参照。

中原（朝臣）師蔭
①弘安七（一二八四）～八年。
②〈系図5—3〉。
③正五位下・掃部頭〈尊卑・中系〉。
④詳しい経歴は『地下家伝』を参照。

中原（朝臣）師栄
①文保二年（一三一八）～元応元年（一三一九）、元応二年～元亨三年（一三二三）。
②〈系図5—2〉。
③伊豆守〈中系〉。
④国書。

中原（朝臣）師益
①正元元年（一二五九）。
②〈系図5—5〉。母は中原友景女。
③正五位下・大炊助・佐渡守〈中系〉。

中原（朝臣）師益→中原（朝臣）師孝

中原（朝臣）師遠
①寛治二（一〇八八）～四年、康和三年（一一〇一）～大治五年（一一三〇）（＊）。
②〈系図5—1〉。女・二条院女房〈堀河局、斎院禧子内親王母〉、大外記清原頼業室、右少将藤原公重室。
③正五位上・摂津守・修理左宮城使・図書頭・隠岐守・博士・主計頭・天文密奏〈尊卑・中系〉。『江談抄』二の一六・一九、「師遠年中行事」。日記に「鯨珠記（外師記）」がある。

④国書・平安。詳しい経歴は『地下家伝』を参照。『歴代残闕日記』巻21（臨川書店）・平田俊春『私撰国史の批判的研究』（国書刊行会・一九八二年）。

中原（朝臣）師音

①嘉元二（一三〇四）～三年。

②（系図5―3）。

③正五位下・掃部頭・造酒正・大炊権助〈尊卑・中系〉。

④詳しい経歴は『地下家伝』を参照。

中原（朝臣）師家 → 中原（朝臣）師綱

中原（朝臣）師夏

①正応二年（一二八九）～永仁二年（一二九四）。

②（系図5―2）。

③正五位下・刑部少輔・主計頭・助教・直講・兵庫頭〈中系〉。

中原（朝臣）師夏

①永和二（一三七六）～四年、応永二年（一三九五）（＊）、応永五～九年（＊）。

②（系図5―5）。

③永徳三年（一三八三）八月、任直講〈「押」61〉。大炊権助・大炊頭〈中系〉。日記に「大外記中原師夏記」がある。

④国書。『歴代残闕日記』巻68（臨川書店）。

中原（朝臣）師貫

①延慶二年（一三〇九）。

②（系図5―2）。

中原（朝臣）師鑒

①弘安五（一二八二）～六年。

②（系図5―4）。

中原（朝臣）師季

①文治三年（一一八七）～建久元年（一一九〇）、建保六年（一二一八）～寛喜三年（一二三一）（＊）。

②（系図5―3）。

③正四位下・備後守・筑前守・博士・掃部頭〈尊卑・中系〉。『古今著聞集』二〇の七〇二。

④国書・吾妻。詳しい経歴は『地下家伝』を参照。

中原（朝臣）師躬

①暦応元年（一三三八）～貞和二年（一三四六）。

②（系図５―５）。
③暦応五年（一三四二）三月、任音博士〈「押」61〉。
④「解説」註27参照。

中原（朝臣）師郷
①文保元年（一三一七）～元応二年（一三二〇）。
②（系図５―２）。

中原（朝臣）師郷
①未詳。在職は「中原系図」による。
②（系図５―２）。

中原（朝臣）師郷
①応永七（一四〇〇）～十年、応永廿八年～文安三年（一四四六）（＊）。
②（系図５―３）。
③掃部頭〈尊卑〉。正四位上・博士・掃部頭〈中系〉。長禄四年（一四六〇）十一月七日歿〈中系〉。
④国書。詳しい経歴は『地下家伝』を参照。『史料纂集　師郷記』一～六（続群書類従完成会）。

中原（朝臣）師業
①長承元年（一一三二）～保延元年（一一三五）、久安四年（一一四八）～永暦元年（一一六〇）（＊）。
②（系図５―１）。初名・師長。室・大江広元女、清原祐隆女。
③永治二年（一一四二）正月五日、叙従五位上〈「本」〉。久安三年（一一四七）十二月廿一日、助教・主税権助として兼大炊頭〈「本」〉。同四年正月廿八日、兼加賀介〈「本」〉。正五位上・穀倉院別当・河内守・大炊頭・明経博士〈尊卑・中系〉。
④平安。

中原（朝臣）師景
①嘉応二年（一一七〇）。
②（系図５―１）。
③散位・従五位下〈中系〉。

中原（朝臣）師景
①嘉禄二年（一二二六）。
②（系図５―２）。
③正五位下・加賀守〈中系〉。

中原（朝臣）師継

①永暦元年（一一六〇）～応保二年（一一六二）。

中原（朝臣）師兼

①承元四年（一二一〇）、寛喜三年（一二三一）～建長五年（一二五三）（＊）。

②（系図5―5）。母は三善康信女、妻は三善長衡女。

③正五位上〈尊卑・中系〉。建長五年四月六日歿〈中系〉。『古今著聞集』二〇の七〇二。日記に「大外記中原師兼記」がある。

④国書・鎌室・吾妻。詳しい経歴は『地下家伝』を参照。『歴代残闕日記』巻41（臨川書店）。

中原（朝臣）師顕

①文永二年（一二六五）～延慶二年（一三〇九）（＊）。

②（系図5―5）。母は三善長衡女。

③文永元年（一二六四）十二月、任博士〈「押」61〉。正四位上・穀倉院別当・弾正大弼〈尊卑〉。正四位上・穀倉院別当・肥前守・大隅守・主計頭・弾正少弼・博士・大炊頭〈中系〉。日記に「大外記中原師顕朝臣記」がある。

④国書・鎌室。『歴代残闕日記』巻48（臨川書店）。

中原（朝臣）師元

①保安二年（一一二一）～天治二年（一一二五）、永暦元年（一一六〇）～仁安元年（一一六六）（＊）。

②（系図5―1・3）。女・兵部少輔藤原尹明室、春日殿（二条天皇女房）。

③穀倉院別当・出羽守・掃部頭・大炊頭・博士〈尊卑・中系〉。日記に「大外記中原師元朝臣記」があり、「師元年中行事」・「中外抄」を著す。

④国書・平安。詳しい経歴は『地下家伝』を参照。『歴代残闕日記』巻20（臨川書店）。

中原（朝臣）師元→中原（朝臣）師方

中原（朝臣）師言

①元亨二年（一三二二）～正中元年（一三二四）、貞和五年（一三四九）～文和元年（一三五二）（＊）。

②（系図5―5）。

③正五位上・大炊頭〈尊卑・中系〉。

中原（朝臣）師彦

①嘉元二年（一三〇四）。
②〈系図5—5〉。
③木工助〈尊卑〉。
中原（朝臣）師古
①弘安四（一二八一）～五年、延慶三年（一三一〇）～正和五年（一三一六）。
②〈系図5—5〉。
③正五位上・主計権助・縫殿権助・助教・大炊頭・博士〈尊卑・中系〉。正和五年六月廿一日歿。
中原（朝臣）師公
①建久元（一一九〇）～四年。
②〈系図5—4〉。
③陸奥守・大蔵少輔〈中系〉。
中原（朝臣）師弘
①貞応元年（一二二二）、建長五年（一二五三）～弘長二年（一二六二）（＊）。
②〈系図5—2〉。母は尾張守藤原孝道女（七条院女房讃岐局）。
③穀倉院別当・博士・造酒正〈尊卑・中系〉。
④国書。
中原（朝臣）師光
①未詳。在職は「中原系図」による。
②〈系図5—1〉。
③従五位下・少外記〈中系〉。
中原（朝臣）師光
①建保六年（一二一八）～承久元年（一二一九）、寛元元年（一二四三）～文応元年（一二六〇）（＊）、弘長二年（一二六二）～文永二年（一二六五）（＊）。
②〈系図5—3〉。
③正四位下・穀倉院別当・掃部頭・博士・仙洞近習〈尊卑〉。正五位下・穀倉院別当・掃部頭・博士・越中守・仙洞近習〈中系〉。日記に「大外記中原師光朝臣記」がある。『古今著聞集』二〇の七〇二。
④国書。詳しい経歴は『地下家伝』を参照。『歴代残闕日記』巻39（臨川書店）。
中原（朝臣）師行

①文治五年（一一八九）〜建久二年（一一九一）。
②（系図5―3）。
③従五位下〈中系〉。

中原（朝臣）師孝
①文治四年（一一八八）〜建久元年（一一九〇）。
②（系図5―3）。初名・師隣。弟・僧安楽（法然弟子）。

中原（朝臣）師孝
①文保元（一三一七）〜二年。
②（系図5―5）。

中原（朝臣）師孝
①文安二年（一四四五）。
②（系図5―5）。のち師益。
③永享七年（一四三五）三月、任助教〈「押」62〉。主計権助・大炊頭。文安五年（一四四八）十二月に大隅御稲のことで罪科を得、大炊頭を改替されている。

中原（朝臣）師幸
①暦応二年（一三三九）〜貞和二年（一三四六）。
②（系図5―3）。

中原（朝臣）師幸
①宝徳元年（一四四九）。
②（系図5―3）。
③永享四年（一四三二）三月、任直講〈「押」62〉。長禄三年（一四五九）七月十二日、叙正四位下〈「土代」〉、寛正二年（一四六一）五月に歿〈「土代」〉。掃部頭〈中系〉。

中原（朝臣）師香
①正慶元（一三三二）〜二年、建武三年（一三三六）〜暦応二年（一三三九）、応安元年（一三六八）〜嘉慶元年（一三八七）（＊）。
②（系図5―3）。
③正四位上〈尊卑〉。正四位下・博士・掃部頭〈中系〉。嘉慶二年（一三八八）正月に歿〈中系〉。
④国書。詳しい経歴は『地下家伝』を参照。

中原（朝臣）師高
①仁安元（一一六六）〜三年。
②（系図5―1）。
③正五位下・明経博士〈中系〉。

中原（朝臣）師綱
①長寛元年（一一六三）～仁安元年（一一六六）。
②（系図5―3）。初名師家。女・大宰大弐親輔室。
③正五位下・大炊頭〈尊卑・中系〉。
④平安。詳しい経歴は『地下家伝』を参照。

中原（朝臣）師興
①貞和五年（一三四九）～康暦元年（一三七九）。
②（系図5―5）。
③音博士〈中系〉。

中原（朝臣）師興
①未詳（嘉吉三年〈一四四三〉以前）。

中原（朝臣）師国
①寿永元（一一八二）～二年。
②（系図5―4）。

中原（朝臣）師国
①建治元年（一二七五）。
②（系図5―2）。
③正五位下・助教〈中系〉。

中原（朝臣）師枝
①正応四（一二九一）～五年、正中二年（一三二五）～嘉暦三年（一三二八）（＊）。
②（系図5―5）。
③正五位上・大隅守・伊予権介・音博士・大炊頭〈尊卑・中系〉。

中原（朝臣）師治
①元応二年（一三二〇）～元亨三年（一三二三）、元弘元年（一三三一）（＊）、正慶二年（一三三三）～建武元年（一三三四）（＊）。
②（系図5―2）。女・後村上院女房。
③正五位上・直講・掃部頭・大炊頭〈尊卑・中系〉。

中原（朝臣）師守
①貞応元年（一二二二）。
②（系図5―4）。女・清原良季室。
③従五位下・大学助〈中系〉。

中原（朝臣）師守
①建武二年（一三三五）～暦応元年（一三三八）。

②（系図５—５）。
③康永二年（一三四三）正月、任直講〈「押」61〉。正五位上・主計権助・主税頭・直講・助教・博士・雅楽頭・院上北面〈尊卑・中系〉。日記に「師守記」がある。
④国史・国書・鎌室。『史料纂集　師守記』一〜十一（続群書類従完成会）。「解説」註27参照。

中原（朝臣）師種
①仁治三年（一二四二）。
②（系図５—２）。
③正応元年（一二八八）四月廿八日、兵庫頭〈「押」95〉。正五位上・博士・音博士・助教・兵庫頭〈中系〉。

中原（朝臣）師秀
①長寛二年（一一六四）〜仁安元年（一一六六）。
②（系図５—３）。
③従五位下〈外記〉。

中原（朝臣）師秀
①文和二年（一三五三）〜延文元年（一三五六）。
②（系図５—５）。

③正五位上・助教・博士・主計権助〈中系〉。
④国書。

中原（朝臣）師重
①寿永元年（一一八二）、建久九年（一一九八）〜承久三年（一二二一）。
②（系図５—３・５）。室・三善康信女。女・民部卿藤原公長室、後鳥羽院女房、大学助小槻通時室。
③正四位下・筑後守・大炊頭・主計助・博士・図書頭〈尊卑・中系〉。承久三年（一二二一）七月十一日歿〈中系〉。
④国書・平安・鎌室・吾妻。詳しい経歴は『地下家伝』を参照。

中原（朝臣）師俊
①文保元年（一三一七）。
②（系図５—２）。

中原（朝臣）師春
①正和五年（一三一六）〜文保元年（一三一七）。
②（系図５—５）。
③文保元年三月廿五日歿。

中原（朝臣）師淳

①延慶二（一三〇九）～三年（＊）。

②（系図5—2）。

③正五位上・明経博士・大隅守〈中系〉。日記に「大外記中原師淳記」がある。

④国書。『歴代残闕日記』巻48（臨川書店）。

中原（朝臣）師緒

①弘安六年（一二八三）、文保二年（一三一八）～正中元年（一三二四）（＊）。

②（系図5—2）。

③正応三年（一二九〇）九月、任直講〈「押」62〉。正安二年（一三〇〇）五月、任助教〈「押」61〉。従四位下・造酒正・木工助・大炊頭〈尊卑・中系〉。

④国史・国書・鎌室。

中原（朝臣）師尚

①仁平元年（一一五一）～久寿二年（一一五五）、仁安元年（一一六六）～建久元年（一一九〇）（＊）。

②（系図5—3）。

③正四位下・大宰少弐・大炊頭・博士〈尊卑〉。正四位下・大宰大弐・対馬守・大炊頭・博士〈中系〉。建久八年（一一九七）二月二日歿〈中系〉。日記に「大外記中原師尚朝臣記」がある。

④国書・平安・鎌室・吾妻。詳しい経歴は『地下家伝』を参照。『歴代残闕日記』巻24（臨川書店）。

中原（朝臣）師勝

①応永十四（一四〇七）～廿五年（＊）、応永廿六年～正長元年（一四二八）（＊）、永享六（一四三四）～十二年。

②（系図5—5）。のち師興。

③応永五年（一三九八）三月、任直講〈「押」61〉。大隅守〈中系〉。

中原（朝臣）師親

①寿永元（一一八二）～二年。

②（系図5—2）。

③正五位下・主殿頭〈中系〉。

中原（朝臣）師親

①明応六年（一四九七）～文亀二年（一五〇二）。

②（系図5—5）。
③文明十一年（一四七九）四月八日、叙従五位下。同十六年三月二日、任直講。同十八年五月、叙従五位上。延徳三年（一四九一）七月十六日、叙正五位下〈いずれも「土代」〉。正四位上〈尊卑〉。正五位上〈中系〉。

中原（朝臣）師世
①承久三年（一二二一）。
②（系図5—1）。
③建保二年（一二一四）正月、任音博士〈「押」61〉。従五位下・壱岐守・音博士・大監物〈中系〉。

中原（朝臣）師世
①正応五年（一二九二）～永仁元年（一二九三）。
②（系図5—2）。

中原（朝臣）師世
①応永元（一三九四）～六年、応永廿五年～永享六年（一四三四）（＊）、永享十二年～嘉吉二年（一四四二）（＊）。
②（系図5—2）。
③造酒正〈尊卑・中系〉。

中原（朝臣）師清
①天永元（一一一〇）～三年。
②（系図5—1・2）。
③従五位上・直講〈尊卑〉。従五位下・直講〈中系〉。

中原（朝臣）師盛
①未詳。在職は「中原系図」による。
②（系図5—2）。

中原（朝臣）師盛
①正和三（一三一四）～五年。
②（系図5—1）。

中原（朝臣）師千
①元徳元（一三二九）～二年。
②（系図5—3）。
③従五位上・掃部頭・造酒正〈尊卑〉。従四位下・掃部頭・大炊助・造酒正〈中系〉。建武元年（一三三四）五月廿三日歿〈中系〉。
④詳しい経歴は『地下家伝』を参照。

中原（朝臣）師宗

①宝治二年（一二四八）～建長元年（一二四九）、弘安十年（一二八七）～正和五年（一三一六）（＊）。
②〔系図5―3〕。
③正四位下・掃部頭・造酒正・河内守・博士〈尊卑・中系〉。
④国書。詳しい経歴は『地下家伝』を参照。

中原（朝臣）師村
①寛元三年（一二四五）。
②〔系図5―5〕。
③正五位下・大膳亮・三河守〈中系〉。

中原（朝臣）師仲
①貞和二年（一三四六）。
②〔系図5―2〕。

中原（朝臣）師仲
①永徳元年（一三八一）～至徳元年（一三八四）。
②〔系図5―5〕。
③采女正〈中系〉。横死〈中系〉。

中原（朝臣）師長 → 中原（朝臣）師業

中原（朝臣）師朝
①建仁二年（一二〇二）～元久二年（一二〇五）、仁治元（一二四〇）～三年（＊）。
②〔系図5―2〕。妻・尾張守藤原孝道女（七条院女房讃岐局）、女・西園寺公相妻、室町実藤妻、今出川院嬉子（亀山院中宮、西園寺公相養女）。
③正五位上・穀倉院別当・博士・造酒正〈尊卑・中系〉。

中原（朝臣）師澄
①仁安元（一一六六）～三年。
②〔系図5―2〕。
③従五位上・周防介〈中系〉。
④平安。

中原（朝臣）師直
①久安五年（一一四九）～仁平元年（一一五一）、建久元（一一九〇）～九年（＊）。
②〔系図5―2〕。
③仁安二年（一一六七）十二月十三日、助教〈「兵」〉。嘉応元年（一一六九）正月十一日兼越後介〈「兵」〉。正五位上・摂津守〈尊卑・中系〉。建久九年（一一九八）十一

月六日歿、七十二歳〈中系〉。『古今著聞集』四の一二七。
④平安・鎌室。

中原（朝臣）師冬
①正応二（一二八九）～三年（＊）。
②（系図5—2）。
③康元元年（一二五六）十二月、任直講〈「押」61〉。正五位上・博士・造酒正〈尊卑・中系〉。正応三年六月廿九日歿。

中原（朝臣）師藤
①康正二年（一四五六）～応仁元年（一四六七）。
②（系図5—5）。初名・師益、のち師着・師明。
③弾正少弼・穀倉院別当〈中系〉。文正元年（一四六六）三月十五日、叙正四位下〈「土代」〉。

中原（朝臣）師任
①治安元年（一〇二一）～万寿元年（一〇二四）、長久二年（一〇四一）～永承三年（一〇四八）（＊）。
②（系図5—1）。室・紀数遠女。
③従四位下・天文密奏・安芸守・主計頭〈尊卑・中系〉。

天喜元年（一〇五三）に歿、八十歳〈中系〉。『江談抄』二の一六。
④平安・長保。詳しい経歴は『地下家伝』を参照されたい。

中原（朝臣）師範
①寛喜元（一二二九）～二年。
②（系図5—3）。
③正五位下・修理権亮〈中系〉。

中原（朝臣）師富
①長禄三年（一四五九）、文明三年（一四七一）～永正二年（一五〇五）（＊）。
②（系図5—3）。子・寿琳（小槻雅久養子）。
③正四位上・穀倉院別当・博士・後崇光院上北面・造酒正・掃部頭〈尊卑・中系〉。永正二年（一五〇五）四月に出家し、同五年十一月廿一日歿〈中系〉。日記に「大外記中原師富朝臣記」がある。
④国書。詳しい経歴は『地下家伝』を参照。『歴代残闕日記』巻80（臨川書店）。

中原（朝臣）師文

①未詳。在職は「中原系図」による。
②〈系図5―4〉。
③正五位下・穀倉院別当〈中系〉。

中原（朝臣）師平

①永承五年（一〇五〇）、康平二年（一〇五九）〜治暦二年（一〇六六）（＊）、延久三年（一〇七一）〜承暦二年（一〇七八）（＊）・応徳三年（一〇八六）〜寛治五年（一〇九一）（＊）。
②〈系図5―1〉。女・藤原実俊室・藤原永実室。
③従四位下・助教・土佐守・肥後守・博士・大炊頭・天文密奏〈尊卑・中系〉。『江談抄』二の一六。
④国書・平安。詳しい経歴は『地下家伝』を参照。

中原（朝臣）師方

①嘉応二年（一一七〇）〜承安二年（一一七二）、承元四年（一二一〇）〜建暦二年（一二一二）（＊）、貞応元年（一二二二）〜寛喜三年（一二三一）（＊）。
②〈系図5―2〉。
③正五位上・博士〈尊卑・中系〉。『古今著聞集』一の二九。

中原（朝臣）師邦

①応永二（一三九五）〜十四年。
②〈系図5―2〉。
③造酒正〈尊卑・中系〉。

中原（朝臣）師豊

①建武三年（一三三六）。
②〈系図5―2〉。
③正五位下・穀倉院別当・直講・大炊助・助教・雅楽頭〈尊卑・中系〉。
④国書。

中原（朝臣）師豊

①応安三年（一三七〇）〜永和二年（一三七六）、明徳元年（一三九〇）〜応永三年（一三九六）（＊）。
②〈系図5―5〉。

中原（朝臣）師名

①建久九年（一一九八）〜正治二年（一二〇〇）。
②〈系図5―4〉。

中原（朝臣）師名

①未詳。在職は「中原系図」による。
②（系図5—5）。母は中原友景女。
③正五位下・主計権助〈中系〉。康元元年（一二五六）六月一日歿〈中系〉。

中原（朝臣）師名
①正応元（一二八八）～二年、正和五年（一三一六）～文保二年（一三一八）。
②（系図5—2）。
③正安二年（一三〇〇）五月、任直講。正和三年（一三一四）八月、任博士〈ともに「押」61〉。

中原（朝臣）師茂
①保元二年（一一五七）～平治元年（一一五九）。
②（系図5—4）。女・菅原公輔室、菅原為長室。

中原（朝臣）師茂
①文保元年（一三一七）、貞和元年（一三六二）～永和四年（一三七八）（＊）。
②（系図5—5）。
③正四位上・上北面・穀倉院別当・弾正少弼・助教・直講・大炊頭・博士〈尊卑・中系〉。日記に「大外記中原師茂朝臣記」がある。
④国史・国書・鎌室。『歴代残闕日記』巻64（臨川書店）。

中原（朝臣）師野
①明徳元年（一三九〇）～永享元年（一四二九）。
②（系図5—5）。
③永享元年（一四二九）八月廿六日歿〈「康富」〉。

中原（朝臣）師右
①応長元年（一三一一）～正和二年（一三一三）、元徳元年（一三二九）～正慶二年（一三三三）（＊）、建武元年（一三三四）～貞和元年（一三四五）。
②（系図5—5）。
③正五位下・造酒正〈尊卑〉。正五位下・右近将監・直講・兵庫頭・大舎人頭・大炊頭〈中系〉。貞和元年（一三四五）二月六日歿〈「園」〉。日記に「大外記中原師右記」がある。
④国書。『歴代残闕日記』巻53（臨川書店）。

中原（朝臣）師有

①延文二（一三五七）～四年。
②〈系図5—5〉。
③直講・縫殿権助〈中系〉。

中原（朝臣）師有
①応仁元年（一四六七）。
②〈系図5—2〉。
③嘉吉三年（一四四三）十二月十五日、任造酒正・助教〈「壬生」25〉。同四年正月六日、叙従五位下〈「壬生」25〉。寛正三年（一四六二）正月五日、叙正五位下。寛正六年三月廿日、叙従四位下〈いずれも「土代」〉。造酒正〈尊卑・中系〉。

中原（朝臣）師雄
①未詳。在職は「中原系図」による。
②〈系図5—4〉。
③従五位上・大炊助〈中系〉。

中原（朝臣）師利
①元応元（一三一九）～二年、嘉暦三年（一三二八）～元弘元年（一三三一）（＊）、正慶二年（一三三三）～貞和五年（一三四九）（＊）。
②〈系図5—2〉。
③従四位下・少弼〈尊卑〉。従五位下・直講・内匠頭〈中系〉。
④鎌室。

中原（朝臣）師良
①建仁二（一二〇二）～三年。
②〈系図5—5〉。
③従五位下〈中系〉。

中原（朝臣）師梁
①元亨二年（一三二二）～嘉暦元年（一三二六）。
②〈系図5—3〉。
④国書。詳しい経歴は『地下家伝』を参照。

中原（朝臣）師倫
①承安元年（一一七一）。

中原（朝臣）師隣 → 中原（朝臣）師孝

中原（朝臣）師列
①建久五（一一九四）～八年。

②（系図5―3）。

中原（朝臣）師連

①嘉禎二（一二三六）～三年。

②（系図5―4）。

③鎌倉幕府評定衆。弘安六年（一二八三）五月四日歿〈中系〉。「関東評定衆伝」（文永八年）に詳しい履歴がある。

④鎌室・吾妻。

中原（朝臣）師連

①文和三年（一三五四）～応安元年（一三六八）（＊）、嘉慶元年（一三八七）～明徳元年（一三九〇）（＊）。

②（系図5―2）。

③貞和四年（一三四八）八月、任助教〈「押」61〉。従四位上・造酒正〈尊卑・中系〉。明徳二年（一三九一）五月一日歿〈中系〉。

中原（朝臣）師廉

①建武元年（一三三四）～暦応元年（一三三八）。

②（系図5―2）。

中原（朝臣）資経

①未詳。在職は「中原系図」による。

②（系図5―1）。

③従五位下・明経博士・淡路守〈中系〉。

中原（朝臣）資弘

①安元元年（一一七五）。

③仁安三年（一一六八）九月四日任少内記〈「兵」〉。

中原（朝臣）資忠

①永仁六年（一二九八）～嘉元二年（一三〇四）、嘉元二年～延慶二年（一三〇九）。

中原（朝臣）資茂

①治承元年（一一七七）。

②兄・惟国。

中原（朝臣）時基

①承保元年（一〇七四）。

中原（朝臣）実弘

①保元二（一一五七）～三年。

中原（朝臣）重経

①未詳。在職は「中原系図」による。

②〈系図5―1〉。
③従五位下・直講〈中系〉。
中原（朝臣）重尚
①元応二年（一三二〇）～元亨二年（一三二二）、元亨三年～建武二年（一三三五）。
中原（朝臣）重貞
①明徳元年（一三九〇）～応永九年（一四〇二）。
②〈系図10〉。
中原（朝臣）俊景
①養和元年（一一八一）～寿永元年（一一八二）。
中原（朝臣）俊兼
①久安六年（一一五〇）～仁平三年（一一五三）。
中原（朝臣）俊光
①康平三年（一〇六〇）。
②〈系図5―1〉。子・明法博士坂上範政。
③治暦二年（一〇六六）正月三日、橘氏是定で名簿を書く〈「台」久安四年正月三日条〉。従五位下・遠江守〈尊卑〉。
中原（朝臣）俊光
①永暦元年（一一六〇）～応保元年（一一六一）。
②子・尹光。
中原（朝臣）俊康
①承安二（一一七二）～三年。
中原（朝臣）俊国
①承安三年（一一七三）～安元元年（一一七五）。
②父・景良〈外記〉。
中原（朝臣）俊清
①治承三（一一七九）～四年。
中原（朝臣）俊宣
①元暦元年（一一八四）～文治元年（一一八五）。
中原（朝臣）俊平
①元仁元年（一二二四）～仁治三年（一二四二）。
③嘉禄二年（一二二六）七月廿五日、任少監物〈「明」〉。
④吾妻。
中原（朝臣）尚明
①建仁三年（一二〇三）～元久二年（一二〇五）。
中原（朝臣）章貞

①承暦元年（一〇七七）。
②（系図5―1）。
③寛治三年（一〇八九）十月四日、従五位上・直講〈「朝」第廿一〉。長治二年（一一〇五）正月廿七日、任豊後守〈「永」〉。直講・壱岐守〈中系〉。

中原（朝臣）信盛
①保元元（一一五六）～二年。

中原（朝臣）親憲
①久安元（一一四五）～三年。
②（系図5―4）。
③保元元年（一一五六）四月廿二日、能登介で少将児（藤原成経）の湯殿始読書人をつとめる〈「兵」〉。長寛二年（一一六四）七月一日、関白（藤原基実）家の文殿に奉仕〈「平」三二八七号〉。美濃守〈中系〉。

中原（朝臣）親盛 → 中原（朝臣）忠順

中原（朝臣）親平
①未詳（康和五年〈一一〇三〉以前）。
②（系図5―1）。
③康和五年（一一〇三）二月卅日、任薩摩守〈「本」〉。従五位下・薩摩守〈中系〉。

中原（朝臣）親輔
①永久三（一一一五）～四年。
②（系図5―1）。

中原（朝臣）成家
①貞永元年（一二三二）。

中原（朝臣）成資
①建仁二（一二〇二）～三年。

中原（朝臣）政義
①未詳。在職は「勅撰作者部類」による。
②父・大隅守重頼、兄・大外記長国〈勅撰作者部類〉。
④平安・長保。

中原（朝臣）政泰
①応保元年（一一六一）。
③治承三年（一一七九）正月十九日、任西市正〈「葉」〉。

中原（朝臣）政有
①正安元年（一二九九）～徳治元年（一三〇六）。

②父・関東の摂津前司入道〈外記〉。

中原（朝臣）清俊

①治承四年（一一八〇）～養和元年（一一八一）。

③仁安四年（一一六九）三月廿六日、右史生〈「兵」〉。

中原（朝臣）盛季

①嘉応元（一一六九）～二年。

中原（朝臣）盛兼

①未詳（長承元年〈一一三二〉以前）。

③前豊前守〈「拾遺往生伝」中19〉。

中原（朝臣）盛孝

①承元四年（一二一〇）～建暦元年（一二一一）。

中原（朝臣）盛俊

①嘉禎元年（一二三五）。

中原（朝臣）盛信

①未詳（大治四年〈一一二九〉以前）。

③大治四年（一一二九）正月廿四日、任薩摩守〈「長」〉。

中原（朝臣）宗家

①未詳。在職は『尊卑分脈』1―362による。

②父・宗忠、子・宇都宮（八田）宗綱〈尊卑〉。父・宗政。

③長承二年（一一三三）正月五日、院主典代〈「中」〉、仁安二年（一一六七）正月廿七日、政所年預・隠岐守〈「兵」〉、同年十二月卅日、伊豆守〈「兵」〉。

中原（朝臣）宗景

①久寿二年（一一五五）。

中原（朝臣）宗賢

①長承二（一一三三）～三年。

中原（朝臣）宗光

①正応元年（一二八八）～正和元年（一三一二）。

③中原師顕の門生。

中原（朝臣）宗資（ムネモト）

①康和三年（一一〇一）～長治元年（一一〇四）。

③長治二年（一一〇五）正月六日、叙位に際して加階を申し出る〈「永」〉。

中原（朝臣）宗親

①保延三（一一三七）～四年。

中原（朝臣）宗政

①寛治二年（一〇八八）。
②子・宗家。
③天仁元年（一一〇八）正月廿四日、白河院主典代として兼伊豆守〈「中」〉。永久元年（一一一三）九月、任主計助〈「間」五〉。

中原（朝臣）宗村
①正中二年（一三二五）〜嘉暦二年（一三二七）、正慶元（一三三二）〜二年。

中原（朝臣）宗忠
①未詳。在職は『尊卑分脈』1―362による。
②子・宗家〈尊卑〉。

中原（朝臣）宗平
①建仁三年（一二〇三）〜元久元年（一二〇四）。

中原（朝臣）宗房
①天永二（一一一一）〜三年。
③永久六年（一一一八）正月廿六日、任中宮大属〈「中」〉。大治四年（一一二九）正月三日、造酒正〈「中」〉。天承元年（一一三一）二月三日、待賢門院主典代〈「両院熊野御詣記」〉。

中原（朝臣）宗頼
①仁安三年（一一六八）〜嘉応元年（一一六九）。
②もと文章生。

中原（朝臣）則基
①未詳（久寿元年〈一一五四〉以前）。
②子・成教（『兵範記』仁平四年六月廿四日条）。

中原（朝臣）則成
①天永三年（一一一二）。

中原（朝臣）致時
①天元三年（九八〇）〜永観二年（九八四）、永祚元年（九八九）〜長徳四年（九九八）（＊）。
②（系図5―1）。
③従四位下・伊勢守・局務・斎宮頭・博士〈尊卑〉。従四位上・伊勢守・信濃守・局務・博士・斎宮頭〈中系〉。詳しい経歴は『地下家伝』を参照。
④国書・平安・長保。

中原（朝臣）致右

①元弘二年（一三三二）～正慶二年（一三三三）。
②（系図5―5）。
③兵庫允〈中系〉。

中原（朝臣）仲重
①治承元（一一七七）～三年。
②父・仲信。

中原（朝臣）仲信
①平治元年（一一五九）～永暦元年（一一六〇）。
②子・仲重。
③関白家所司。

中原（朝臣）忠弘
①承安四年（一一七四）～安元二年（一一七六）。

中原（朝臣）忠順
①大治二年（一一二七）。
②（系図5―4）。初名・親盛。
③承安四年（一一七四）正月廿一日、任大和守〈「槐」除目部類〉。従五位下〈中系〉。

中原（朝臣）忠政
①天仁元年（一一〇八）～天永二年（一一一一）。
③永久四年正月廿三日、大臣家の大饗で勧杯〈「殿」〉。

中原（朝臣）忠良
①延久二年（一〇七〇）。
②（系図5―1）。
③少判事〈中系〉。

中原（朝臣）長国
①寛仁元（一〇一七）～四年、永承二（一〇四七）～五年（*）。
②父・大隅守重頼、弟・政義〈「勅撰作者部類」〉、室・石見守藤原頼方女、子・藤原保定〈「続拾遺往生伝」上10〉。
③業を大江匡衡に受けたといい、寛弘二年（一〇〇五）七月に学生として御書所衆に加えられる〈「権」〉。六位外記から大隅守となり、寛徳元年（一〇四四）八月六日に任但馬介〈「百練」〉。大夫外記を経て天喜二年（一〇五四）十二月に歿。「暮年詩記」（『朝野群載』三）、『江談抄』五の四八。
④国書・平安・長保。

中原（朝臣）長俊
①久安三（一一四七）～五年。
中原（朝臣）長盛
①応保元年（一一六一）～長寛元年（一一六三）。
中原（朝臣）長茂
①仁安元年（一一六六）。
中原（朝臣）直業
①建保三年（一二一五）。
中原（朝臣）定兼
①承久三年（一二二一）～貞応元年（一二二二）。
中原（朝臣）定重
①康和四年（一一〇二）～嘉承元年（一一〇六）。
中原（朝臣）貞親
①長元五年（一〇三二）、永承五年（一〇五〇）～康平二年（一〇五九）（＊）。
②（系図5―1・4）。実父・尾張秋時。
③正五位下〈尊卑〉。正五位下・下総守・得業生・淡路守・隠岐守・弾正忠・石見守・玄蕃允・織部正・博士・主税助〈中系〉。『古今著聞集』六の二四八、『中外抄』下13。

中原（朝臣）貞親
①治承三（一一七九）～四年。
中原（朝臣）貞清
①長和二年（一〇一三）。
②（系図5―1）。
③明経得業生から寛弘七年（一〇一〇）に補穀倉院別当〈「二」〉。六位外記を経て、長和三年（一〇一四）に任明経博士〈「二」〉。寛仁五年（一〇二一）正月、任筑後守〈「朝」第九〉。同年三月、任主税頭〈「朝」第九〉。正五位下・穀倉院別当・博士〈尊卑〉。
④長保。
中原（朝臣）徳如
①寛弘七年（一〇一〇）～長和元年（一〇一二）。
②子・重任（藤原実行養子）。
③日向守。旧姓・尾張。
④長保。
中原（朝臣）範基

①仁治三年（一二四二）～康元元年（一二五六）。

中原（朝臣）範兼

①大治三（一一二八）～五年。

中原（朝臣）邦時

①承保三年（一〇七六）。

中原（朝臣）友兼

①建久四（一一九三）～五年。

中原（朝臣）友直 ↓ 中原（朝臣）友兼

中原（朝臣）有康

①承元二（一二〇八）～三年。

②父・字菩薩房（七条の人）〈外記〉。

中原（朝臣）有時

①久安元（一一四五）～五年。

中原（朝臣）有清

①康和元（一〇九九）～四年。

中原（朝臣）有貞

①応徳二年（一〇八五）～寛治元年（一〇八七）。

中原（朝臣）祐安 ↓ 清原（真人）祐安

中原（朝臣）頼成

①未詳。在職は「中原系図」による。

②（系図5―1）。女・藤原保房室、式部少輔大江隆兼室。

③淡路守〈中系〉。応徳元年（一〇八四）四月に歿〈中系〉。

中原（朝臣）利延

①延慶二年（一三〇九）～正和五年（一三一六）。

②子・利顕。

③中原師宗の門生。

中原（朝臣）利義

①弘安十年（一二八七）～正応元年（一二八八）、正応二年～永仁四年（一二九六）。

②旧姓・平（外記就任にあたって改姓）。

③中原師宗の門生。永仁四年（一二九六）九月六日歿、五十八歳。

中原（朝臣）利顕

①元弘元年（一三三一）～正慶二年（一三三三）、建武三年（一三三六）～延文二年（一三五七）。

②父・利延。

③中原師香の門生。延文五年（一三六〇）十月に歿。

中原（朝臣）利康

①徳治元年（一三〇六）〜正和五年（一三一六）。

中原（朝臣）利重

①文永十一年（一二七四）〜延慶二年（一三〇九）、正和元（一三一二）〜五年、正和五年。

中原（朝臣）利雄

①正中元年（一三二四）。

③中原師枝の門生。

中原（朝臣）理徳

①天喜四年（一〇五六）。

③西市正。藤原頼通に仕える。法名寂禅。

中原（朝臣）良業

①永久二年（一一一四）。

中原（朝臣）良弘

①応保二年（一一六二）〜永万元年（一一六五）。

中原（朝臣）連岳

①昌泰二年（八九九）〜延喜二年（九〇二）。

中原（朝臣）某

①未詳（寛治年中以前）。

③藤原頼通に仕え、その推挙で少外記に補されるが、勤務一箇月で出家を志し、比叡山で出家。法名道寂。後、近江国蒲生郡の山中に行き、寛治年中（一〇八七〜九四）に寂す〈「本朝高僧伝」巻七〇〉。

中原（朝臣）某

①文明十四年（一四八二）。

長峯（宿禰）茂智麻呂

①天長七（八三〇）〜十年。

②旧姓・白鳥村主。

永世（宿禰）公足

①弘仁十三年（八二二）。

名草（宿禰）安成 → 滋野（朝臣）安成

ノ

能登守成

①長徳二年（九九六）〜長保元年（九九九）。

③文章生・式部少録を経て六位外記。叙爵後、日向守。
④長保。

ハ

羽栗　翼
①宝亀七年（七七六）。
②父・吉麻呂、弟・翔、母は唐の女性という。
③七一九～九八。宝亀七年（七七六）八月に臣姓を賜り、翌年からは遣唐使の一員として入唐。帰国後は、内薬正・侍医などをつとめた。
④平安・古代。

秦（宿禰）安雄
①天安元年（八五七）～貞観二年（八六〇）。
③斉衡三年（八五六）正月、任右少史〈外記〉。

秦（宿禰）斯頼
①天暦十年（九五六）～天徳元年（九五七）。
③天徳元年（九五七）二月五日歿〈外記〉。

秦（宿禰）敦光
①応和元（九六一）～三年。
③応和三年（九六三）に歿〈外記〉。

林（宿禰）沙婆
①延暦六（七八七）～八年。
④国書。

林　相門→紀　相門

春江時範
①延喜廿一年（九二一）。

春澄魚水
①貞観十（八六八）～十五年。

春淵（朝臣）良規
①延長四（九二六）～八年。
②父・忠直〈集成〉。

春道（宿禰）有方
①天暦四（九五〇）～九年。
②父・壱岐守列樹、子・右少史康方〈集成〉。

広宗安人

①天安元年（八五七）～貞観六年（八六四）。

フ

葛井（宿禰）清明

①延喜十七（九一七）～廿年。

②延長八年（九三〇）六月廿日、従五位上で任越中守〈「符宣」八〉。

船（連）湊守

①弘仁三（八一二）～十年、天長四（八二七）～六年（*）。

文　武並

①天暦五（九五一）～十年。

文室為長

①長和二（一〇一三）～三年。

③もと刑部録。

④長保。

文室清忠

①寛弘二（一〇〇五）～六年。

③文章生・兵部少録を経て六位外記になる。

④平安・長保。

文室相賢

①保安四年（一一二三）。

文室相親

①長元三（一〇三〇）～四年。

③文章生・勘解由判官から六位外記になる。

④長保。

文室　某

①治暦四年（一〇六八）。

②名は相範か。

文屋相永

①保延四（一一三八）～五年。

③保元二年（一一五七）八月十九日、重代上官として任大臣大饗で勧杯〈「兵」〉。

ミ

三国（真人）致貴
①正暦五年（九九四）～長徳四年（九九八）。
②三国（真人）是隆の末裔を称す〈「権」長徳四年正月五日条〉。
③もと文章生。
④長保。

三園（宿禰）為節
①正暦二（九九一）～四年。
③正暦四年（九九三）九月に歿。

三園（宿禰）千桂
①天慶七年（九四四）～天暦元年（九四七）。

御使（朝臣）今嗣
①延暦十五（七九六）～廿二年。

南淵（朝臣）永河
①大同元（八〇六）～四年。
②初め槻本公、次いで坂田朝臣。弘仁十四年（八二三）に南淵朝臣に改賜姓。父・坂田奈弖麻呂、子・大納言年名、兄・参議弘貞。
④国書・平安。

南淵（朝臣）興世
①貞観十（八六八）～十三年。
③もと内蔵少允〈外記〉。『貞観格』撰進に参画。

南淵（朝臣）弘貞
①大同元年（八〇六）～弘仁元年（八一〇）。
②初め槻本公、次いで坂田朝臣。弘仁十四年（八二三）に南淵朝臣に改賜姓。父・坂田奈弖麻呂、弟・永河。
③参議。詳しい経歴は『公卿補任』を参照。
④国史・国書・平安。

南淵（朝臣）茂景
①延喜二（九〇二）～五年。

源（朝臣）元規
①長和四（一〇一五）～五年。

壬生（使主）宇太麻呂
①天平六年（七三四）。

③遣新羅使大判官から右京亮などを経て外従五位下・玄蕃頭になる。
④古代。

御船（宿禰）弘方
①仁和四年（八八八）〜寛平元年（八八九）。
②もと右少史〈外記〉。

御船（宿禰）傳説
①天暦六（九五二）〜十年〜康保四年（九六七）（＊）。
②のちに菅野朝臣に改賜姓〈「符宣」十〉。
③康保四年（九六七）に歿。
④平安（菅野傳説）。

御船（宿禰）有世
①延喜十七（九一七）〜廿一年。

三統（宿禰）公忠
①承平六年（九三六）〜天慶二年（九三九）〜天暦三年（九五九）（＊）。
②理平の子か。
③もと文章生。天暦三年（九五九）に歿。
④国書・平安。

三統（宿禰）理平
①寛平八年（八九六）〜延喜元年（九〇一）。
②八五三〜九二六。子・文章博士元夏。
③『日本三代実録』『延喜式』『延喜格』撰進に参画。外記から叙爵し、大内記。従四位下・文章博士・式部大輔。
④国書・平安。経歴は、新日本古典文学大系27『本朝文粋』作者解説などを参照。

御室安常
①貞観二（八六〇）〜八年。

御室貞吉
①嘉祥二年（八四九）。

都（宿禰）広田麻呂
①弘仁十二年（八二一）〜天長六年（八二九）。
②もと桑原公。弘仁十三年（八二二）に改賜姓。子・文憲。
④国書・平安。

宮道有憲
①寛平元（八八九）〜四年。

宮原（宿禰）村継
①弘仁十年（八一九）～天長元年（八二四）。
④国書。
三善（朝臣）為景
①永久四年（一一一六）～元永元年（一一一八）。
三善（朝臣）為継
①大治四（一一二九）～五年。
三善（朝臣）為行
①久安元（一一四五）～四年。
三善（朝臣）為康
①保安元年（一一二〇）。
②（系図8）。
③越中国射水郡出身。「拾遺往生伝」「続拾遺往生伝」。
④国史・国書・平安。「解説」註19参照。
三善（朝臣）為時
①万寿元年（一〇二四）～長元元年（一〇二八）。
②（系図8）。
④長保。

三善（朝臣）為重
①建久二（一一九一）～七年。
三善（朝臣）為俊
①建仁元（一二〇一）～三年。
③寛喜三年（一二三一）正月卅日、任大和守〈「明」〉。
三善（朝臣）為清
①仁安三年（一一六八）。
三善（朝臣）為長
①治暦三年（一〇六七）～延久三年（一〇七一）（＊）。
②（系図8）。
③永承五年（一〇五〇）九月廿八日には算博士であったが〈「百」〉、大夫外記をつとめた後、永保元年（一〇八一）八月三日に従四位下・主税助・算博士で歿〈「大」〉。『中外抄』下13。
④平安・長保。
三善（朝臣）為任
①保元三年（一一五八）～平治元年（一一五九）。
三善（朝臣）為倫

①長治二年（一一〇五）～嘉承二年（一一〇七）。
②女・藤原有季室。
③大和守〈尊卑〉。

三善（朝臣）雅仲
①寛治元（一〇八七）～二年。
②（系図8）。
③寛治八年（一〇九四）、兼土佐権介〈「朝」第廿二〉。康和二年（一一〇〇）三月廿六日、従五位上・算博士・主税権助〈「朝」第廿二〉。
④平安。

三善（朝臣）季信
①承暦四年（一〇八〇）～永保三年（一〇八三）。

三善（朝臣）弘康
①養和元年（一一八一）～寿永元年（一一八二）。
②父・史大夫康定。

三善（朝臣）行康
①保延三年（一一三七）。
②（系図8）。
③久安元年（一一四五）七月十日、算博士〈「百」〉。同三年正月五日、叙従五位上〈「本」〉。保元元年（一一五六）正月六日、叙正五位下〈「兵」〉。同年十月十三日、諸陵頭・長門介として補記録所寄人〈「兵」〉。

三善（朝臣）行衡
①永暦元年（一一六〇）。
②（系図8）。
③算博士。『古今著聞集』二〇の六九一。
④平安。

三善（朝臣）行明
①承元元（一二〇七）～二年。
②（系図8）。

三善（朝臣）康光
①久安三年（一一四七）。
②（系図8）。父は為康か。
③久安六年（一一五〇）十二月廿二日、任皇后宮権大属〈「本」〉。

三善（朝臣）康貞

①元亨二年（一三二二）～嘉暦元年（一三二六）。
三善（朝臣）康冬
①貞治五年（一三六六）～永和元年（一三七五）。
②称布施。
三善（朝臣）時能
①康永二年（一三四三）～貞和四年（一三四八）。
②（系図8）。祖父・三善時連（道大）。
三善（朝臣）秀綱
①正和五年（一三一六）～文保二年（一三一八）。
三善（朝臣）重継
①承久三年（一二二一）。
三善（朝臣）重行
①貞和四年（一三四八）～文和二年（一三五三）。
三善（朝臣）助道
①養和元年（一一八一）～寿永元年（一一八二）。
三善（朝臣）信成
①保元元（一一五六）～二年。
③寿永三年（一一八四）二月廿八日、摂政（藤原基通）の使者として関東に下向〈「葉」〉。建久九年（一一九八）正月卅日、任山城守〈「明」〉。
三善（朝臣）信貞
①永長元年（一〇九六）～康和元年（一〇九九）。
③嘉承元年（一一〇六）十二月五日、任明法博士〈「中」〉。永久二年（一一一四）正月廿日、従五位上・大蔵大輔・大判官・伯耆権介〈「朝」第八〉。
④平安。
三善（朝臣）信仲
①元永元（一一一八）～二年。
三善（朝臣）親信
①嘉暦三年（一三二八）～元弘二年（一三三二）、元弘二年～建武元年（一三三四）。
②（系図8）。父・三善時連（道大）。
三善（朝臣）成重
①久安二（一一四六）～五年、永暦元年（一一六〇）。
③長寛二年（一一六四）七月一日、関白（藤原基実）家文殿に奉仕〈「平」三二八七号〉。

三善（朝臣）済光
①元暦元年（一一八四）。
三善（朝臣）宗康
①安元元（一一七五）～二年。
三善（朝臣）長衡
①寿永二年（一一八三）～元暦元年（一一八四）。
②（系図8）。
③建久九年（一一九八）正月卅日、任算博士〈「明」〉。嘉禄元年（一二二五）正月六日、叙従四位下〈「明」〉。
④国史。
三善（朝臣）能行
①承元四年（一二一〇）。
②父・大隅守信重〈外記〉。
三善（朝臣）頼行
①仁安三年（一一六八）。
三善（朝臣）倫義
①文和三年（一三五四）～応安三年（一三七〇）。
③武家。

三善（朝臣）倫重
①承元三年（一二〇九）～建暦元年（一二一一）。
②（系図8）。称矢野。
③鎌倉幕府評定衆。「関東評定衆伝」（寛元二年）に詳しい履歴がある。
④国書・鎌室・吾妻。
三善（朝臣）倫長
①嘉禎三年（一二三七）～延応元年（一二三九）。
②（系図8）。称矢野。
③鎌倉幕府評定衆。「関東評定衆伝」（文永十年）に詳しい履歴がある。
④鎌室・吾妻。

ム

宗岳行利　↓　惟宗（朝臣）行利
宗岳国任
①長元五年（一〇三二）。
③長元四年（一〇三一）三月廿八日、任少内記〈「小」〉。

④長保。

宗岡（朝臣）為成

①長徳三年（九九七）～長保二年（一〇〇〇）。

③もと文章生。叙爵後に豊前守。

④長保。

宗岡経則

①延喜五（九〇五）～七年。

モ

物部（宿禰）安親

①康保元（九六四）～四年。

②父・貞用、弟・左大史安国〈集成〉。

物部宗言

①仁安二年（一一六七）。

③もと文章生。

物部（宿禰）貞用

①天慶元（九三八）～六年。

②子・安親、左大史安国〈集成〉。

物部敏久

①大同三（八〇八）～四年（＊）。

②父・大足、子・大判事雄笠〈集成〉。

③大宰少典より六位史・大内記をへて大夫外記に。弘仁四年（八一三）正月に物部中原宿禰に改姓し、同年二月に任大判事。のちに興原宿禰に改賜姓され、嘉祥二年（八四九）七月廿日歿。『弘仁格』『令義解』撰進に大判事として参画。

④平安（興原敏久）。「解説」註9参照。

ヤ

安野豊門

①嘉祥二年（八四九）～天安元年（八五七）。

矢田部（宿禰）公望

①延長七年（九二九）～承平三年（九三三）。

②『静岡県史　資料編四』に「矢田部宿禰系図」あり。

③延喜廿一年（九二一）には式部少録で〈「符宣」十〉、左少史をへて外記に任じた。

④国史・国書・平安。

山口（朝臣）豊道

①承和十四年（八四七）〜斉衡元年（八五四）。

③承和十二年（八四五）六月八日、任右少史〈外記〉。承和十四年閏三月十五日、山口忌寸から山口朝臣に改姓〈「続後紀」〉。

山代（宿禰）氏益

①承和八（八四一）〜十年。

③承和七年（八四〇）正月に任右少史、同八年二月に任左少史〈外記〉。のち遣唐録事。

④平安。

山田（宿禰）古嗣

①天長六年（八二九）〜承和三年（八三六）〜十三年。

②天長十年（八三三）に山田造より山田宿禰に改姓。

③もと少内記〈外記〉。

④国書・平安。

山田時宗

①元慶五（八八一）〜七年。

③もと左少史〈外記〉。

山田春城

①承和十三年（八四六）〜仁寿二年（八五二）。

大倭（宿禰）水守

①天平九年（七三七）。

③天平十九年（七四七）四月廿二日、大倭神主として叙従五位下〈「続紀」〉。

④古代。

ユ

弓削清言　↓　大江清言

弓削仲宣

①天禄元年（九七〇）〜天延二年（九七四）。

②（系図7）。のち大江姓。子・大江嘉言。

③従五位上・文章生・大隅守〈尊卑〉。

ヨ

慶滋（朝臣）為政

①長徳四年（九九八）～長保五年（一〇〇三）。
②（系図3）。女・藤原経衡室、藤原理子（長元五～七年に掌侍）。
③文章生から六位外記に任じ、叙爵後に能登守。寛弘八年（一〇一一）三月十九日には式部少輔として大内記を兼ね〈「小」〉、同年十月五日に任河内守〈「権」〉。この後、内蔵権頭・文章博士に就く。従四位上・式部少輔・文章博士・内蔵権頭〈尊卑〉。藤原（小野宮）実資家の家司。
④国書・平安・長保。

慶滋（朝臣）保章
①天禄三年（九七二）～天延三年（九七五）。
②（系図3）。外孫に乙侍従（相模・大江公資妻）。
③従四位上・文章博士・能登守〈尊卑〉。

善淵（朝臣）愛成
①貞観四（八六二）～十～十六年（*）。
②もと六人部姓。貞観四年（八六二）に改賜姓。兄・明経博士永貞。
③『日本文徳天皇実録』の編纂にたずさわる。

④国書・平安。

令宗（朝臣）忠亮
①永保元年（一〇八一）～応徳元年（一〇八四）。
②女・藤原周衡室。
③嘉承元年（一一〇六）八月廿七日、任大隅守〈「中」〉。

ワ

和　利親
①延喜十五（九一五）～十九年。
②和気姓の可能性もある。そうであれば、父は宗世。

和気（朝臣）宗世
①寛平四（八九二）～八年。
②祖父・清麻呂、父・広世、子・利親〈「和気氏系図」〉。
③大内記・美作守〈「和気氏系図」〉。

姓未詳

伊行　①長元四年（一〇三一）。

惟資　①康元元年（一二五六）～文永元年（一二六四）。
②姓は中原か。
季通　①長元三年（一〇三〇）。
④長保（姓不明者の部）。
挙孝　①承徳元年（一〇九七）～康和元年（一〇九九）。
共信　①長和五年（一〇一六）～寛仁三年（一〇一九）。
④長保（姓不明者の部、共信・伴信）。
業任　①万寿二年（一〇二五）～長元元年（一〇二八）。
③少内記から六位外記に任じ、長元九年五月十九日には兵庫頭〈「左」〉。長久元年（一〇四〇）正月廿五日、任肥前守〈「春」〉。
④長保（姓不明者の部）。
言政　①天治元年（一一二四）～大治二年（一一二七）。
広安　①天承元年（一一三一）～長承二年（一一三三）。
行職　①承暦元年（一〇七七）。
行頼　①治安元年（一〇二一）。
②母は明任朝臣妻〈「小」長元四年七月八日条〉。
④長保（姓不明者の部）。

孝仲　①天永元（一一一〇）～二年。
師言　①寛治四年（一〇九〇）。
師時　→　師言
資国　①正元元年（一二五九）～文永二年（一二六五）。
②姓は惟宗か。
時資　①長元四年（一〇三一）。
④長保（姓不明者の部）。
種兼　①建長元年（一二四九）。
重継　①正元元年（一二五九）～文永元年（一二六四）。
②姓は中原か。
章貞　①承暦四年（一〇八〇）。
信親　①万寿三年（一〇二六）。
④長保（姓不明者の部）。
信任　①長元元（一〇二八）～二年。
④長保（姓不明者の部、信任・宣任）。
親亮　①寛治五年（一〇九一）。
成経　①長元四（一〇三一）～五年。
④長保（姓不明者の部）。

成宗→成知
成知　①嘉保二年（一〇九五）～承徳元年（一〇九七）。
盛賢　①天治二年（一一二五）。
盛方　①大治二年（一一二七）。
相範　①治暦四年（一〇六八）。
　②文室姓もしくは佐伯姓と考えられる。
則正　①治安三年（一〇二三）～万寿二年（一〇二五）。
致範　①長元九年（一〇三六）。
　④長保（姓不明者の部）。
忠行　①未詳（保元元年〈一一五六〉以前）。
　②子・平宗行（「兵」久寿三年十月一日条）。
忠親　①未詳（久寿二年〈一一五五〉以前）。
長資　①康平三（一〇六〇）～五年。
定政　①天治元年（一一二四）。
貞義　①長元八年（一〇三五）。
　④長保（姓不明者の部）。
貞成　①天仁元年（一一〇八）。
貞宗　①未詳（養和元年〈一一八一〉以前）。
貞任　①長暦元年（一〇三七）。
道利　①長元七年（一〇三四）。
　④長保（姓不明者の部）。
文道　①永承七年（一〇五二）。
方賢　①長暦元年（一〇三七）。
　④長保（姓不明者の部）。
奉仲　①天治元年（一一二四）。
末忠　①未詳（永久元年〈一一一三〉以前）。
　③天永四年（一一一三）正月十六日、大臣家大饗で勧杯〈「長」〉。
明俊　①康平七年（一〇六四）。
茂平　①未詳（天承元年〈一一三一〉以前）。
有実　①未詳（嘉保元年〈一〇九四〉以前）。
　③寛治八年（一〇九四）五月廿日、藤原忠実家の進物所預〈「中」〉。
有忠　①未詳（寛治六年〈一〇九二〉以前）。
祐基→安倍祐頼
頼資　①長久元年（一〇四〇）。

外記系図

凡　例

一、本系図は、外記任官者の中から、判明する人物について作成したものである。
一、外記に任じられたことが、史料で確認できる場合、初見の年を名前の左下に示した。
一、五位外記には名前の右側に傍線を引いた。特に本書において「局務」（外記局の首座）をつとめていたと考えた者は名前を囲った。
一、六位外記であったことが文献史料で確認できる者には、名前の右肩に「●」を付した。文献史料で確認できないが、系図類で外記であったと記されている者には、名前の右肩に「○」を付した。
一、本系図は、「外記補任」（『続群書類従』第四輯上・下所収）の内容および、主に『尊卑分脈』『系図纂要』『群書系図部集』に含まれる関係氏族の系図類を基にして作成したが、次の諸史料によるところも多い。

宮内庁書陵部所蔵「中原氏系図」「清原氏系図」
国立公文書館内閣文庫所蔵「押小路文書」第七十八冊
東京大学史料編纂所所蔵「惟宗氏系図」

一、ここにあげたもの以外にも、宝賀寿男編著『古代氏族系譜集成』全三巻（古代氏族研究会・一九八六年）には関係する人物の系図が多数含まれている。興味深い内容のものが多く含まれるが、中には疑わしいものも多いため本書での掲出は避けた。

①小野氏

永見―峯守●（延暦22）―篁

篁―葛紘―好古

篁―保衡●（昌泰元）

葛紘―道風―奉時―傳説●（天徳2）―[文義]（寛弘4）―文道―有隣●（永久4）

②嶋田氏（菅原）

嶋田村作―[清田]（天長元）―○

○―忠臣●（貞観8）―宣来子

○―[良臣]（貞観15）

菅原清公―善主―宗岳●（仁和元）

菅原清公―是善―道真

宣来子＝道真

道真―高視―庶幾―輔元―師長＝陳経○

③賀茂氏（慶滋・菅原）

- 忠峯
  - ●弟峯　承和9
  - ●岑雄　天安元
    - 忠行
      - 保憲
        - 光栄
          - 守道
            - ○（菅原）陳経
        - ●光輔　永観2
      - （慶滋）保胤
      - ●（慶滋）保章　天禄3
        - ●為政　長徳4

④紀氏（大江・玉祖）

- 貞範—●長谷雄 仁和2
  - 淑望—●理綱 天暦2
  - 淑信—在昌
    - 伊輔
      - 為基—頼任—宗成
        - ●（大江）宗貞 康平3
        - ●宗政 嘉承以前＝●（玉祖）宗賢 康和4—●宗長 保安元—●（玉祖）成長 長寛2
      - 為輔—●宣輔 承暦4—○為頼
    - ●兼輔 寛弘6

⑤中原氏（十市）1

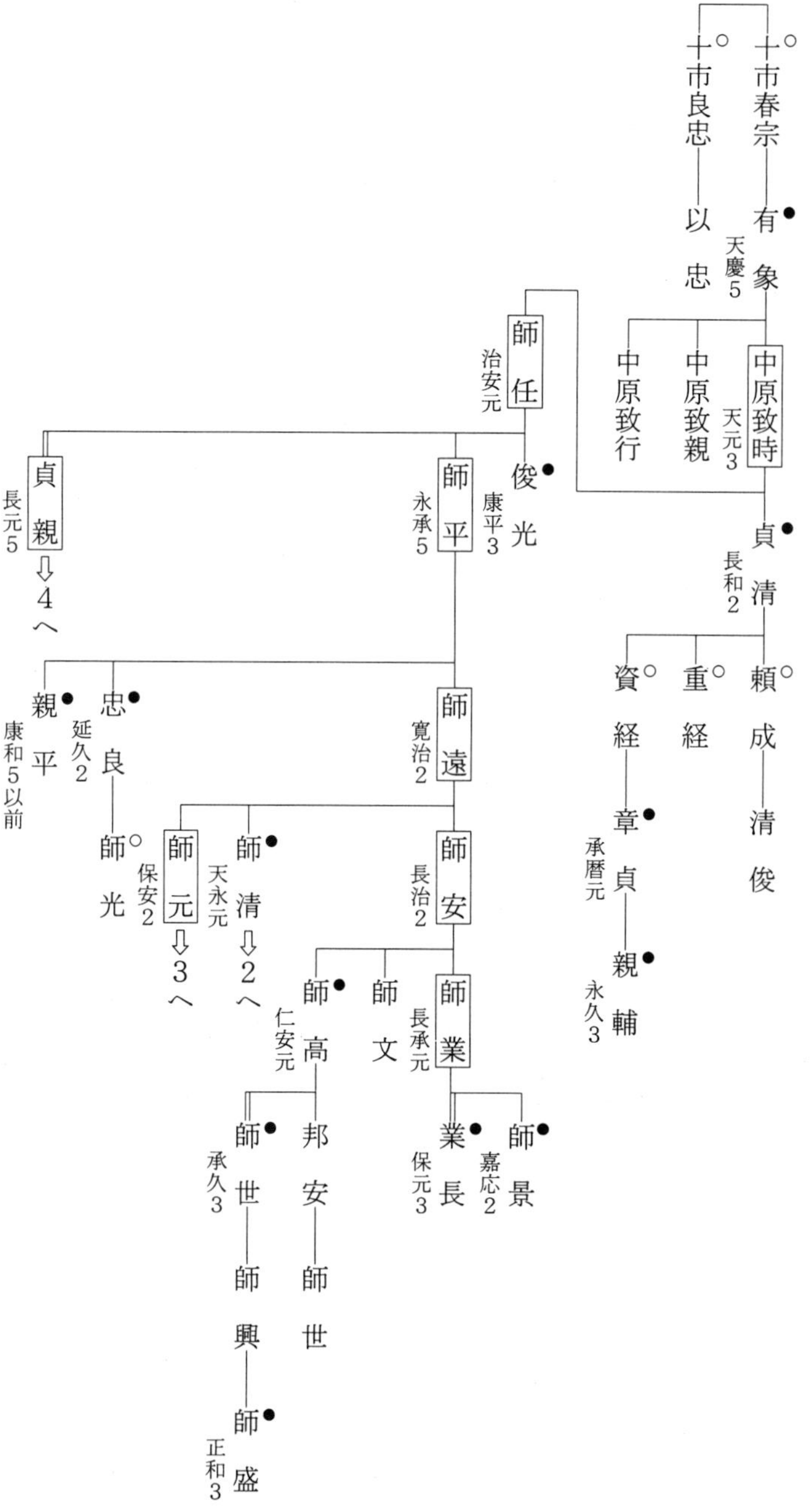

十市春宗○
十市良忠○
有象● 天慶5
以忠
中原致時 天元3
中原致親
中原致行
貞清● 長和2
頼成○
清俊
重経○
資経○
章貞● 承暦元
親輔● 永久3
師任 治安元
俊光● 康平3
師平 永承5
貞親 長元5
⇩4へ
師遠 寛治2
忠良● 延久2
親平● 康和5以前
師光○
師安 長治2
師清● 天永元
⇩2へ
師元 保安2
⇩3へ
師業 長承元
師文
師高● 仁安元
師景● 嘉応2
業長● 保元3
邦安
師世
師世● 承久3
師興
師盛● 正和3

⑤中原氏2

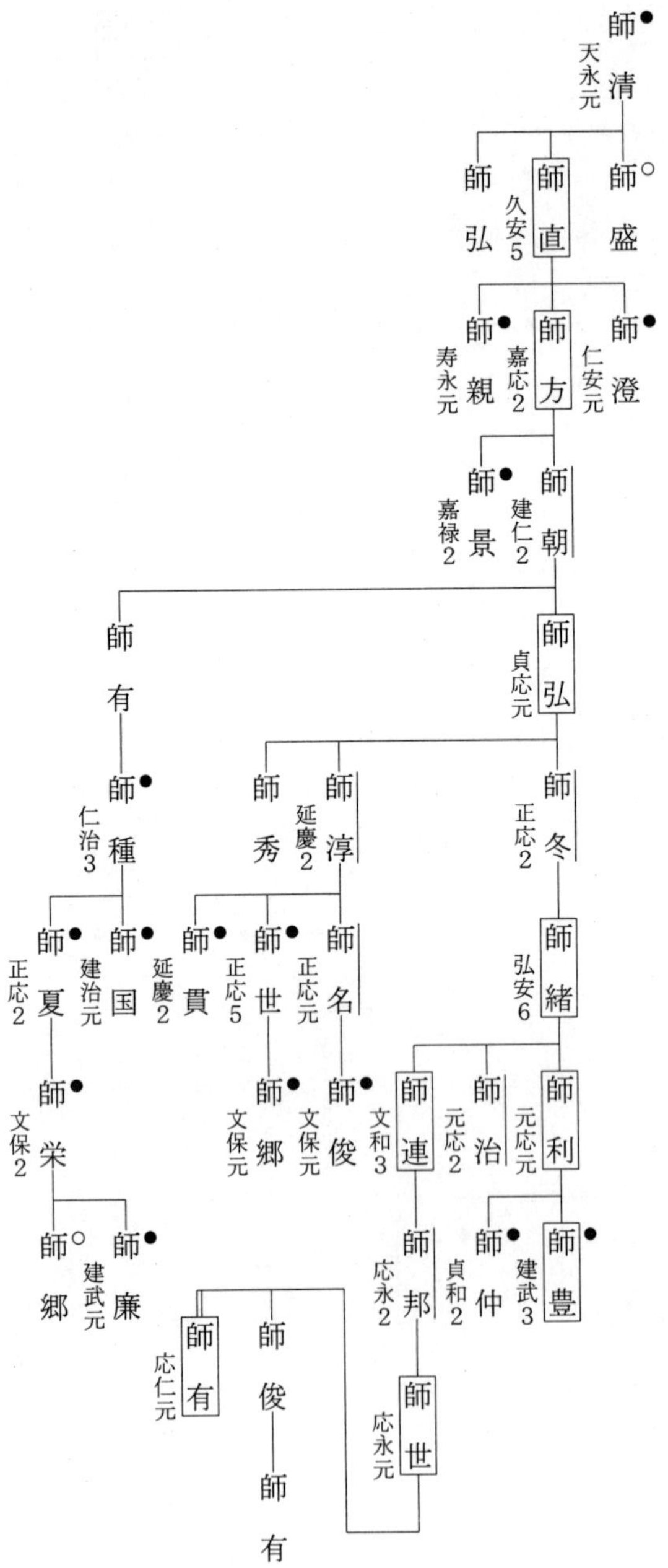
●師清 天永元
○師盛
師直 久安5
師弘
●師澄 仁安元
師方 嘉応2
●師親 寿永元
師朝 建仁2
●師景 嘉禄2
師弘 貞応元
師有
師冬 正応2
師淳 延慶2
師秀
●師種 仁治3
師緒 弘安6
師名 正応元
●師世 正応5
●師貫 延慶2
●師国 建治元
●師夏 正応2
師利 元応元
師治 元応2
師連 文和3
●師俊 文保元
●師郷 文保元
●師栄 文保2
●師豊 建武3
●師仲 貞和2
師邦 応永2
●師廉 建武元
○師郷
師世 応永元
師有 応仁元
師俊
師有

⑤中原氏3

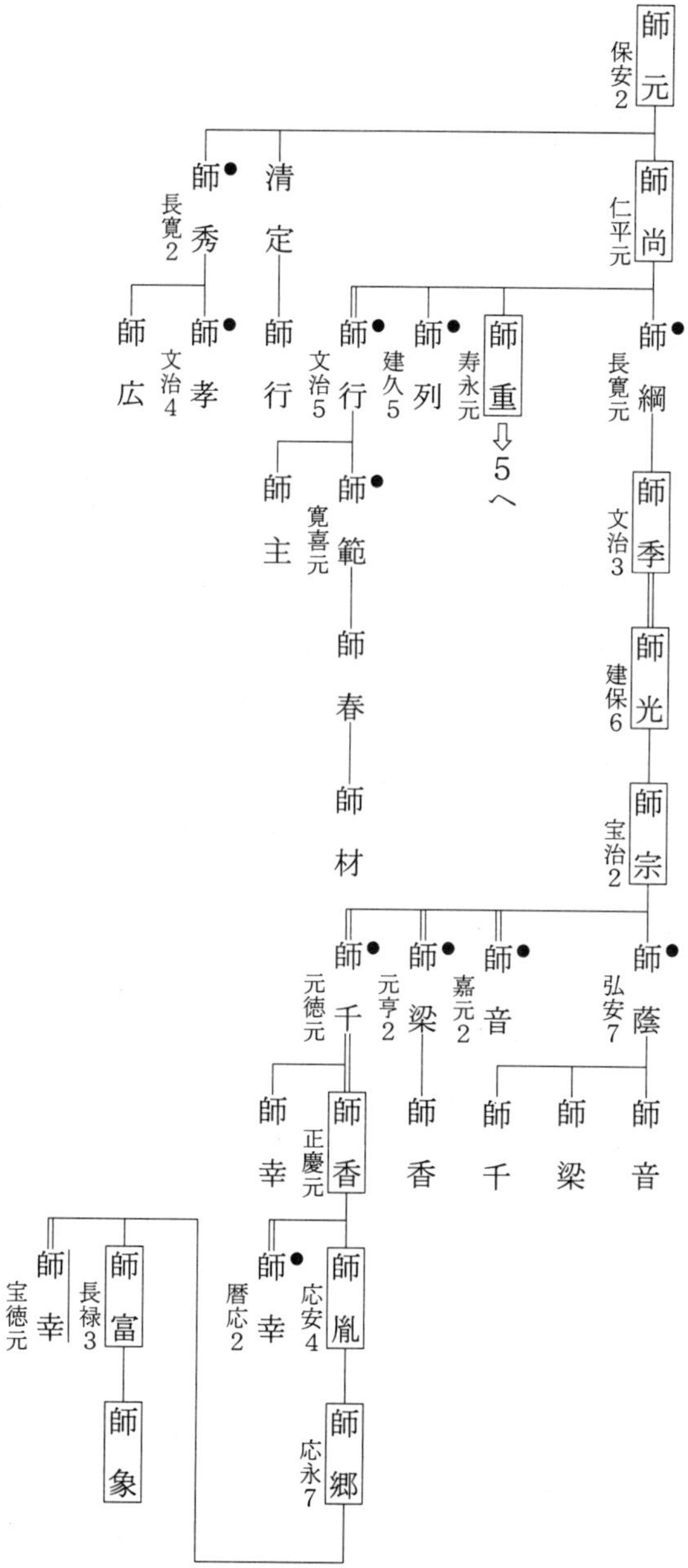
師元 保安2
師尚 仁平元
清定
師秀 長寛2
師綱 長寛元
師重 寿永元
⇩5へ
師列 建久5
師行 文治5
師行
師孝 文治4
師広
師季 文治3
師範 寛喜元
師主
師光 建保6
師春
師宗 宝治2
師材
師蔭 弘安7
師音 嘉元2
師梁 元亨2
師千 元徳元
師音
師梁
師千
師香
師香 正慶元
師幸
師胤 応安4
師幸 暦応2
師富 長禄3
師幸 宝徳元
師郷 応永7
師象

⑤中原氏4

- 貞親 長元5
  - 俊貞
  - 広宗● 延久元
    - 広忠● 嘉保元
      - 広安● 元永元
        - 広茂
      - 忠順● 大治2
        - 師茂● 保元2
          - 師国● 寿永元
            - 師名● 建久9
              - 貞房
          - 師員 建久8
            - 師守● 貞応元
              - 師文○
                - 師雄○
                - 師鑒● 弘安5
            - 師連● 嘉禎2
              - 親致
            - 満親
        - 師公● 建久元
        - 親実
      - 広季● 長承3
        - 広能● 保元3
        - 親能
        - 広元● 嘉応2
      - 親光
      - 親憲● 久安元
  - 広資

⑤中原氏5

- 師重（寿永元）
  - 師良●（建仁2）
  - 師兼（承元4）
    - 師為●（寛喜元）
      - 師名○
      - 師益●（正元元）
        - 師興
    - 師顕（文永2）
      - 師富
        - 師枝（正応4）
          - 師言（元亨2）
            - 師隆
      - 師古（弘安4）
        - 師右（応長元）
          - 師茂（文保元）
            - 師秀●（文和2）
            - 師有●（延文2）
            - 師夏（永和2）
              - 師孝●（文安2）
          - 師守●（建武2）
            - 師豊（応安3）
              - 師勝（応永14）
                - 師藤（康正2）
                  - 師親（明応6）
                    - 師村
            - 師野（明徳元）
        - 師彦●（嘉元2）
        - 師春●（正和5）
        - 師孝●（文保元）
        - 師躬●（暦応元）
      - 師豊
    - 師藤
      - 師郷
        - 師利
          - 致右●（元弘2）
            - 師興●（貞和5）
              - 師仲●（永徳元）
              - 師内
  - 師光
  - 師村●（寛元3）
    - 師勝
  - 師邦

⑥清原氏（海氏）1

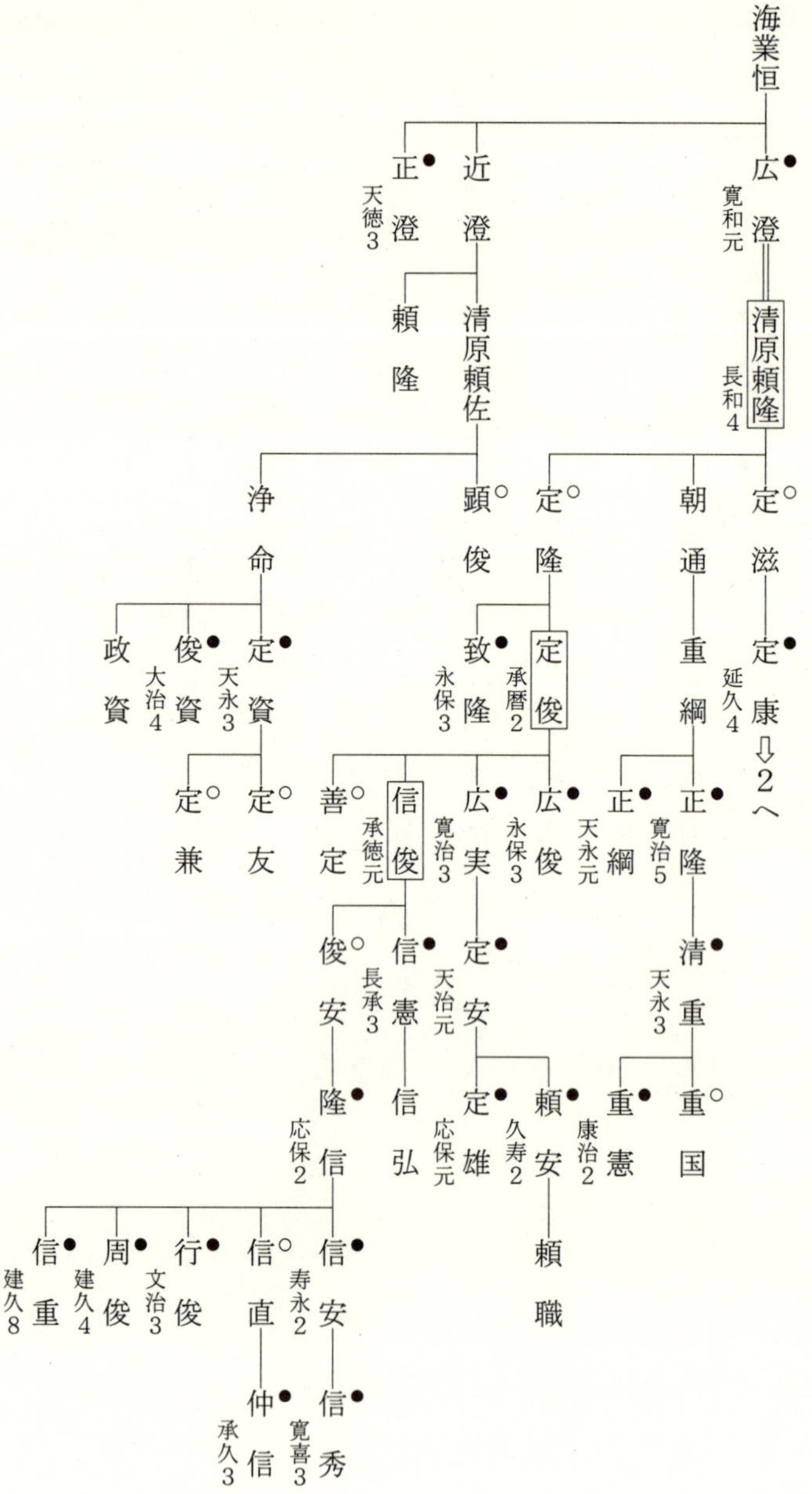
海業恒
広澄 寛和元
近澄
正澄 天徳3
清原頼隆 長和4
清原頼佐
頼隆
定滋
朝通
定隆
顕俊
浄命
定康 延久4
⇩2へ
重綱
定俊 承暦2
致隆 永保3
定資 天永3
俊資 大治4
政資
正隆 寛治5
正綱 天永元
広俊 永保3
広実 寛治3
信俊 承徳元
善定
定友
定兼
清重 天永3
定安 天治元
信憲 長承3
俊安
重国
重憲 康治2
頼安 久寿2
定雄 応保元
信弘
隆信 応保2
頼職
信安 寿永2
信直
行俊 文治3
周俊 建久4
信重 建久8
信秀 寛喜3
仲信 承久3

⑥清原氏2

- ●定康（延久4）
  - ●定政（寛治7）
    - ●景隆（大治5）
  - ●祐隆（嘉承2）
    - 頼業（康治元）
      - ●佐光（仁安3）
      - ●近業（仁安3）
        - ●仲基（建久7）
      - ●仲隆（安元2）⇩3へ
      - 良業（治承元）⇩4へ
      - ●忠業（元暦元）
        - ○頼定
          - ○良英
            - ●良綱（文永11）
          - ○季俊
          - ○頼方
        - ●為尚（延応元）
          - ●業尚（弘安8）
            - ●元尚（文保元）
          - ●重尚
      - ●業綱（文治5）
        - ○業兼
    - ●祐安（仁平3）
      - ●業定（寿永元）
        - ●宣業（建暦元）
          - ●祐業（弘安6）
          - ○重業（天福元）
            - ●仲業（文永2）
              - 良俊
          - 季元
            - 季盛
              - 業元
                - ●業盛（応永5）

⑥清原氏3

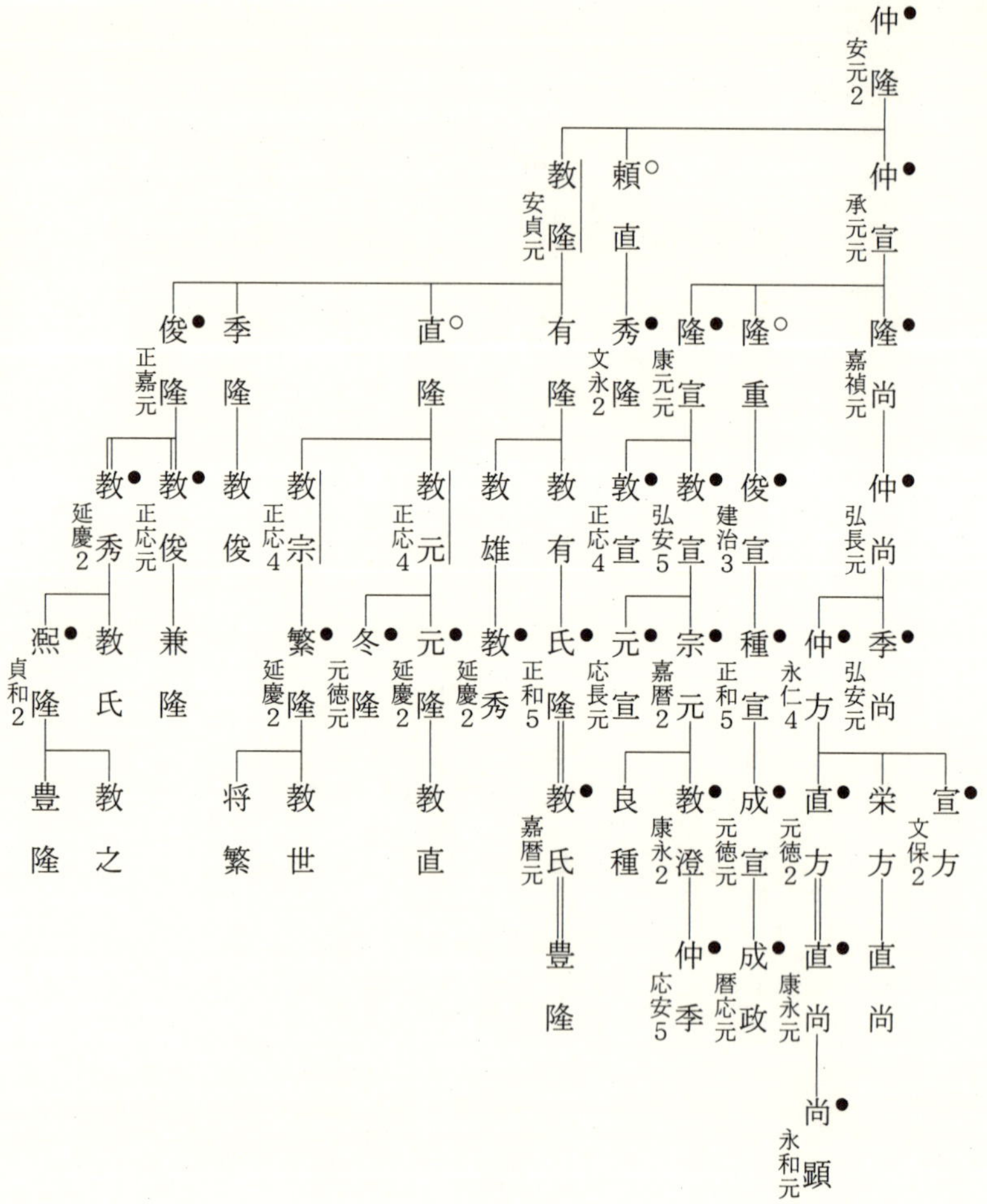

●仲隆 安元2
●仲宣 承元元
○頼直
教隆 安貞元
●隆尚 嘉禎元
○隆重
●隆宣 康元元
●秀隆 文永2
有隆
○直隆
季隆
●俊隆 正嘉元
●仲尚 弘長元
●俊宣 建治3
●教宣 弘安5
●敦宣 正応4
教有
教雄
教元 正応4
教宗 正応4
教俊
●教俊 正応元
●教秀 延慶2
●季尚 弘安元
●仲方 永仁4
●種宣 正和5
●宗元 嘉暦2
●元宣 応長元
●氏隆 正和5
●教秀 延慶2
●元隆 延慶2
●冬隆 元徳元
●繁隆 延慶2
兼隆
教氏
●淵隆 貞和2
●宣方 文保2
栄方
●直方 元徳2
●成宣 元徳元
●教澄 康永2
良種
●教氏 嘉暦元
教直
教世
将繁
教之
豊隆
直尚
●直尚 康永元
●成政 暦応元
●仲季 応安5
豊隆
●尚顕 永和元

⑥清原氏4

- **良業**（治承元）
  - 範業●（元久2）
    - 業継
  - 頼尚（元久2）
    - **良季**（弘長元）
      - **良枝**（嘉元3）
        - **宗尚**（正応2）
          - 良兼●（正和3）
            - 宗季（暦応2）
              - 良賢（文和2）
                - **頼季**（永和2）
                  - 宗業（応永12）
                    - **業忠**（正長元）
                      - **宗賢**（宝徳元）
                  - 頼賢
                - 頼兼●（永和3）
            - 良種●（延文元）
              - 宗種●（応永7）
                - 忠種●（永享2）
        - **頼元**（徳治元）
          - 良氏●（嘉暦2）
          - 頼清●（正慶元）
          - 良遠
            - 頼治●（貞治6）
      - 良任●（文永3）
  - 良元●（貞応元）
    - 長尚●（文永3）
      - 頼季●（建治2）
    - 教広

⑦大江氏（弓削・桜嶋・橘）

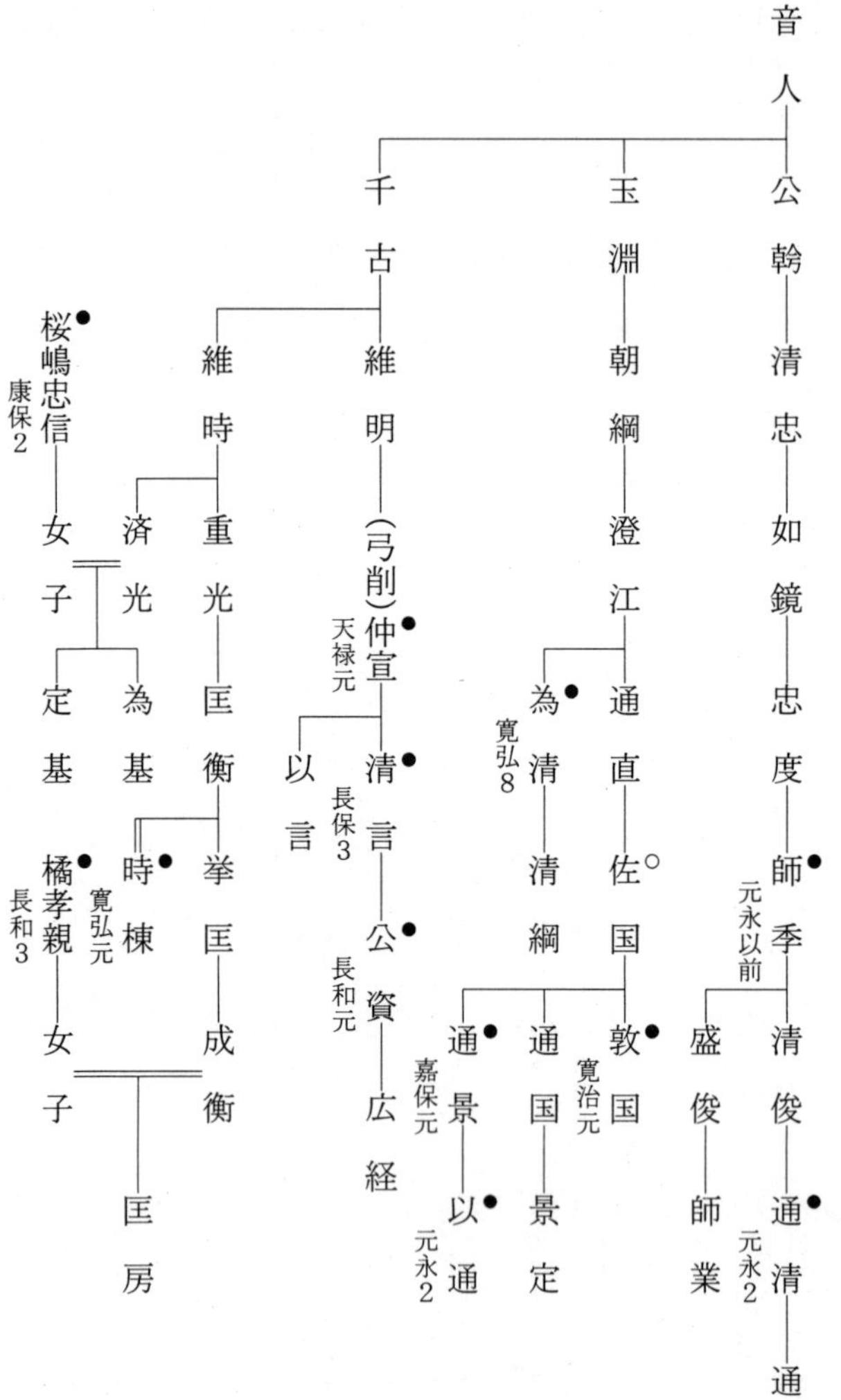

音人
公幹
清忠
如鏡
忠度
●師季
元永以前
清俊
●通清
元永2
通賢
盛俊
師業
玉淵
朝綱
澄江
通直
佐○
国
●敦国
寛治元
国
通国
景定
●通景
嘉保元
●以通
元永2
●為清
寛弘8
清綱
千古
維明
（弓削）●仲宣
天禄元
●清言
長保3
●公資
長和元
広経
以言
維時
重光
匡衡
挙周
成衡
済光
為基
●時棟
寛弘元
匡房
●桜嶋忠信
康保2
女子
定基
●橘孝親
長和3
女子

⑧三善氏

- 雅頼
  - 為長（治暦3）
    - 雅仲●（寛治元）
    - 為康●（保安元）
      - 行康●（保延3）
        - 行衡●（永暦元）
          - 長衡●（寿永2）
            - 雅衡
            - 行明●（承元元）
      - ┄ 康光●（久安3）
        - 康信
          - 康連
            - 康有
              - 時連
                - 貞連
                  - 時直
                - 親信●（嘉暦3）
                - ○
                  - 時能●（康永2）
        - 行倫
          - 倫重●（承元3）
            - 倫長●（嘉禎3）
              - 倫経
  - 為時●（万寿元）

⑨惟宗氏

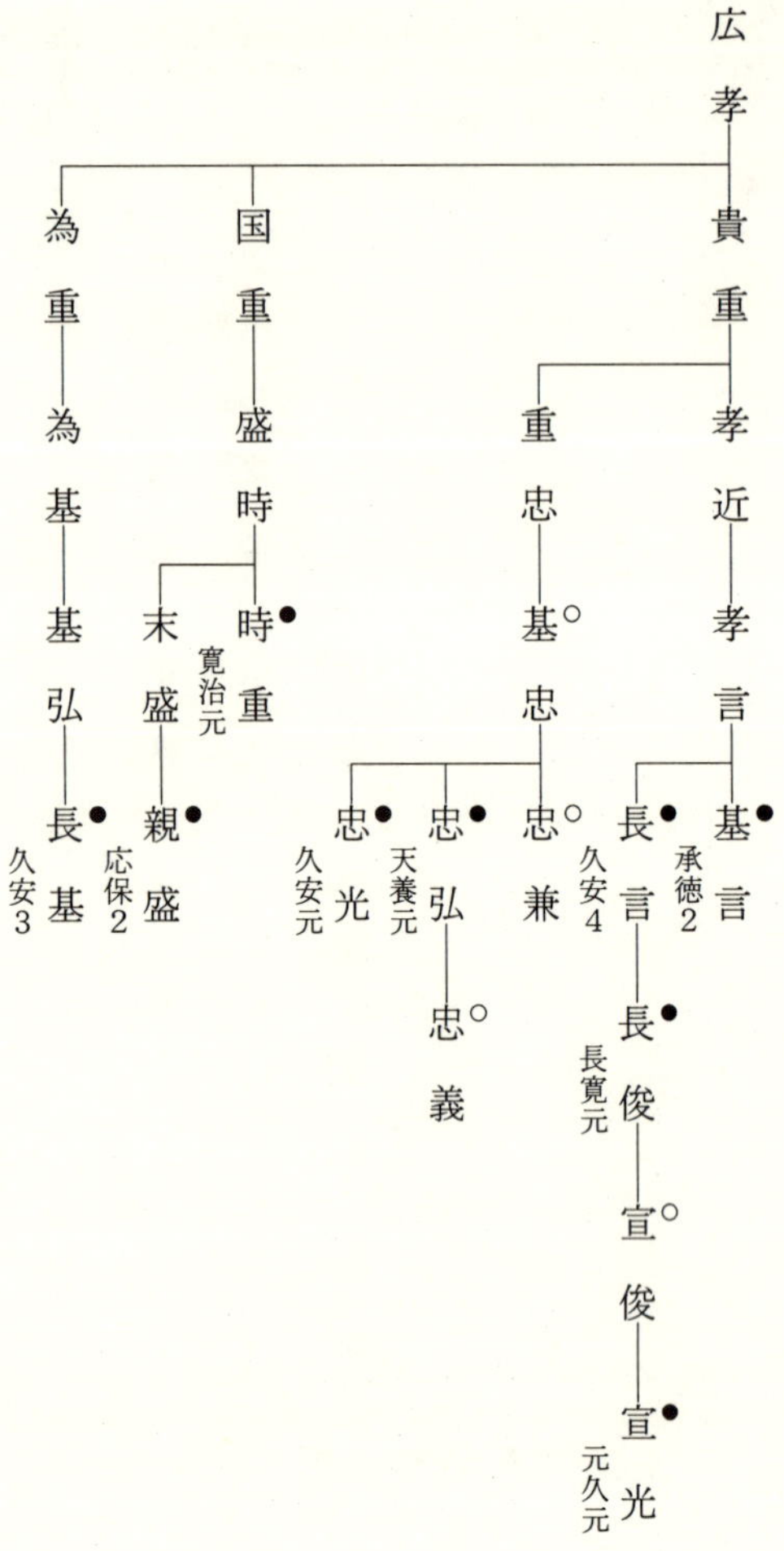

広孝
貴重
孝近
孝言
基言● 承徳2
長言● 久安4
長俊● 長寛元
宣俊○
宣光● 元久元
重忠
基忠○
忠兼○
忠弘● 天養元
忠義○
忠光● 久安元
国重
盛時
時重● 寛治元
末盛
親盛● 応保2
為重
為基
基弘
長基● 久安3

⑩中原氏（康綱流）

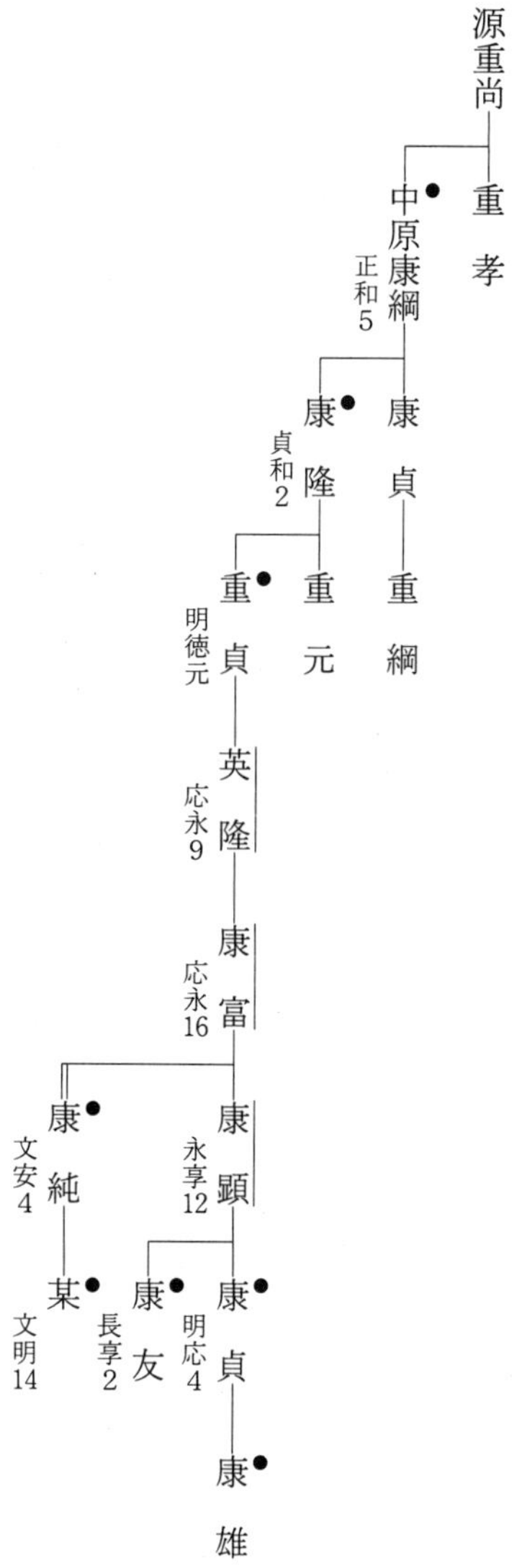
源重尚
重孝
●中原康綱 正和5
康貞
●康隆 貞和2
重綱
重元
●重貞 明徳元
英隆 応永9
康富 応永16
康顕 永享12
●康純 文安4
●康貞 明応4
●康友 長享2
●某 文明14
●康雄

解　説

はじめに

「外記」（ゲキ）とは、弁官局の史（官史）と並んで、太政官の実務を担当した官人である。令制による四等官では太政官の主典とされ、「外史」とも呼ばれる。本書では、八世紀から十五世紀まで八百年間の外記をあつかったが、この間には職掌・構成などが少なからず変化している。そこで本解説では、まず補任表そのものに関する事柄について述べた後に、外記に関する研究史を把握し、その後に本補任表からわかる点を示していきたい。

一　補任表について

1　基本史料としての「外記補任」

外記をあつかう際に必ずといってよいほどに用いられるのが、「外記補任」である。古代・中世のものとしては、前田育徳会（尊経閣文庫）本と宮内庁書陵部本が現存しており、いずれも『続群書類従』第四輯（上・下）に翻刻が

収録されている。このうち、前田育徳会本は天応元年（七八一）～寛弘六年（一〇〇九）と建治元年（一二七五）～康暦元年（一三七九）を、宮内庁書陵部本は平治元年（一一五九）～建暦元年（一二一一）を収めており、この間の基礎史料として用いられている。

しかし、『続群書類従』所収の翻刻には少なからぬ誤脱があることから、その補訂が試みられ、中野高行「尊経閣文庫所蔵『外記補任』の補訂―八、九世紀分について―」Ⅰ～Ⅳ（慶応大学『史学』五五の四号、五六の一～三号・一九八六年）は昌泰三年（九〇〇）まで、笠井純一「校注・外記補任」（『金沢大学教養部論集』人文科学篇二六の二号、二八の一号・一九八九、九〇年）は仁和三年（八八七）までの「外記補任」の補訂作業を行なっている。さらに笠井氏には、「外記補任索引稿」（『金沢大学教養部論集』人文科学篇二八の二号、一九九一年）もあり、人名・官職名・件名の索引、尊経閣本の延喜以降分の正誤表が作成されている。この中野・笠井の両氏の業績によって、九世紀までの「外記補任」については校訂だけでなく、六国史記事との比較も行なわれたことになり、その記事の信頼性についても裏付けがなされた。

一方、寛弘七年（一〇一〇）～保元三年（一一五八）の「外記補任」欠失期の補任表の復元を試みたものとして、拙稿「外記補任（稿）」（『立命館文学』五五九号・一九九九年）があるが、平治元年以後の「外記補任」を校訂・復元しようとする試みは、これまでなされていない。

表1は、「外記補任」の現存状況、現存する「外記補任」の校訂作業、現存しない時期の復元作業について、先行研究の成果を年代別に一覧にしたものである。

本書補任表の作成にあたっては、次のような作業を行なっている。まず中野・笠井両氏の先行研究がある寛弘六年

表1 「外記補任」の現存・補訂・復元

	年代	現存状況	補訂作業	復元作業
1	大宝元年 ～ 宝亀11年	現存せず	―	中野・笠井
2	天応元年 ～ 昌泰3年	前田本	中野・笠井	―
3	延喜元年 ～ 寛弘6年	前田本	笠井	―
4	寛弘7年 ～ 保元3年	現存せず	―	井上
5	平治元年 ～ 建暦元年	書陵部本	×	―
6	建暦2年 ～ 文永11年	現存せず	―	×
7	建治元年 ～ 康暦元年	前田本	×	―
8	康暦2年 ～ 明応9年	現存せず	―	×

以前については、両氏の成果を参考にしつつ、私見を加えて構成した。次いで寛弘七年~保元三年については拙稿を用いたが、その後の成果を増補している。また、これまで補訂がなされていない平治元年以後については、新たに校訂・復元した。その間、「外記補任」の現存している期間は、それを主たる典拠史料として用いたが、いずれも写真によって原本の文字を確認している。「外記補任」が現存しない期間は、新たに諸史料から補任表を作成した。

2 使用した史料について

本書補任表の作成にあたっては、現存する「外記補任」を活用している。既に翻刻等はなされているが、書写年代(成立事情)についてまとめておきたい。また、典拠として用いた史料の内、未翻刻のものや特記すべき史料についても、併せて記しておく。

①「外記補任」(前田育徳会〈尊経閣文庫〉所蔵)

外記として在任する人物を年ごとに記した史料。全四冊。第一・二冊は天応元年から寛弘六年まで、第三・四冊は建治元年から康暦元年までを収めている。

第一・二冊には奥書があり、永和三年(一三七七)に校合された「局務本」を文安四年(一四四七)に書写したも

のと判明する。第三・四冊には奥書がないので明確にはわからないが、応永十九年（一四一二）以後に成立し、中原師世が書写したものと考えられている。中原師世が応永～嘉吉に外記として名が見えることを考えあわせると、本史料は、いずれも中原師世が書写したものと考えるのが妥当であろう。

詳細については、『群書解題』第五巻（続群書類従完成会・一九六〇年）、中野高行「尊経閣文庫所蔵『外記補任』の補訂―八、九世紀分について―」Ⅰ（前掲）を参照されたい。

②「外記補任」（宮内庁書陵部所蔵）

外記として在任する人物を年ごとに記した史料。巻子一巻。平治元年から建暦元年までが含まれている。ただし冒頭部が破損しているため、元来はこれ以前から記されていた可能性も考えられる。

本史料は、元来は太政官弁官局の実務官人であった官務・小槻（壬生）氏に伝来したものである。延応元年（一二三九）～仁治三年（一二四二）の間にまとめられたことが、内容から判断できるが、本史料は南北朝期に書写されたとされている。

詳細については、『群書解題』第五巻（続群書類従完成会・一九六〇年）を参照されたい。

③「押小路家文書」（国立公文書館〈内閣文庫〉所蔵）

戦国期以降に大外記を独占した押小路（中原）家の旧蔵史料。明治十九年（一八八六）に押小路家から内閣文庫に献納された。押小路家は中原朝臣を称すが、これは十市宿禰を称していた有象が十世紀後期に中原朝臣姓へ改めたこと

に始まる。以来、子孫は大外記を歴任し、十二世紀半ばごろには大夫外記（五位外記）の家として確立した。そして十二世紀後半には六角流（師元子孫）と西大路流（師清子孫）に分かれ、中世を通じて、さらにそれぞれから庶流が派生していった。

押小路の名称は六角流の庶流・師守に始まるが、彼の子孫は断絶したため、正親町流の師富が家名を継承した。以後はその子孫が外記方を束ねる局務を世襲し、明治維新まで続いた。維新後、明治十二年（一八七九）に華族に列し、同十七年（一八八四）の華族令制定により男爵となる。

史料は現在、内容によって九十八冊に分けられているため、本書中では、典拠となる史料が第何冊に含まれているかを示すにとどめた。なお「押小路家文書」全体の細目は『内閣文庫未刊史料細目』下（内閣文庫・一九七八年）を参照されたい。

④「少外記平田家文書」（早稲田大学附属図書館所蔵）

江戸時代初頭から少外記を世襲した平田家の旧蔵史料。明治三十八年（一九〇五）に平田家から早稲田大学に寄贈された。全六五〇二点。

平田家は、主殿允中原職久の子である中原生職を祖とする地下官人。十七世紀初頭から外記を世襲しはじめたため、平田家の歴代は本書にはあらわれない。ただし、初代の生職について「中原康致（政カ）中絶之跡相続」（『地下家伝』二）とあり、血縁的なつながりはないものの、室町時代に権大外記をつとめた中原康富・康顕の系統を継ぐ家系とされている。当家の先例として、康富やその子孫の例が豊富に示されているのは、このような家の由緒によるものであ

ろう。

本書で利用したのは、「K　家系」に分類されている史料で、家の先例を記したもの。なお、本書で典拠としてあげる際には、『早稲田大学図書館文書目録』第二集（早稲田大学図書館・一九七九年）での史料番号を用いている。

⑤『地下家伝』（時事通信社・一九六八年刊行）

三上景文が天保十三～弘化元年（一八四二～四四）に編纂した書物。全三十三巻に附録・目録が付される。朝廷・公家・門跡などに仕える官人のうちから、極位が四位以下の者の履歴をまとめたもの。非蔵人以下、各家の歴代当主の履歴を個人別に記す。家によっては平安時代から記述しているものもあるが、多くは江戸時代中期から記される。増補されているため、記述は安政期におよぶ。

外記に関する記述は巻二に含まれており、次の諸家が記されている。

大外記　押小路家（中原朝臣）……　有象から師親までの三十七人

少外記　平田家（中原朝臣）………　生職から職孚までの九人

権少外記　山口家（中原朝臣）………　生俊から蕃昌までの十二人

山口家（中原朝臣）………　生友から昌言までの十四人

このうち平田・山口両家は、江戸時代初頭に新たに取り立てられた家であり、本書ではあらわれない。しかし大外記の押小路家は、平安中期から大外記を世襲する中原朝臣の子孫であり、歴代のほぼ全員について詳細な経歴が記されている。ただ、ここに録されている者のほとんどは、近世の押小路家の直接の父祖にあたる人物であり、西大路流を

はじめとする他流の人物はまったく記されていない。

記述内容は、多少の誤字・誤植があるものの、他の記録史料などから判明する履歴と齟齬はなく、概して正確である。本書で、江戸時代後期に成立した本史料を典拠に用いるのは、内容の正確さが、日記などの他の記録史料から裏付けられるからである。

なお、「下橋家資料」（京都府立総合資料館所蔵）の「地下官人家伝」は、本書の後を補うものであり、明治期まで既述されるものも少なくない。

二　外記に関する先行研究

1　平安時代前期まで

〔外記の位置付け〕　太政官内における「外記」の位置付けについては、少納言・外記を四等官に属さない職員と考える中田薫氏の研究があったが、今日では外記局を太政官の本局とする森田悌氏の説が通説であろう。(1)

〔職掌〕　次に外記の職掌に関してだが、一般的な見解として、令文解釈による解説が多くなされている。「養老職員令」は、外記の職務を次のように記している。

大外記二人、掌勘詔奏及読申公文、勘署文案、検出稽失

少外記二人、掌同大外記

史生十人、掌繕写公文、行署文案

これらの検討結果によると当初の「大宝令」段階では、①詔書・奏文の字句を検査し、②文案を勘署し、稽失を検出することが外記の職掌であり、「養老令」段階になって、③公文を読み申すことが加わったが、この公文は外記局内部のものであると考えられている。(2)

また、外記と関係の深い官職について見てみると、上司にあたる少納言は、天皇に近侍して内文の管理にもたずさわり、配下にあたる外記史生は、公文の繕写という文書保管に関する業務を行なっていたことが知られている。これらはいずれも、後には外記自身も行なうようになる。令文には記されていないが、これらの業務にも早くから外記がかかわっていたものと思われる。(3)

平安時代に入ると外記の職掌が広がっていくことが知られている。まず、延暦二年（七八三）五月に官位相当が引き上げられるが、続いて弘仁六年（八一五）正月には内記とともに内裏での行事を記録することを許される。これをもって橋本義彦氏は、外記が記録する「外記日記」が公日記（国家の正式な記録）として認定されたことを意味すると解されている。(4)また弘仁年間には、外記が宣旨を奉じるようになる（外記宣旨の成立）。

このような変化について、武光誠氏・古瀬奈津子氏・黒滝哲哉氏が言及されている。まず武光氏は外記宣旨の確立について述べられ、九世紀初頭に太政官政務の形式化・簡略化が生じ、その結果として外記が宣旨を奉じるようになったと考えられたが、反対に古瀬氏は、九世紀初頭に太政官の権限が拡大したのにともなって外記の職掌拡大が実現したと述べられている。(5)このように武光氏・古瀬氏は、古代国家における太政官の研究において、その下級官人である外記を取り上げたのに対し、黒滝氏は直接に外記の職掌変化を論じられた。そして、八世紀後半から始まった

「口頭政治から文書行政へ」という政治構造の変化が、既述のような外記の職掌拡大につながったと評価されている。[6]拡大していった外記職掌の中で、中世にクローズアップされるのは、除目関係事務と先例勘申であるが、それについては項を改めて述べることにする。

なお、この時期の外記は、いわゆる六国史の編纂事業にもたずさわっていたことが指摘されている。[7]外記が国史編纂に関与する理由としては、中野高行氏が指摘した特徴の①（後述）と、橋本義彦氏による公日記としての「外記日記」の確立という指摘とが関係するだろう。

〔構成〕外記の構成については、中野高行氏の考察がある。[8]中野氏は、「外記補任」の補訂をされた上で、八・九世紀の外記には次のような特質があると指摘されている。

①外記に登用される者は、明経道の専門家を輩出した氏族の出身者か、紀伝道の専門家のような文書技術に秀でた人物であった。

②外記に登用される者は、史・内記・国司（掾）・勘解由使の前歴を持つものが多く、文章技術を駆使する太政官の官職か地方行政官のいずれかであったものが多い。

③外記と少納言とは人事面で断絶がある。

④外記を辞した後は、国司となる例が非常に多い。寮の長官・次官クラスになる例もあるが、全体数は少ない。

①・②は外記の出身に関する特質、③・④は外記の昇進に関する特質である。ところが、中野氏の研究は八・九世紀の外記を一括して取り扱っている。事例は少ないものの、次章（三　外記の構成）で述べるように、八世紀と九世紀の間には、段階差を認めるのが妥当であると考える。

また中野氏が指摘するように、九世紀の外記には後に諸道の博士や地方行政官として活躍した人物が多く、物部（興原）敏久や坂上今継のように、個人研究の対象として取り上げられている者も少なくない。(9)

概して古代の外記については、直接にあつかったものは少なく、太政官や六国史といった関連事項の研究視角の一つとしてあつかわれてきた感が強い。

2　平安時代中・後期

〔家業・官司請負制〕　中世前期において外記に注目した研究としては、まず佐藤進一氏があげられる。佐藤氏は、『日本の中世国家』（岩波書店・一九八三年）において「官司請負制」という概念を提示されたが、そこで外記局の氏族構成を大きく取り上げられた。氏は、十一世紀初頭と十二世紀半ばの外記在職者を現存する「外記補任」によって比較された結果、中原氏・清原氏の占有率が大幅に高まっていること、そして彼らが明経博士に就いていることを重視され、外記の職務遂行には明経道の知識が必須であり、そのため、明経道に通じた中原氏・清原氏が多く登用されたと主張された。官司請負制とは、このような特定の分野に精通したいくつかの家が、その分野と深くかかわる官衙の業務を請け負い、結果的に官衙業務の遂行が家業と一体化していくことであり、加えて、業務遂行に必要とされた所領などの経済基盤も、ともに請け負うようになることであると理解されている。外記はその典型例として挙げられたのであった。

「家業」という視点からは、曾我良成氏の研究も重要である。曾我氏は、地方から上洛してきた者が博士の養子となって博士と同じ姓を名乗り、実子をさしおいて家を継いだ人物として三善為康を取り上げられた。これによって氏

は、家業の継承では能力が重視されていたこと、博士の一族でない弟子が博士の養子となり、博士と同じ姓を称す例があることを示された。[10]

このように家・家業と官職の関係が注目されていく中で、佐藤氏による官司請負制という考えは広く受け入れられてゆき、家業と官職の関係を一般化するような理解[11]も出されている反面、その関係に疑問を呈する見解も早くから出された。[12]

〔情報管理・先例勘申〕　この時期の職務内容で特に注目されるのは、朝廷の情報収集・管理・活用に関する研究である。同様の研究としては古くは小野則秋氏の図書館学からの業績[13]があるが、近年は中野淳之氏・松薗斉氏らが言及している。[14]

松薗斉氏は、中世国家の運営をささえる「日記の家」という視点から局務家の成立を論じられた。氏は、中原致時の子孫が局務を世襲していく理由として、彼らが儀式の遂行に必要な先例勘申に長けていたことを挙げられ、その結果として中原氏が「局務家」という地位を確立していくと論じられた。[15]また中野淳之氏は、外記の先例勘申がどのような資料に基づいているかという点に着目され、外記の先例勘申が朝廷の政務で重要な役割を担っていたことを指摘された。[16]また小生も同様の理解に基づいて、外記の先例勘申の基となった外記局の文殿について論じたことがある。[17]

外記による朝廷情報の収集・管理・活用は、おそらく八世紀末ごろから行なわれていたものと考えているが、この時期になってようやく、その具体像が明確になってくる。このような視角からの外記の研究はこの時期にまとまっているが、外記による同様の活動は以後も引き続き行なわれている。

〔除目管理〕　平安時代中期以降の外記の職務で忘れてならないのは、除目などの人事にかかわる事務を担当していた

ことである。玉井力氏は、除目制度の研究の中で、九世紀後半には八省の役割が低下し、太政官と諸司とが直接結びついて、外記に申文が提出されるようになったと述べられているが、[18] 除目関係の事務は先例勘申とともに、以後の外記の職務における二本柱となっていく。

〔人物〕　この時期の外記で個別の人物を研究したものとしては、学者としても著名な清原頼業のものがいくつか見える他、嶋田忠臣・三善為康らの文化的活動が研究対象とされている。[19]

このように、平安時代中期になると、佐藤氏による「官司請負制」の提示によって、外記そのものが研究対象としてあつかわれるようになる。外記の研究史という点においても、佐藤氏の所説は大きな影響を与えたといえよう。

3　鎌倉時代の外記

〔官司請負制・門弟教育〕　鎌倉時代の外記については、明経博士としての中原氏・清原氏を論じた緒方惟清氏の基礎的な研究[20]があるが、官司請負制との関連でなされた鈴木理恵氏・玉井力氏・遠藤珠紀氏の研究が続く。[21]

まず鈴木氏は、教育史の視点から中原・清原両氏を取り上げられ、律令による官人養成システムが解体していったのに対応して、中原・清原氏（博士）から明経道教育を施された一族・門下が外記局に送り込まれたと論じた。このような視点は玉井力氏に継承され、大外記（局務）の「門弟」の存在がクローズアップされた。また六位外記について考察された遠藤氏は、「門弟」の実態に迫られている。

このような「門弟」への関心が高まる中で、松薗斉氏は中原・清原両家による局務独占という佐藤氏の見解に疑問をもたれ、局務家の成立を論じられた。[22] そこでは、局務に就く中原氏が複数の「家」に分かれていることが指摘され、

大夫外記は複数の「家」による持ち回り人事であることが指摘された。また中原・清原らの「家」形成は、彼らによる外記局の請け負いの前提なのではなく、反対に請け負いの結果として彼らが「家」を形成していったと論じられた。そしてこの所説を承けた遠藤珠紀氏は、両氏における「家」形成の時期を清原氏は十三世紀中に、中原氏は十四世紀に入ってからと想定されている。

〔人物〕　この時期に見られる個人研究は、いずれも鎌倉幕府の関係者である。(23) 朝廷の外記に対する関心が、このころから薄らいできていることを示しているのだろう。

4　中世後期以後の外記

〔官司請負制〕　まず佐藤進一氏は、建武新政の評価に関係させて官司請負制を取り上げ、清原（五条）頼元の大外記就任などを例にあげて、建武政権が反官司請負制的な性格を有していたと述べた。(24) ところが、中世後期になると、『師守記』『師郷記』など、外記の活動を具体的に知ることが可能になったにもかかわらず、外記を取りあつかった研究はほとんど見えない。政治の実権が室町殿を中心とする武家に移った結果、官人としての活動内容は重視されなくなった結果であろう。

〔人物〕　個別の人物をあつかった研究としては、庄園制との関係などの経済的な側面、または文化的活動に対する研究は数少ないが見いだせる。(25) 具体的には、佐藤氏も取り上げた五条頼元の他、(26) 中原師躬・中原師守・中原康富と、(27) いずれも史料群を遺した人物が研究対象にあげられている。

以上、煩雑ではあったが古代から中世後期までの外記に関する研究を概観してきた。概して、平安時代中期から鎌倉時代までが研究の中心となっている。しかし、そこで対象とされている事柄の多くは、中世後期にも引き続き存続している。朝廷情報の蓄積、それを利用した先例勘申などであるが、今後は、このような職務が中世後期にいかに継承されていったのかという視点も必要になってくるのではないだろうか。

三　外記の構成

ここでは、本書であつかった年代をいくつかに分け、各時代の外記の構成について述べるが、便宜上、次のように時期を分けておきたい。

Ａ期　九世紀半ばまで
Ｂ期　九世紀半ばから十世紀末
Ｃ期　十世紀末から十二世紀半ば
Ｄ期　十二世紀半ばから十四世紀半ば
Ｅ期　十四世紀半ば以後
Ｆ期　十五世紀半ば以後

1　A期（九世紀半ばまで）

〔大夫外記の構成〕　外記の位階は、「養老官位令」によると大外記が正七位上、少外記が従七位上であるが、天平宝字五年（七六一）の池原禾守を初見として、以後ほとんど恒常的に五位以上を有する人物が大外記に在任している（以下、五位以上を有する大外記を「大夫外記」と記す）。以後、大夫外記の在任はほとんど途切れることはなく、定員を満たしていなくとも、大夫外記だけは在職していたようである（表2）。

大夫外記の登場については、古瀬奈津子氏がこれによって新しい役割が外記に与えられたと説かれる。具体的な役割については保留しておきたいが、この後の外記は、非渡来系の人物の登用、弘仁年間における職掌の拡大などの変化が続いており、そのようなものの契機としても注目できる。

〔六位外記の構成〕　A期の前半は、渡来系氏族が外記局職員の多数を占めていたと考えられる時期である。この時期は、確認できる人数自体が少ないが、それらの出自を見ると、次のようになる。

大倭（宿禰）　大和国城下郡大和郷を本拠とした神別氏族。天平九年（七三七）に忌寸から宿禰に改姓。

高丘（宿禰）　百済系渡来氏族。神護景雲元年（七六七）に連から宿禰に改姓。

内蔵（忌寸）　漢系渡来氏族。延暦四年（七八五）に忌寸から宿禰に改姓。

壬生（使主）　未詳。

堅部（使主）　高麗系渡来氏族か。大同元年（八〇六）に豊宗宿禰に改姓。

伊吉（連）　漢系渡来氏族。天武天皇十二年（六八三）に連姓を得る。

白猪（史）　百済系渡来氏族。養老四年（七二〇）に葛井連に改姓。

池原（公）　百済系渡来氏族。天平勝宝二年（七五〇）に上毛野君姓を得る。

表２　Ａ期・Ｂ期の大夫外記

人　　名	期　　間	備　　考
池原(公)禾守	天平宝字５年正月～７年正月	旧姓上毛野君
伊吉(連)益麻呂	天平宝字７年正月～　？	
高丘(宿禰)比良麻呂	天平宝字８年正月～神護景雲２年６月	旧姓連
池原(公)禾守	神護景雲２年７月～３年６月	再任
内蔵(忌寸)全成	宝亀３年４月～５年９月→	
堅部(使主)人主	宝亀３年11月～８年正月	
羽栗　翼	←　宝亀７年３月　→	後に羽栗臣
池原(公)禾守	宝亀８年正月～　？	三任
上毛野(公)大川	←　天応元年５月　→	
朝原(忌寸)道永	延暦元年閏正月～４年11月	
上毛野(公)大川	←　延暦５年６月　→	再任
秋篠(朝臣)安人	延暦８年７月～10年３月	旧姓土師宿禰
高村(忌寸)田使	延暦11年正月～14年２月	
中科(宿禰)善雄	延暦15年－　～19年正月	旧名巨都雄
内蔵(朝臣)賀茂麻呂	延暦16年２月～４月	
高村(忌寸)田使	延暦16年５月～17年６月	再任
豊宗(宿禰)広人	延暦19年２月～弘仁７年正月	旧姓堅部使主
高村(忌寸)田使	大同元年４月～３年－	三任
物部敏久	大同３年３月～４年６月	後に興原朝臣
上毛野(公)穎人	大同４年＊　～弘仁８年２月	
船(連)湊守	弘仁７年正月～10年９月	
坂上(忌寸)今継	天長元年９月～４年－	
船(連)湊守	天長４年３月～６年－	再任
嶋田(朝臣)清田	天長６年正月～承和２年８月	
長峯(宿禰)茂智麻呂	天長７年６月～10年５月	旧姓白鳥村主
山田(宿禰)古嗣	承和３年正月～13年正月	
清内(宿禰)御薗	承和６年正月～８年－	
朝原(朝臣)良道	嘉祥元年正月～３年－	
滋野(朝臣)安成	嘉祥３年正月～天安元年－	旧姓名草宿禰
菅野(朝臣)継門	斉衡元年３月～天安２年２月	
滋野(朝臣)安成	天安２年正月～貞観６年正月	再任、権大外記
善淵(朝臣)愛成	貞観10年正月～16年正月	
滋野(宿禰)弘基	貞観17年２月～18年正月	
嶋田(朝臣)良臣	貞観18年正月～元慶６年－	
大蔵(忌寸)善行	仁和３年正月～延喜２年９月	
阿刀(宿禰)春正	延喜６年３月～16年－	
伴(宿禰)久永	延喜16年３月～承平３年正月	旧姓牟久
菅野(朝臣)清方	承平４年閏正月～天慶２年２月	
三統(宿禰)公忠	天慶２年正月～天暦３年－	
多治(真人)実相	天暦４年正月～10年正月	
御船(宿禰)傅説	天暦10年正月～康保４年－	後に菅野朝臣
菅野(朝臣)正統	康保４年５月～天禄２年３月	
大蔵(朝臣)弼邦	天禄２年３月～天元３年４月	旧姓忌寸
菅野(朝臣)忠輔	天元３年７月～寛和２年７月	
大中臣(朝臣)朝明	寛和２年７月～永祚元年正月	旧姓中臣
中原(朝臣)致時	永祚元年正月～長徳４年正月	父は旧姓十市宿禰
滋野(朝臣)善言	長徳４年正月～寛弘７年－	旧姓小槻

＊井上推定を含む。

田口　大和国高市郡田口を本拠とした蘇我系氏族。
羽栗　山城国久世郡羽栗郷を本拠とした皇別氏族。

判明するものの三分の二が渡来系氏族であり、それ以外にも、羽栗翼のように父親が遣唐使の一員として渡唐し、唐で結ばれた女性を母としている例もある。このような、渡来系氏族が多い傾向は、太政官史の傾向とも一致するので、この時期の太政官は、実務部局は渡来系氏族が多くを占めていたといえる。(28) この延長線上の傾向として、外交関係の職務に関わった者が多いこともあげられる（表3）。

このような状況は、渡来系氏族以外の人々にも、漢字・漢文の知識が広く定着することによって変わってくる。その時期は厳密には設定しにくいが、延暦年間ごろからそのような傾向が強くなっていったと考えている。具体的には、秋篠（朝臣）安人の外記就任があげられる。

A期後半になると、渡来系氏族が比較的多く見られるものの、それ以外の氏族も多く任じられるようになり、雑多な氏族によって構成されるようになり、外交関係の職務につく人物も引きつづき現れている。このような傾向は、官史におけるものと軌を一にするものであり、両者の共通性がうかがえる。事実、この時期には、外記と官史の間でも人事交流が多く見られる。

なお延暦～弘仁年間には、定員を満たしていない時期があったり、権少外記が現

表3　外交に携わった主な外記（延暦以前）

外　記	役　職
白猪広成	遣新羅使（養老３年閏７月11日任）
壬生宇太麻呂	遣新羅使大判官（天平９年正月26日）
伊吉益麻呂	遣高麗使副使（天平宝字６年12月11日）
羽栗　翼	遣唐使准判官（宝亀６年８月29日）など
上毛野大川	遣唐使禄事（宝亀９年10月23日）
内蔵賀茂麻呂	前遣渤海使（延暦18年５月13日）
上毛野諸嗣	大宰少判事（「外記補任」延暦15年）

註）典拠を記していないものは、六国史による。

まりとする。
れるなど、人数は安定しない。外記の人数が安定するのは、承和年間ごろであるが、ここではそれをもってＢ期の始まりとする。

２　Ｂ期（九世紀半ばから十世紀末）

〔大夫外記の構成〕　Ｂ期に入ると、嶋田朝臣・菅野朝臣・滋野朝臣・善淵朝臣など、平安期に入ってから勃興してきた「文人貴族」が多く登用されている。任期は六～七年前後の場合が多く、在任中に諸国権介を兼ねる例も現れはじめる。

〔六位外記の構成〕　Ｂ期の職員は、「巡爵」の確立にともない、毎年の春の叙位で最上﨟の六位外記一人が叙爵し、次の除目で新しい六位外記が一人任じられるようになる。この結果、この時期の外記には次のような変化が現れる。

①延暦・大同期の少外記は、大外記に昇進することは少なかったが、天長年間以後の少外記は、大外記に昇進してから叙爵するようになる。

②延暦・大同期の外記は人数が安定しないが、承和以後の外記は大夫外記一人と六位外記三人（大外記一人、少外記二人）に安定していく（承平七年以後は四人）。

③弘仁以前の外記には定期的な人事異動があったわけではないが、承和以後はほぼ毎年となる。

承和年間ごろに定着したこの体制は、安定性を保ったまま十二世紀半ばまで継続する。ただし、承平七年以後は権少外記の在任が定着し、六位外記が四人となる。

この段階での特徴は、中野高行氏が指摘した特質があてはまる。つまり、外記の出身という点では、紀伝道（文章

道）出身の官人が比較的多く、特に博士などの大学教授官を経験した者、または後に経験する者や近親者に大学教授官を有する者が多く見いだせる。また外記の昇進という面では、次のようなルートが典型的なものとして指摘できる。

学生　→　諸国掾　→　諸司丞　→　六位外記　→　叙爵　→　受領

大夫外記・諸司長官・大学教授官などに昇進する場合も、一度このルートを経験した後、受領をへた後に任じられることが多い。

一方、このような安定的昇進システムが確立した結果として、九世紀半ばから世襲的傾向を示す氏族が現れる。菅野朝臣・大蔵忌寸（朝臣）・大春日朝臣らであるが、彼らはいずれも九世紀半ばに現れ、十世紀末から十一世紀初頭までに姿を消す。彼らには、大学教授官を兼官、または昇進するという共通点がある。外記には大学教授官の子弟が恒常的に供給され、彼らは地方行政官や博士へと成長していったのである。九世紀を良吏の時代とも位置付けられたことがあるが、(29)その背景には、良吏（地方行政官）を生み出す母胎が、大学教授官などの学者系の一族であったことと関係があるだろう。

この時期に確立した外記の昇進システムは、十三世紀まで維持される。ところが、十世紀末から十一世紀初頭には、これ以後の外記局で重要な役割を占める中原朝臣・清原真人が現れる時期であり、この時期に外記局の

表4　外記の改姓

年	改姓内容	典拠
安和元年	鴨　宿禰 → 賀茂朝臣	外記補任
天禄２年	十市宿禰 → 中原宿禰	中原系図
天延２年	中原宿禰 → 中原朝臣	同
天延２年頃	賀茂朝臣 → 慶滋朝臣	外記補任
貞元２年以前	御船宿禰 → 菅野朝臣	類聚符宣抄(第七)
寛和元年	中臣 → 大中臣朝臣	外記補任
正暦３年	小槻 → 滋野朝臣	同
長徳２年	林　宿禰 → 紀　朝臣	同
長保５年	弓削宿禰 → 大江朝臣	同
寛弘元年	海　宿禰 → 清原真人	清原系図
寛弘２年	尾張宿禰 → 滋野朝臣	外記補任

人事構成が大きく変化しているので、本書ではそれ以降をC期とする。

なお、C期の前提として、十世紀後半には改姓により次代の姓を得る者も少なくないことが注目される（表4）。多くは、外階氏族から内階氏族への改姓であり、叙爵直前に改姓している例などから考えると、叙爵の際に与えられるのが外従五位下か従五位下なのかという点も、要因の一つと考えられよう。

3　C期（十世紀末から十二世紀半ば）

〔大夫外記の構成〕　C期は、佐藤進一氏が提唱された「官司請負制」が確立していく時期にあたる。佐藤氏は詳細には述べられていないが、C期は延久三年（一〇七一）までとそれ以後とに分けられる。

表5　C期の大夫外記

人　　名	期　　　間	備　考
滋野(朝臣)善言	長徳４年正月～寛弘７年－	旧姓小槻
菅野(朝臣)敦頼	寛弘７年３月～長和４年－	
小野(朝臣)文義	長和４年２月～治安２年正月	
清原(真人)頼隆	治安２年正月～長元２年９月	
小野(朝臣)文義	←長元２年４月～５年12月　→	再任
清原(真人)頼隆	←長元７年７月～長久２年－	再任
中原(朝臣)師任	長久２年正月～永承３年正月	
中原(朝臣)長国	永承２年－　～５年－	
中原(朝臣)貞親	←永承５年11月～天喜４年10月→	
中原(朝臣)師平	康平２年２月～治暦２年２月	
三善(朝臣)為長	治暦３年－　～延久元年６月→	
中原(朝臣)師平	延久３年正月～承暦２年正月	再任
清原(真人)定俊	←承暦２年12月～応徳２年９月→	
中原(朝臣)師平	応徳３年２月～寛治５年正月	三任
清原(真人)定俊	寛治５年２月～康和３年２月	再任
中原(朝臣)師遠	康和３年２月～大治５年正月	
清原(真人)信俊	大治５年正月～康治元年正月	
中原(朝臣)師安	保延５年正月～久安４年10月	
中原(朝臣)師業	久安４年10月～永暦元年正月	
中原(朝臣)師元	永暦元年正月～仁安元年正月	

前半の大夫外記には、中世につながっていく中原朝臣・清原真人以外にも、滋野朝臣・菅野朝臣・小野朝臣・三善朝臣なども見え、また中原朝臣でも長国のように中世の局務家とは別の系統の者もいる。ところが後半になると、中

表6　C期の六位外記

年代	中原	清原	惟宗	大江	三善	紀	小野	他姓	姓未詳	小計
1001〜10	1		2	1		1	2	7	2	16
11〜20	2	1	1	2			1	7	6	20
21〜30	1				1			5	6	13
31〜40	1		1			1		2	9	14
41〜50	1									1
51〜60	2			2					2	6
61〜70	2		1	1				5	2	11
71〜80	4	1	2		1	3		1	2	14
81〜90	4	3	5	1	2	1			2	18
91〜00	3	3	3	2	1			2	3	17
1101〜10	5	2	1	1	1			1	1	12
11〜20	6	1	1	6	3	1	1	3	2	24
21〜30	5	4	3	3	1	1		1	5	23
31〜40	6	2		1	1			1	2	13
41〜50	6	3	6	3	3					22
51〜60	13	2	2	3	4			1		25
61〜70	17	6	5	2	2	2		2		36
計	79	28	33	28	20	10	4	38	44	284

原師任と清原頼隆の子孫がほぼ交代で就任し、他氏の就任は見られない。また中原・清原両氏ともに、直系相続をしており、再任・再々任によって、庶流が大夫外記に就任することを防いでいるともいえよう。

「官職秘抄」が「往年多以文章生任之、近代以明経譜第者任之」と記すように、大夫外記の出身母体は文章道から明経道へと移ったが、その境界線は十一世紀の六十年代ごろに見いだせる。

〔六位外記の構成〕　表6は、C期の六位外記の氏族構成を就任年別に示したものである。検出できた人数が極端に少ない十一世紀の四十年代をはさんで、氏族構成に大きな変化のあることが読みとれよう。つまり、十一世紀の二十年代までは、外記就任者は特定の姓に片寄ってはいなかったが、十一世紀の五十年代以後は、中原・清原・惟宗・大江・三善という官司請負制下での主要五氏に集まりはじめ、七十年代以後は、その傾向が明確になる。曾我良成氏や松薗斉氏が指摘してい

るように、同姓であることと一族であることとは必ずしも一致せず、同姓であっても別系統の「家」である可能性が考えられるので、これをもって特定の「家」が外記局職員を占めるようになったとはいえないが、外記就任者の多くがこの五姓を有すという状況は、明確な事実として指摘できる。[30]

しかもこの六位外記で五氏が確立する時期は、中原・清原の両明経博士が大夫外記を交替で占めはじめる時期と一致している。六位外記の場合でも、延久三年頃を境に、前期と後期とにわけることができるのである。

表7　C期の中原氏

期　間	局務一門／非一門
1001〜30	2／2
31〜60	3／1
61〜90	3／6
91〜20	6／8
1121〜50	7／10

このうち、中原氏について見てみるが、中原氏の場合、局務一族には名の一字目に「貞」「師」「広」「親」字を持つ者が多い。試しに長保二年（一〇〇〇）から久安六年（一一五〇）までに現れる中原氏について、局務一族かどうかを系図類によって判別すると、表7のようになる。C期の後半になってから、局務一族ではない中原氏が増加しているものと考えて良いだろう。彼らの中には、局務一族の養子・猶子になっていた者も確認できるので、後の「門弟」に近い存在であったのかもしれない。

ただし、注意しなければいけないのは、大外記は明経道出身者で占められるようになったが、六位外記の出身母体はB期と変わりなく、文章道が多くを占め、明経道・明法道・算道の出身者も含まれていることである。つまり、この時期の外記局では、明経博士の中原・清原両氏が大夫外記（局務）の直系相続をはじめる一方、六位外記には文章道を中心とする諸道出身の官人が混在していたのである。

4　D期（十二世紀半ばから十四世紀半ば）

〔大夫外記の構成〕　仁安元年（一一六六）正月、清原頼業・中原師尚の二人が同時に大夫外記に任じられた。本解説では、これ以後をD期とする。D期には、はじめは中原氏と清原氏から一人ずつの大夫外記が任じられ、大夫外記が一人の時もあった。だが、承元四年（一二一〇）正月に清原良業の後任として中原師方が任じられると、大きく三系統に分かれた中原氏に清原氏を加えた四者の間で、二人分の大夫外記のポストがほぼ平等になるように、分配されている。

ここで、D期に大夫外記になりえた四系統を見ておくと、次のようになる。

①中原朝臣（六角流）……　中原師尚の嫡男・師重の系統。
②中原朝臣（正親町流）…　中原師尚の長男・師綱の系統。
③中原朝臣（西大路流）…　中原師直の系統。
④清原真人　……………　清原頼業の嫡男・良業の嫡流。

これに加えて十三世紀末ごろには、六角流と西大路流の庶流も大夫外記に就任するようになり、十四世紀には六系統の大夫外記候補者がいたことになる。

このような状況に対応して、大外記（大夫外記）も増員（加任）されることになる。まず正応二年（一二八九）に三人になったのを初例に、嘉元三年（一三〇五）からは三人が常態となる。また建武元年（一三三四）には権大外記（一人）も設けられている。この増員はD期を通じて維持され、E期に大夫外記の系統が減少していくにしたがって、解消されていく。

表8　D期の大夫外記

人　　名	期　　　間	備　考
清原(真人)頼業	仁安元年正月　～文治５年閏４月	
中原(朝臣)師尚	仁安元年正月　～建久元年正月	六
中原(朝臣)師直	建久元年正月　～９年11月	西
清原(真人)良業	建久４年正月　～承元４年正月	
中原(朝臣)師重	建久９年12月　～承久３年２月→	六
中原(朝臣)師方	承元４年正月　～建暦２年ー　→	西
中原(朝臣)師季	建保６年正月　～寛喜３年正月	正
中原(朝臣)師方	貞応元年３月　～寛喜３年正月	西、再任
中原(朝臣)師兼	寛喜３年正月　～建長５年正月	六
中原(朝臣)師員	寛喜３年正月　～６月	
清原(真人)頼尚	寛喜３年６月　～延応元年３月→	
中原(朝臣)師朝	←仁治元年正月　～３年10月	西
中原(朝臣)師光	寛元元年２月　～文応元年３月	正
中原(朝臣)師弘	建長５年２月　～弘長２年２月→	西
清原(真人)頼尚	←文応元年５月　～弘長元年７月	再任
清原(真人)良季	←弘長元年７月　～弘安10年正月	
中原(朝臣)師光	弘長２年12月　～文永２年２月	正、再任
清原(真人)教隆	文永２年３月　～７月	
中原(朝臣)師顕	文永２年７月　～延慶２年３月	六
中原(朝臣)師宗	弘安10年２月　～正和５年４月	正
清原(真人)良枝	嘉元３年正月　～正和５年４月	
中原(朝臣)師淳	延慶２年３月　～３年10月	西
中原(朝臣)師古	延慶３年10月　～正和５年６月	六
中原(朝臣)師名	正和５年４月　～文保２年３月	西
清原(真人)宗尚	正和５年４月　～７月	
清原(真人)良枝	正和５年７月　～文保２年12月	再任
清原(真人)教元	正和５年７月　～文保２年12月	
中原(朝臣)師緒	文保２年３月　～正中元年５月	西
清原(真人)宗尚	文保２年12月　～正中２年５月	再任
清原(真人)教宗	正中２年５月　～元徳元年ー	
中原(朝臣)師枝	正中２年５月　～嘉暦３年３月	六
清原(真人)頼元	正中２年９月　～元弘元年８月	
中原(朝臣)師利	嘉暦３年３月　～元弘元年10月	西
中原(朝臣)師右	元徳元年９月　～正慶２年５月	六
中原(朝臣)師治	元弘元年８月　～10月	西
清原(真人)頼元	元弘元年10月　～建武２年11月	再任
中原(朝臣)師利	正慶２年５月　～貞和５年10月	西、再任
中原(朝臣)師治	正慶２年５月　～建武元年９月	西、再任
中原(朝臣)師右	建武元年９月　～貞和元年２月	六
中原(朝臣)師茂	貞和元年４月　～永和４年ー	六
中原(朝臣)師言	貞和５年11月　～文和元年８月	六
中原(朝臣)師連	文和３年４月　～応安元年２月	西
中原(朝臣)師香	応安元年２月　～嘉慶元年正月→	正
清原(真人)宗季	応安元年２月　～永徳元年正月→	
清原(真人)良賢	永徳２年閏正月～至徳３年12月	
中原(朝臣)師連	嘉慶元年正月　～明徳元年４月→	西、再任

註）六 … 六角流、西 … 西大路流、押 … 押小路流、正 … 正親町流

〔六位外記の構成〕　仁安元年（一一六六）正月に大夫外記が二人になると、六位外記の人数を維持するため権少外記が一人増員された。そして文治三年（一一八七）には、権少外記の定員を二人とすることが正式に決められた。権少外記の人数はこれをきっかけに増加しはじめ、建治二年（一二七六）には三人、翌三年には一時的に四人になるが、

以後、権少外記三人の状態が続き、六位外記は計五人となる。そして十四世紀にはいると、一時的ではあるが六位外記七人という状況がしばしば現れる。

人数の増加とともにD期の特徴として見いだせるのは、承和期以来の定期的な人事異動がなくなり、長期間在職する六位外記が増加してくることである。中には、一度辞した者がしばらくしてから再任されることもあった[31]。

この時期の六位外記の出身は、大きく三分できる。一つは大外記の近親者（子弟）。次は大外記の庶流（一門）。そして三番目が門弟らである。大外記の子弟の場合、ほぼ必ず六位外記に就任し、短期間の在職後、すぐに叙爵する。次に大外記の庶流（一門）の場合、必ずしも六位外記に就任するとは限らない。たとえ就任したとしても、数年の在職を経て叙爵するという、旧来からの一般的なルートをたどっている。これに対して「門生」とされるような人物は明らかに異なる。つまり、前述したような長期間の在職、辞職者の再任といった、この時期の特徴的な人事は全て、この「門生」のものである。

表9　外記に就いた鎌倉幕府関係者

人　　名	就　任　年	役　職　な　ど
中原師員	建久８年(1197)	幕府評定衆
三善(矢野)倫重	承元元年(1207)	幕府評定衆
中原師守	貞応元年(1222)	師員の子
清原教隆	安貞元年(1227)	幕府評定衆
中原師連	嘉禎３年(1237)	幕府評定衆
三善(矢野)倫長	嘉禎３年(1237)	幕府評定衆
中原政有	正安元年(1299)	関東摂津前司入道の子
清原教元	文保元年(1317)	
中原師俊	文保元年(1317)	将軍家政所家司
三善(問注所)親信	元弘２年(1332)	父は鎌倉幕府評定衆

鎌倉時代の外記在職者の特徴として、見逃せないのは、鎌倉幕府関係者の就任である（表9）。このうち清原教隆は、短期間ではあるが大夫外記に就いている。表9にあげた人物は、関東に伺候して幕府内でも地位を有した人物

表10　外記に就いた武家

人名	就任年	役職など
神(安威)親脩	文和2年	室町幕府奉行人・安威性遵の子
三善(問注所)時能	康永2年	鎌倉幕府評定衆・信濃入道(道犬)の孫
三善倫義	文和3年	
三善(布施)康冬	貞治5年	
伴(門真)周清	応安4年	室町幕府奉行人
雑賀　某	応安6年	室町幕府奉行人

だが、幕府関係者はこれらの者にとどまらない。たとえば六角流の祖となった中原師重は三善康信（問注所所司）の婿になっており、その嫡男である師兼は康信の外孫にあたる。師尚の子孫で局務を務めるのは、師綱と師重の子孫であるが、師重の家系が嫡流とされた背景には、彼が幕府有力者と縁戚であったことも考慮に入れる必要があるだろう。

同様のことは師綱（師家）の系統にもあてはまり、正親町流は、師重の子・師光を後継者に迎えることによって局務に就ける家であることを保っている。

また西大路流では、師朝が西園寺家と結びついている。師朝の娘は公相室となって実兼母となったのみならず、娘の一人は公相の養女となり、亀山院中宮（今出川院）となっている。言うまでもなく、西園寺家は朝廷と幕府との間をつなぐ関東申次をつとめる家であり、西大路流も鎌倉幕府との関係を有していたといってよいだろう。

なお師員の系統からは、門司・厳島神主・大友など、主に九州北部地方に下向・土着した者が多く見え、外記局職員というよりも、幕府御家人としての性格を強めていったものと想定できる。

なお、武家の外記就任という傾向は次のE期にも残存しており、表10のような人物が外記に就いている。

D期の外記は、人数を増加させていく傾向があったが、E期にはいると再び安定する。この時期には、二～三名の大外記（すべて大夫外記）と三～四名の少外記・権少外記（すべて六位外記）が在任する（これに権大外記が加わることも多い）。

〔大夫外記の構成〕 十五世紀初頭の段階では、大夫外記になりうる家には次の五家があった。

①中原氏（西大路流） 中原師遠の次男・師清の子孫。師直が局務になり、師朝は西園寺家と姻戚関係を結んだ。造酒正を世襲。

②中原氏（六角流） 中原師遠の三男・師元の孫・中原師重の子孫。師重の母は三善康信（善信入道）の娘であり、兄・師綱を差し置いて家嫡となった。大炊頭を世襲し、勧学院領遠江国浅賀庄預所職も有した。

③中原氏（正親町流） 中原師重の異母兄・師綱の系統だが、実は師重の子・中原師光の子孫にあたる。掃部頭を世襲。近世の押小路家は、この子孫。

④中原氏（押小路流） 六角流の中原師茂の弟・師守の子孫。六角流の断絶により、その後を継ぐ。

⑤清原氏 清原良業の子孫。主水正を世襲。

鎌倉時代には①～③、⑤の四家で大外記を交替につとめていたが、十四世紀末～十五世紀初頭には④が加わって五家となる。大外記になれる家はこのころをピークに、減少していく。

最初に姿を消すのは六角流である。六角流は中原朝臣の嫡流を称していたが、文安五年（一四四八）十二月に師孝が大隅御稲のことで罪科を得て大炊頭などの所職を改替された（『師郷記』文安五年十二月廿六日条）。この後、師孝は

地位回復のないまま死去。後嗣も出家していたことにより（『康富記』享徳三年八月八日条）、押小路流が六角流の後継者となった。

表11　E期以後の大夫外記

人　名	期　間	備　考
中原(朝臣)師豊	←明徳元年２月～応永３年７月→	西
中原(朝臣)師胤	←明徳元年３月～応永３年７月→	正
中原(朝臣)師夏	←　応永２年４月　→	六
清原(真人)頼季	←応永２年４月～12年３月→	
中原(朝臣)師邦	応永３年－　～14年７月→	西
中原(朝臣)師夏	←応永５年３月～９年６月→	六、再任
清原(真人)宗業	応永12年12月～26年２月	
中原(朝臣)師胤	←応永13年６月～27年12月→	正、再任
中原(朝臣)師勝	←応永14年正月～25年－	押
中原(朝臣)師世	←応永25年７月～永享６年２月→	西
中原(朝臣)師勝	応永26年３月～正長元年４月	押、再任
中原(朝臣)師郷	応永28年－　～文安３年10月	正
清原(真人)業忠	正長元年４月～宝徳元年11月	
中原(朝臣)師勝	永享６年２月～12年３月	押、再々任
中原(朝臣)師世	永享12年３月～嘉吉２年12月	西、再任
中原(朝臣)師幸	宝徳元年３月～11月	正
清原(真人)宗賢	宝徳元年11月～康正２年３月	
中原(朝臣)師藤	康正２年３月～応仁元年５月	押
中原(朝臣)師富	長禄３年５月→	正
中原(朝臣)師有	←　応仁元年９月　→	西
中原(朝臣)師富	文明３年８月～永正２年－	正、再任
中原(朝臣)師親	←明応６年11月～文亀２年正月→	押
中原(朝臣)師象	永正２年２月～大永５年７月→	正
清原(朝臣)業賢	永正12年正月～天文５年２月	
中原(朝臣)師村	永正16年10月～大永７年８月	押
清原(朝臣)枝賢	天文４年７月～永禄２年11月	
中原(朝臣)師廉	天文９年３月～天正20年？	正
中原(朝臣)師生	天正20年８月～寛永20年？	正

註）六…六角流、西…西大路流、押…押小路流、正…正親町流

応仁文明の乱も、大外記の構造に影響を与えた。応仁元年（一四六七）九月、中原師有の邸内にあった文庫が戦火により焼失した（『続史愚抄』応仁元年九月一日条）。外記の職務にとって、先例等を記した「家記」の焼失は致命傷であるが、この記事を以て西大路流は姿を消す。西大路流の断絶が文庫の焼失によるものであった可能性は高い。

〔六位外記の構成〕　当該期は、六位外記にも大外記一族が圧倒的に多くなり、鎌倉時代には多く見えていた「門弟」が見あたらなくなっていく。たとえば、名に「利」字を有する中原氏は延文二年（一三五七）に中原利顕を最後に姿を消し、大江氏も嘉暦元年（一三二六）まで在職した大江有尚が最後となる。

六位外記で特徴的なのは、隼人正流の中原氏である。「康」・「重」の字を名に持つ。清原氏の家人であり、もとは源姓を称していたが、外記に就任するにあたって改姓したものである。子孫は六位外記の中でも独自の地位を保ち、中原・清原の局務一門以外では唯一、権大外記に昇る家系である。

6　F期（十五世紀半ば以後）

応仁文明の乱後、局務の地位を占めたのは正親町流の師富・師象父子であった。押小路流では、永正十六年（一五一九）に師村が大外記に就任するが、大永七年（一五二七）に横死（『歴名土代』）。これにより、残る中原氏は正親町流のみとなり、押小路の家名と共に諸記録は正親町流に集約されて受け継がれ、近世へつながっていく。

一方、清原氏の場合、既にD期には、清原頼季が大夫外記から少納言へ昇進し、贈従三位の例をつくっていたが、E期に入ると清原業忠が康正元年（一四五五）六月に従三位に叙され、非参議ではあるが、公卿の一員となった。業忠の子の宗賢は、父と同様の昇進ルートをたどるが、吉田家から宗賢の養子となった宣賢は外記にならず、蔵人をへ

て叙爵する例をつくった。その後F期に入ると、清原業賢・清原枝賢は大夫外記をつとめるが、清原国賢からは蔵人をへて叙爵し、非参議の公卿となるのが通例となり、外記から清原氏の姿は消えてしまう。

このようにして大外記は、正親町流の中原氏のみが受けつぐこととなり、「家記」や押小路の家名を継承していく。これに対し、権大外記・少外記・権少外記などの六位外記は、大外記子弟等の一門や隼人正流中原氏、太政官史を兼任する小槻氏・高橋氏・安倍氏が占めるという体制が応仁文明の乱後に確立する。つまり、隼人正流中原氏が太政官史を兼ねる一方、官務の小槻（壬生）氏やその家人であった高橋氏・安倍氏が六位外記として登用されたのである。

この時期の外記局は、正親町流中原氏が局務（大夫外記）をつとめていた。一方、六位外記は少納言清原氏・官務小槻氏の家人がつとめるようになり、主従関係の入り乱れた構造になっており、戦国期を通じてこの体制が維持される。

7　近世への展望

戦国期の主従関係が入り乱れた体制は、十七世紀初頭に転換される。まず隼人正流中原氏の当主であった少外記・中原康政が慶長五～六年（一六〇〇～〇一）ごろに出家（辞任か）し、清原氏の家来が外記局からいなくなる。これに替わって新任されたのは、平田（中原）生職（慶長十年〈一六〇五〉任権少外記）、志水（中原）生俊（慶長二十年〈一六一五〉任権少外記）、山口（中原）生友（元和七年〈一六二一〉任権少外記）と、いずれも名に「生」の字を持っており（『地下家伝』）、当時の大外記であった押小路（中原）師生と主従関係によって結ばれた人物を新たに取り立てたものであった。

この人事が、外記方を局務・押小路（中原）氏の指導下におくことを意味していることは明確であろう。そしてこの後、官務・小槻（壬生）氏の家来も順次外記から姿を消していく。まず寛永十九年（一六四二）に少外記の山口（安倍）亮守が没し、慶安元年（一六四八）に虫鹿（小槻）亮昭が権少外記から叙爵、寛文十二年（一六七二）に村田（高橋）頼春が権少外記から右大史に転じたのを最後に、官方の人物は外記方から姿を消す（『地下家伝』）。

こうして、慶長から寛文までの間、ほぼ押小路師生とその子の押小路師定の時期に、官方と外記方とが人事的に分離される。こうして外記局は、主従関係が入り乱れた体制から局務・押小路氏の主導する近世的組織へと脱却したのである。

〔註〕

(1)中田薫「養老令官制の研究」（『法制史論集』第三巻、岩波書店・一九四三年）、森田悌「太政官制と政務手続」（『古代文化』三四の九・一九八二年）。

(2)阿部猛編『日本古代官職辞典』（高科書店・一九九五年）など。

(3)拙稿「平安時代前中期における文簿保管策の展開」（『古文書研究』五〇号・一九九九年）。

(4)橋本義彦「外記日記と殿上日記」（『平安貴族社会の研究』吉川弘文館・一九七六年、初出は一九六五年）。

(5)武光誠「奈良・平安時代の太政官政治と宣旨」（『律令太政官制の研究』吉川弘文館・一九九九年、初出は一九八四年）、古瀬奈津子「宮の構造と政務運営法」（『日本古代王権と儀式』吉川弘文館・一九九八年、初出は一九八四年）。

(6)黒滝哲哉「八世紀から『摂関期』にかけての外記職掌の変遷」（『史叢』五四・五五合併号・一九九五年）。

(7)六国史編纂と外記との関係に触れたものとして、山本信吉「三代実録、延喜格式の編纂と大蔵善行」（『歴史教育』一

五四・一九六六年）、小山田和夫「『日本三代実録』の編纂材料について」（『三代実録係年史料集成』国書刊行会・一九八二年）、笠井純一「『日本後紀』の第一次撰者と大外記坂上今継」（『続日本紀研究』二七九号・一九九二年）、遠藤慶太「国史編纂と素材史料」（『ヒストリア』一七三号・二〇〇一年）など。
(8)中野高行「八・九世紀における外記の特質」（『続日本紀研究』二五一号・一九八七年）。
(9)山本信吉「三代実録、延喜格式の編纂と大蔵善行」（前掲）、後藤昭雄「大蔵善行七十賀詩宴について」（『古代文化』二七の七号・一九七五年）、利光三津夫「明法博士物部敏久についての一考察」（『法学研究』五四巻一一号・一九八一年）、栄原永遠男「滋野氏の家系とその学問」（『和歌山県史研究』八号・一九八一年）、笠井純一「『日本後紀』の第一次撰者と大外記坂上今継」（前掲）など。
(10)曾我良成「官司請負制下の実務官人と家業の継承」（『古代文化』三七の一二号・一九八五年）。
(11)上杉和彦「平安時代の技能官人」（『日本中世法体系成立史論』校倉書房・一九九六年、初出は一九九一年）。
(12)桜井英治「三つの修理職」（『遙かなる中世』八・一九八七年）など。
(13)小野則秋『日本文庫史研究』上・下（大雅堂・一九四四年、復刻は臨川書店・一九七九年）など。
(14)この他、外記は扱わないものの朝廷の文書管理（情報管理）に関する研究として、河音能平「日本中世前期の官司・権門における文書群の保管と廃棄の原則について」（『古文書研究』三二号・一九九〇年）、黒滝哲哉「10～11世紀前半における朝廷文書の管理について」（『古代文化』四八の一〇号・一九九六年）などがある。
(15)松薗斉「外記局の変質と外記日記」（『日記の家』吉川弘文館・一九九七年）。
(16)中野淳之「外記局の文書保管機能と外記日記」（河音能平編『中世文書論の視座』東京堂出版・一九九六年）。
(17)拙稿「平安時代前中期における文簿保管策の展開」（前掲）・「私有官文書群の形成」（『古代文化』五二の五号・二〇〇〇年）。
(18)玉井『平安時代の貴族と天皇』第三部「平安時代叙位任官制度の成立と展開」（岩波書店・二〇〇〇年）。
(19)清原頼業を扱ったものには、向居淳郎「清原頼業伝」（『日本史研究』三号・一九四六年）、鎌田正「旧鈔巻子本春秋

経伝集解に於ける頼業の訓説とその伝授について」(『書陵部紀要』八号・一九五七年)、米山寅太郎「頼業の学庸表章説について」(『書陵部紀要』八号・一九五七年)、龍粛「清原頼業の局務活動」(『鎌倉時代』下、春秋社・一九五七年)、和島芳男「清原頼業論」(『(増補版)日本宋学史の研究』吉川弘文館・一九八八年、初出は一九七一年)、渡辺敬『車折神社御祭神記』(車折神社御祭神八百年祭奉賛会・一九八八年)などがあり、嶋田忠臣を扱ったものに金原理「嶋田忠臣伝考」(『語文研究』二〇・一九六五年)、同「嶋田氏の系譜」(『平安文学研究』四五・一九七〇年)、藏中スミ「島田忠臣年譜覚え書」(帝塚山学院短期大学『研究年報』二一・一九七三年)、中尾正己「平安文人の仏教信仰—島田忠臣の場合—」(『印度学仏教学研究』三五の一号・一九八六年)、三善為康を扱ったものに西口順子「往生伝の成立—三善為康の往生伝を中心に—」(『史窓』十七・十八合併号・一九六〇年)、小原仁「三善為康の思想と信仰」(『文人貴族の系譜』吉川弘文館・一九八七年)などがある。

(20)緒方惟精「明経家学の成立と鎌倉期に於ける清中二家」(『千葉大学文理学部紀要』第二巻一号・一九五六年)。

(21)鈴木理恵「明経博士家中原・清原氏による局務請負と教育」(『日本の教育史学』三〇集・一九八七年)、玉井力「官司請負制」(『朝日百科日本の歴史別冊　歴史を読みなおす3　天武・後白河・後醍醐』朝日新聞社・一九九四年)、遠藤珠紀「官務家・局務家の分立と官司請負制」(『史学雑誌』一一一の三号・二〇〇二年)。

(22)松薗斉「中世の外記」(『日記の家』吉川弘文館・一九九七年)。

(23)目崎徳衛「鎌倉幕府草創期の吏僚について」(『貴族社会と古典文化』吉川弘文館・一九九五年、初出は一九七四年)、永井晋「中原師員と清原教隆」(『金沢文庫研究』二八一号・一九八八年)、湯山学「鎌倉幕府の吏僚に関する考察」(『政治経済史学』三一一、一二二・一九九二年)、松林靖明「大江広元とその子」(『青須我波良』三二・一九八六年)、上杉和彦「大江広元—京と鎌倉の政治世界を生きる—」(歴史科学協議会編『歴史が動く時』青木書店・二〇〇一年)など。

(24)佐藤進一『日本の中世国家』(前出)。

(25)坂本良太郎「中原康富の学問」(東北大学『文化』一〇の一一・一九四三年)、星川正信「室町期における大炊寮領と

中原氏」（『法政史学』三二・一九八〇年）、橋本義彦「大炊寮領について」（『平安貴族社会の研究』吉川弘文館・一九七六年、初出は一九七二年）など。

(26)森本正憲「五条頼元と九州の南北朝」（『九州中世社会の基礎的研究』文献出版・一九八四年、初出は一九六七年）、三浦龍昭「外記家清原氏と五条頼元」（『日本歴史』六四五号・二〇〇二年）など。

(27)小林花子「師守周囲の中原家の人々」（『史料纂集　師守記　第十一』続群書類従完成会・一九八二年）、橋口裕子「中原康富と清原家との関わり」（広島大学『国文学攷』一一九号・一九八八年）、松永勝巳「師躬と道本」（今江廣道編『前田本『玉燭宝典』紙背文書とその研究』続群書類従完成会・二〇〇二年）など。

(28)拙稿「太政官弁官局の実務職員の変遷とその背景」（『立命館文学』五六四・二〇〇〇年）。

(29)佐藤宗諄『平安前期政治史序説』（東京大学出版会・一九七七年）。

(30)曾我良成「官司請負制下の実務官人と家業の継承」（前掲）。

(31)再任された六位外記としては、中原兼業が早い例にあげられるが、多くは十四世紀後半からである。

あとがき

私が外記を研究対象に選んだのは一九九二年、三回生になって中世史ゼミにはいった時である。もともと政権をささえる裏方的な人々に感心を抱いていた私は、太政官の下級官僚である外記・史に関心をもち、主に佐藤進一氏が提唱されていた官司請負制とのかかわりから、外記局構成員の変化を跡づける作業を行なっていた。その成果は、翌年末に卒業論文に添えて提出し、その後も随時補充していたが、大学院に在学中の一九九九年三月に、ひとまず「外記補任（稿）」と題して『立命館文学』誌に掲載させていただいた。奇しくも、これが続群書類従完成会の編集部の方の目に止まったことによって、本書の編集が始まったのである。

その後、私は二〇〇〇年三月に博士論文を提出。同年十月から現在の職場での勤務が決まり、翌年春からは非常勤講師として教壇に立つようになるなど、生活に大きな変化が続いた。本書の執筆は、そんな中の二〇〇〇年秋ごろから始めることになったが、もともと小生の専門としていたところは中世前期であった。ところが、そこだけで一書とすることは当然できず、必然的に古代から中世後期までを含むことになった。その結果、様々な史料に目をとおす必要が生じたが、それまで見たことのない史料に目をとおすことは、本来の目的とは異なった点で、非常に有益であった。

本書の出発点となった「外記補任（稿）」の冒頭で、小生は「本稿はなお補充の余地を残した素案にすぎない」と記しているが、本書に至っても補充していく余地がまだ残されていることに変わりはない。

あとがき

本書を成すまでには、とても多くの方々にお世話になった。杉橋隆夫先生をはじめ、学部生以来お世話になっている先生方、そして友人、現在の職場である京都市歴史資料館の方々。校正の際には、上島理恵子・横澤大典の両氏に手伝っていただいた。また編集部の柴田充朗さんには、大変お世話になった。末筆ながら、記して謝意を表しておきたい。そしてもう一人、忘れてならないのが、よき批判者であり、最大の協力者でもある妻野田浩子である。私事ではあるが、ここに記すことを許されたい。

甲申年九月吉日

井上幸治